錢穆先生全集

〔新校本〕

朱子新學案

第五冊

九州出版社

錢穆先生全集

目次

壹之二

朱子新學案　第二冊

貳之一

貳之五

朱子新學案　第三册

叁之一

叁之二

叁之三

叁之四

肆

朱子新學案　第四册

伍之一

朱子新學案　第五冊

朱子新學案　第五冊

朱子之史學

朱子理學大儒，經學大儒，抑其史學精卓，亦曠世無匹。惟後之講理學研經學者，每疏於治史。朱子史學遂少紹續，殊可惋惜也。

言朱子之史學，精深博大，殊難以一端盡。茲姑分為論治道，論心術，論人才，論世風之四者。四者舉，而朱子治史精神庶亦大體可窺。

論治道

先言朱子之論治道。語類有云：

「論學便要明理，論治便須識體。」這體是事理合當做處。凡事皆有箇體，皆有箇當然處。是箇大體，有格局當做處。如作州縣，便合治告訐，除盜賊，勸農桑，抑末作。如朝廷，便須開言路，通下情，消朋黨。如為大吏，便須求賢才，去贓吏，除暴斂，均力役。這箇都是定底格局，合當如此做。只怕人傷了那大體。大事不曾做得，卻以小事為當急。如為天子近臣，合當謇諤正直，又卻恬退寡默。及至處鄉里，合當閉門自守，躬廉退之節，又卻向前要做事。如今人議論，都是如此。合當舉賢才而不舉，而曰我遠權勢。合當去姦惡而不去，而曰不為已甚。且如國家遭汴都之禍，國於東南，所謂大體者，正在於復中原，雪讎恥，卻曰休兵息民，兼愛南北。正使眞箇能如此，猶不是。況為此說者，其實只是懶計而已。（九五）

此見朱子論治道，實還是講理學。然除卻講明理學，試問又於何處別有治道耶？

問：「學者講明義理之外，亦須理會時政。凡事當一一講明，使先有一定之說，庶他日臨事，不致面牆。」曰：「學者若得胸中義理明，從此去量度事物，自然泛應曲當。人若有堯舜許多聰明，自做得堯舜許多事業。若要一一理會，則事變無窮，難以逆料。隨機應變，不可預定。今世文人才士，開口便說國家利害，把筆便述時政得失，終濟得甚事。只是講明義理以淑人心，使世間識義理之人多，則何患政治之不舉耶？」（一三）

此等議論，驟視若迂闊，細思實切至。為治須先識體，為人須先明理。大本立，而後可以應變。徒重應變，不識體，不明理，此世當為何世，此人當為何人乎？

又曰：

大過自有大過時節，小過自有小過時節。處大過之時，則當為大過之事。處小過之時，則當為小過之事。如堯舜之禪受，湯武之放伐，此便是大過之事。喪過乎哀，用過乎儉，此便是小過之事。只是在事雖是過，然適當其時，便是合當如此做，便是合義。如堯舜之有朱均，豈不能多擇賢輔，而立其子，且恁地平善過？然道理去不得，須是禪授方合義。湯武豈不能出師以恐嚇桀紂，且使其悔悟脩省？然道理去不得，必須放伐而後已。此所以事雖過而皆合理也。（七一）

理有定，事無定。只問理，不問事。時當如此，事合如此。歷史上驚天動地之事，亦只從道理合當處平實做去。謂之大過，卻是無過。

問：「胡氏管見，斷武后於高宗非有婦道，合稱高祖、太宗之命，數其九罪，廢為庶人而賜之死。」曰：「這般處便是難理會處。在唐室言之，則武后當殺。在中宗言之，乃其子也。」問：「南軒欲別立宗室，如何？」曰：「以後來言之，則中宗不了。以當時言之，中宗又未有可廢之事。天下之心皆矚望中宗，高宗又別無子，不立中宗，又恐失天下之望。此最是難處。不知孟子當此時作如何處？今生在數百年之後，只據史傳所載，不見得當時事情，亦難如此斷定。須身在當時，親看那時節及事情如何。看道理，未須便將此樣難處來鬭斷了。須要通其他，更有好理會處多，且看別處。事事通透後，此樣處亦易。」（一三六）

如此論史，最為平實。可見通理學乃可以處史事。徒知論史，則進不到理學深處，其所論，亦只是一番空論而止。

又卷三十一答張敬夫論唐事，亦曰：

> 昨承誨諭五王之事，以為但復唐祚而不立中宗，則武曌可誅，後患可絕。此誠至論。但中宗雖不肖，而當時幽廢，特以一言之失，罪狀未著，人望未絕。觀一時忠賢之心，與其募兵北討之事，及後來諸公說李多祚之語，則是亦未遽為獨夫也。乃欲逆探未形之禍，一旦舍之而更立宗室，恐反為計較利害之私，非所以順人心，乘天理，而事亦未可必成也。

凡事必以理為斷。理則必由事而見，不能懸空執一理而棄事於不顧。故貴能會通經史，隨事權衡。如此條所舉唐五王事，就唐室而言，則武后當誅。就中宗而言，則子不可以殺母。如因武后而廢中宗，則中宗乃高宗之子，高宗又別無子，人心屬望於中宗，中宗本身亦別無可廢之事。若果廢之，亦於理難安。然天下無無理可處之事，惟事理有易見，有不易見。讀史者貴能於事理易見處理會，理會得多了，事事通透，則不易理會處，亦易理會。此等處，權衡道義，斟酌事情，雙方兼顧，乃可以顯理學之體而達史學之用。朱子為學，其用心之廣大精微，無幽勿燭，無隱勿照，誠不能僅以尋常之所謂理學與史學者繩之。亦豈有如清儒戴東原之所謂，宋儒言理，乃以意見殺人乎？若不求理之所在，僅知隨時隨俗，隨事應事，則不僅有失於理，亦復有失於事。故知有理不知有事，與知有事不知有理者，乃同失之也。

語類又曰：

「李文靖為相，嚴毅端重。每見人，不交一談。或有諫之者，公曰：『吾見豪俊跅弛之士，其議論尚不足以起發人意。今所謂通家子弟，每見我，語言進退之間，尚周章失措，此等有何識見而足與語？徒亂人意耳。』王文正、李文穆皆如此，不害為賢相。宰相只是一箇進賢退不肖。前輩嘗言：『宰相只要辦一片心，一雙眼。心公則能進賢退不肖，眼明則能識得那箇是賢，那箇是不肖。』今之為相者，朝夕疲精神於應接書簡之間，更何暇理會國事？世俗之論，遂以此為相業。有一人焉，略欲分別善惡，杜絕干請，分諸闕於部中，己得以免應接之煩，稍留心國事，則人爭非之矣。今世之人，見識一例低矮，所論皆卑。某嘗說：須是盡吐瀉出那肚裏許多鏖糟惡濁底見識，方略有進處。譬如人病傷寒，在上則吐，在下則瀉，如此方得病除。」或曰：「近日諸公多有為持平之說者，如何？」曰：「所謂近時惡濁之論，此是也。不成議論。某常說，此所謂平者，乃大不平也。」問：「胡文定說：『元祐某人建議，欲為調停之說者，云「但能內君子而外小人，天下自治，何必深治之。」』此能體天理人欲者也。」此語亦似持平之論，如何？」曰：「文定未必有此論。明道當初之意便是如此，欲使諸公用熙豐執政之人與之共事，令變熙豐之法。他正是要使術，然亦拙謀。諺所謂『掩目捕雀』，我卻不見雀，不知雀卻看見我。後來溫公留章子厚，欲與之共變新法，卒至簾前悖詈，得罪而去。章忿叫曰：『他日不能陪相公喫劍。』如此，無可平之理，盡是拙謀。某嘗說：今世之士，所謂巧者是大拙，無有能以巧而濟者，都是枉了，空費心力。只有一箇公平正大行將去，其濟不濟，天也。古人間有如此用術而成者，都是偶然。只有一箇『正其誼不謀其利，明其道不計其功』。其他費心費力，用智用數，牢籠計較，都不濟事，都是枉了。」又曰：「本朝以前宰相見百官，皆以班見。國忌拈香歸來，回班以見宰相，見時有刻數。不知過幾刻，便喝『相公尊重』，用屏風攔斷，也是省事。某舊見陳魏公、湯進之為相時，每見不過五六人，十數人。今則不勝其多。為宰相者，每日只了得應接，更無心理會國事。如此者謂之有相業，有精神。秦會之也是會做，嚴毅尊重，不妄發一談。其答人書，只是數字。今宰相答人書，剗地委曲詳盡，人皆翕然稱之。只是不曾見已前事，只見後來習俗，遂以為例。其有不然者，便羣起非之矣。」又曰：「伊川云：『徇俗雷同，不喚做「隨時」。惟嚴毅特立，乃「隨時」也。』而今人見識低，只是徇流俗之論，流俗之論便以為是，是可歎也。」（七二）

此條因說易經咸卦「憧憧往來」四字，而縱論及於有宋一代之相業。所論相業，只是論相體，即是論居相位者所合當為之事也。治史當有本原，即是義理。治史當有歸宿，則在當前當身之人事。朱子教人要識已前事，即是歷史也。莫困於流俗之見。流俗之見只是不懂有歷史，不曉有義理。朱子縱論所及，連溫公、明道大賢，猶加非議。而秦檜大奸，轉謂其「也是會做」。學者從此等處深入，乃可明得朱子史學精神之所在。

朱子又曾論國君臨臣下之喪禮，謂自渡江後，君臣位勢懸絕，無相親之意，因難做事。此條引見朱子禮學篇。可見論易論禮，處處可與論史相通。必欲排除理學經學，而謂別有所謂史學者，此則為朱子所不許。既欲求其上下親愛一體，又極以委曲於應接書問之俗套者為非，言各有端，事各有當，義理是非，正當從此等處參入。

語類又曰：

君臣之際，權不可略重，纔重則無君。且如漢末，天下惟知有曹氏而已。魏末，惟知有司馬氏而已。魯當莊僖之際，也得箇季友整理一番，其後季氏遂執其權，歷三四世，魯君之勢全無了，但有一季氏而已。所以聖人垂戒，謂「臣弒君，子弒父，非一朝一夕之故，其所由來者漸矣，由辨之不早辨也」。聖人所以「一日二日萬幾」，常常戒謹恐懼。詩稱文王之盛，於後便云：「殷之未喪師，克配上帝。宜鑒於殷，峻命不易。」此處甚多。（一三）

如此條，說經說史，一氣流貫，此之所謂通經達用，何嘗有如一輩理學家尊經賤史之痕迹。此條戒相臣權重，亦非崇奬帝王專制。史事明白，不得以近代之見輕致繩疵。

問：「忠只是實心，人倫日用皆當用之，何獨只於事君上說忠字？」曰：「父子兄弟夫婦，皆是天理自然。人皆莫不自知愛敬。君臣雖亦是天理，然是義合。世之人便自易得苟且，故須於

此說忠，卻是就不足處說。如莊子說『命也，義也，天下之大戒』，看這說君臣，自是有不得已意思。」（一三）

又曰：

朱子論君臣之際，說一權字，說一忠字，皆從大處說來。

莊子說義命，此乃楊氏無君之說。似他這意思，便是沒奈何了，方恁地有義，卻不知此是自然有底道理。（一三）

說治道，說君臣，皆遠從源頭上一自然有底道理說來，此所以成為理學大儒也。若理學大儒而鄙史不談，此則又是有源無流，有本無末。

論心術

次言心術。論治道必本之心術，此即朱子與陳龍川所辨王霸之道是也。已引在人心道心篇。簡而言之，則只在此心公私之別。

問管仲小器。曰：「只為他本領淺。大凡自正心誠意以及平天下，則其本領便大。今人只隨資稟去做。管仲資稟極高，見得天下利害都明白，所以做得許多事。自劉漢而下，高祖、太宗亦是如此，都是自智謀功力中做來，不是自聖賢門戶來，不是自自家心地義理中流出。但管仲作內政，盡從腳底做出。漢高從初起至入秦，只是虜掠將去，與項羽何異。但寬大不甚殺人耳。秦以苛虐亡，故高祖不得不寬大。隋以拒諫失國，故太宗不得不聽人言。皆是他天資高，見得利害分明。稍不如此，則天下便叛而去之。如太宗從諫，甚不得已。然當時只有這一處服得人。」（二五）

天姿高而不學問，則無本領，做出事業亦小，只得如管仲、漢祖、唐宗。但此三人間，亦各有高下。

又曰：

漢祖三軍縞素，為義帝發喪，他何嘗知所謂君臣之義所當然者。但受教三老，假此以為名而濟其欲爾。（六〇）

又曰：漢高祖私意分數少，唐太宗一切假仁借義以行其私。（一三五）

「太宗後來做處儘好。只為本領不是，與三代便別。」問：「歐陽以『除隋之亂比迹湯武，致治之美庶幾成康』贊之，無乃太過？」曰：「只為歐公一輩人，尋常亦不曾理會本領處，故其言如此。」（一三四）

朱子論人物，先論其本領。本領在其心術，即其學問所在，即在其知有義理與否，與其所知義理之大小深淺也。

又曰：

「太宗殺建成、元吉，比周公誅管、蔡，如何比得。太宗無周公之心，只是顧身。然當時亦不合為官屬所迫。兼太宗亦自心不穩。溫公此處亦看不破。乃云待其先發而應之，亦只便是鄭伯克段于鄢。」問：「范太史云：是高祖處得不是。」曰：「今論太宗且責太宗，論高祖又自責高祖。不成只責高祖，太宗全無可責。」又問：「不知太宗當時要處得是，合如何？」曰：「為太宗孝友從來無了，卻只要來此一事上使，亦如何使得？」（一三六）

太宗分明是殺兄劫父代位，又何必為之分說。（一三七）

因問太宗殺建成事，及王、魏教太子立功結君，後又不能死難。曰：「只為祇見得功利，全不知以義理處之。」（一三六　三七）

若必欲以義理處，則必先有此本領心術。若從來無孝友之心，又如何在一事上使得義理恰到好處。除非仍是一套權謀術數，則終無當於義理。語類又引程沙隨、胡五峯辨史載此事，多經史臣文飾。（一三七）朱子治史必兼考據，從考據得史事之情實，乃可憑義理判之也。

語類又曰：

「天理流行之妙，若少有私欲以間之，便如水被些障塞，不得恁滔滔地流去。」問：「程子謂自漢以來儒者，皆不識此義。」曰：「是不曾識得。佛氏卻略曾窺得上面些箇影子。」（三六）

此說論語「子在川上」章，正因自漢以下無人見識到此，故其為事及其論史，亦只落在功利權謀上。又曰：

今則諸人之學，一種稍勝者，只做得西漢以下工夫，無人就堯舜三代原頭處理會來。（一三三）

當知講理學，正為要能超越秦漢。若治理學而忽略了史學，最多亦只是一自了漢，否則逃入釋氏禪學去。

又曰：

> 聖人救世之心雖切，然得做便做，做不得便休。本領更全在無所係累處。有許大本領，則制度點化出來都成好物。故在聖人則為事業。衆人沒那本領，雖盡得他禮樂制度，亦只如小屋收藏器貝，窒塞都滿，運轉都不得。（三四）

以上諸條，皆言本領，本領即在心術。憑私心以爭奪天下者不論。即意欲用世，亦不能無一番無所係累之心。必欲求用，則其胸中儘有許多禮樂制度，亦將運轉不得，不成為事業。此乃當時程朱一派理學家所極意發揮之理論，不僅歐、范、司馬乃至陳龍川之徒見不到此，漢儒以來，亦少有能見及此者。

語類又曰：

> 至善，只是些子恰好處。韓文公謂「軻之死不得其傳」。自秦漢以來豈無人，亦只是無那至善，

見不到十分極好處，做亦做不到十分極處。（一四）大抵至善只是極好處，十分端正恰好，無一毫不是處，無一毫不到處。凡事皆有箇極好處，今人多是理會得半截便道了。待人看來，喚做好也得，喚做不好也得。自家本不曾識得到。少刻也會入於老，也會入於佛，也會入於申韓之刑名。止緣初間不理會到十分，少刻便沒理會。（一七）

理學家論義理，須討論一至善。史學家論事，該討論一恰好。朱子每以恰好說至善，理事兼到，故其於理學史學，皆卓絕特出，曠世無儔。所謂恰好之至善，則必於人心之同然處求之。亦未有為治者自己心術不正，而可以達到一恰好之至善者。今謂漢祖、唐宗雖能得天下，終未使此天下達於一恰好至善之境，人必肯認其說。但易辭言之，謂漢祖、唐宗，其意以天下為私，心術不正，故不能達於至治，則人必以為理學家言而輕肆非議。此乃名實之未辨，而習俗之難言也。

又曰：

自謂能明其德，而不屑乎新民者，如佛老便是。不務明其明德，而以政教法度為足以新民者，如管仲之徒便是。略知明德新民而不求止於至善者，如王通便是。看他於己分上亦甚脩飭，其論為治本末，亦有條理，甚有志於斯世，只是規模淺狹，不曾就本原上着功，便做不徹。須是

無所不用其極，方始是。聖人只是常欲扶持這箇道理，教他撐天拄地。（一七）

又曰：

朱子竭意要標出一番至善極好的道理來衡評歷史，亦是要指示出一番最高理想來誘導歷史向此途而前進。其有取於王通者，因王通亦懂得經史兼顧。只其時理學未興，未能在本原上著功，故其規模不大。然有宋一代之理學家，則儘討論本原，而忽略了歷史人事，則亦終為規模未大也。

為學須先立得箇大腔當了，卻旋去裏面修治壁落教綿密。今人多是未曾知得箇大規模，先去修治得一間半房，所以不濟事。（八）

漢祖、唐宗取得天下，傳之子孫而勿失，亦只是修治得一間半房之局面。若謂為人君者，既能高居天下之上，尚應有其合做之事，則朱子之所以辨心術者，要為不可已。

問中庸「非天子不議禮，不制度，不考文」。曰：「須先識取聖人功用之大，氣象規模廣闊處。只看此數句，是甚麼樣氣象。若使有王者受命而得天下，改正朔，易服色，殊徽號，天下事一齊被他改換一番。其切近處，則自他一念之微，而無豪釐之差。其功用之大，則天地萬物，一

齊被他剪截裁成過，截然而不可犯。須先看取這樣大意思，方有益。」（六四）

漢高祖若「行夏之時，乘商之輅」，也只做得漢高祖。今卻道漢高祖只欠這一節，是都不論其本矣。（四五）

以孔顏而行夏時，乘商輅，服周冕，用韶舞則好；以劉季為之，亦未濟事在。（一三五）

問：「『文武之道未墜於地，在人』，此是孔子自承當處否？」曰：「固是。惟是孔子便做得，他人無這本領，當不得。且如四代之禮樂，惟顏子有這本領，方做得。若無這本領，禮樂安所用哉？」（四五）

以上皆言本領心術，苟其無之，則一切禮樂制度，皆承當不得，運用不得也。

問：「如李悝盡地力之類，不過欲教民而已，孟子何以謂任土地者亦次於刑？」曰：「只為他是欲富國，不是欲為民。但強占土地，開墾將去，欲為己物耳。皆為君聚斂之徒也。」（五六）

「辟草萊任土地者次之」，如李悝盡地力，商鞅開阡陌，他欲致富強而已，無教化仁愛之本，所以為可罪也。（五六）

為臣如此，為君亦然。徒務富強，則「五霸，三王之罪人；今之為君者，又五霸之罪人也」。

然朱子論史，陳義雖高，亦教人且寬看，故曰：

范氏以武王釋箕子、封比干事，比太宗誅高德儒，此亦據他眼前好處，恁地比並，也未論到他本原處。似此樣，且寬看。若一一責以全，則後世之君，不復有一事可言。（一三四）

漢高祖、唐太宗，未可謂之仁人。然自周室之衰，更春秋戰國以至暴秦，其禍極矣。高祖一旦出來，平定天下，至文景時，幾致刑措。自東漢以下，更六朝、五胡以至於隋，雖曰統一，然煬帝繼之，殘虐尤甚。太宗一旦掃除，以致貞觀之治。此二君者，豈非是仁者之功耶？若以其心言之，本自做不得這箇功業，然謂之非仁者之功可乎？（四四）

齊桓公時，周室微弱，夷狄強大，桓公攘夷狄，尊王室，九合諸侯，不以兵車，這只是仁之功。終無拯民塗炭之心，謂之行仁則不可。（五三）

齊桓、漢祖、唐宗，皆無為民之意、救民之心，皆非仁人，然皆稱其有仁者之功，此即所謂寬看也。又曰：

劉先主不取劉琮而取劉璋，更不成舉措。當初劉琮孱弱，為曹操奪而取之。若乘此時，明劉琮之孱弱，將為曹操所圖，起而取之，豈不正當。到得臨了，卻淬淬地去取劉璋，全不光明了。

當初孔明便是教他先取荆州，他卻不從。（四七）

「孔明執劉璋，蓋緣事求可，功求成，故如此。」或曰：「然則寧事之不成。」曰：「然。」（一三六）

又曰：

「唐太宗殺諸盜，如竇建德，猶自殺之，惟不殺王世充，後卻密使人殺之，便不成舉措。當初，王世充、高祖皆是叛煬帝，立少主以輔之，事體一般，故高祖負愧而不敢明殺世充也。此最好笑。負些子曲了，更擡頭不起。漢高祖起自匹夫取秦，所以無媿。唐卻是為隋之官，因其資而取之，所以負愧也。要之，自秦漢而下，須用作兩節看。如太宗，都莫看他初起一節，只取他濟世安民之志。他這意思又卻多。若要檢點他初起時事，更不通看。」或曰：「若以義理看太宗，更無三兩分人。」曰：「然。」（四七）

朱子教人讀秦漢以下史，當與三代以前分作兩節看，又教人且寬看，不要檢點人一兩件事不通看，此皆其論史之恕。然於其所謂至善極好一番最高理想，則終不該藏起不提。否則此後歷史亦將更不能有光明臻於至善之一日。故又曰：

自秦漢以來，講學不明，世之人君，固有因其才智做得功業，然無人知明德新民之事。君道間有得其一二，而師道則絕無矣。（一三）

師者，所以教人為人也。人君高居人上，豈得不教以一番為君之道。秦漢以下，師道已絕，為君者僅憑才智以成功業，因無師道，亦無君道。朱子慨言之，而後人不深曉，反以為迂闊，此則更見理學之不得不講也。

文集卷七十二古史餘論有曰：

蘇子曰：「古之帝王，皆聖人也。其道以無為宗，萬物莫能嬰之。」予竊以為此特以老子浮屠之說論聖人，非能知聖人之所以聖者也。故其為說空虛無實，而中外首尾不相為用。若削其「其道」以下而更之曰：「其心渾然，天德完具，萬事之理無一不備，而無有一毫人欲之私焉」，則庶乎其本正而體用可全矣。至其所謂「其積之中者有餘，故推以治天下，有不可得而知者」，則雖非大失，而積與推，終非所以言聖人。不若易之曰：「默而該之者，既溥博而淵泉，故其揮而散之者，自以時出而無不當。」則庶乎輕重淺深之間，亦無可得而議也。其曰：「管仲、子產、叔向之流，皆不足以知者」，是則然矣。至謂孔子知之至而未嘗言，孟子知其一二而人不信，則是以夫子之言為有隱，孟子之言為未盡也。且其謂數子之所未知，孟子之所未盡，與孔子之所知者，皆果為何事耶？若但曰「以無為宗，萬物莫能嬰之」而已，則數子之未知也不足恨，而孔孟之所知，吾恐其非此之謂也。秦漢以來，史冊之言，近理而可觀者，莫若此書，而其所未合猶若此，又皆義理之本原而不可失者。聖學不傳，其害可勝言哉！

朱子深斥二蘇兄弟，惟子由古史，能知以聖學為王道，朱子即極口稱重，謂「秦漢以來史冊之言，近理而可觀者，莫若此書」。大賢論學之無所偏私，其意可覩。至謂黃帝為聖學，朱子深具治史眼光，宜不認許。朱子之分別王霸，若謂其論秦漢以下，乃根據史實，其論三代以上，乃託之理想，亦無不可。又若謂其以孔孟聖學衡評漢唐，此亦無可非議也。

古史餘論又曰：

民生之初，固未始有禮義之文。然自其相生養而有父子，則知有相愛之恩矣。自其相保聚而有君臣，則知有相敬之義矣。是則禮義之實，豈可謂之無哉？今曰「民生之初，父子無義，君臣無禮」，此其不知道體之言一也。人唯其本有禮義之心，是以凡所作為，有所準則，而知其安與不安，所謂「民之秉彝，好是懿德」者也。今曰無禮義，則觸情而行，從欲而動，乃其當然，無所不可，而又謂其「戚然有所不寧，而後反求諸心以得所安」，則未知其何所準則而知之也。此其不知道體之言二也。且人心固有禮義之實，然非聖人全體此心以當君師之寄，因其有是實者而品節之，則禮義之文亦何自而能立。其品節之也，雖非彊之以其所不欲，然亦非苟狥其私意之所便也。今味蘇子之言，乃若以為天下之人，自能為禮，而無待於聖人，又以為人之為禮，但求以即其所安，而不論其所安之準則，則其末流之弊，必將反有至於裸袒踞肆而後已者，此又其不察事理之言也。若夫古今之變，極而必反，如晝夜之相生，家暑之相代，乃理之當然，非人力之可為。是以三代相承，有相因襲而不得變者，有相損益而不可常者。然亦唯聖人為能察其理之所在而因革之，是以人綱人紀，得以傳之百世而無弊。不然，則亦將因其既極而橫潰四出，要以趨其勢之所便，而其所變之善惡，則有不可知者矣。若周之衰，文極而弊，此當變之時也。而聖王不作，莫有能變周用夏，救僿以忠，如孔子、董生、太史之言者。是以文日益勝，禮日益繁，使常人之情有所不能堪者。於是始違則作僞以赴之，至於久而不堪之甚，則遂厭倦簡忽，而有橫潰四出之患，若秦之掃除二帝三王之迹而專為自恣苟簡之治。以至於今，遂有如蘇子所謂「冠婚喪祭不為之禮，墓祭而不廟，室祭而無所」者，正坐此也。而蘇子固謂「生民以來，天下未嘗一日不趨於文」，即是又謂禮俗之變，皆唯眾人之所自為，而聖人之通其變者為無所與於其間也。且曰日趨於文矣，則又安有秦之苟簡與今之無禮，如蘇子之所病？而秦之苟簡與今之無禮，又豈為治者眞有革薄從忠之意，而故為不文以從唐虞夏商之質，如彼之所譏者耶？其言反覆，自相矛盾，此又不察時變不審物情之甚者也。然則有聖賢出而欲為今日之禮者宜奈何？曰：「行夏時，乘殷輅，服周冕，樂韶舞」，此吾夫子之言，萬世不易之通法也。今以繼周而言，則固當救之以忠，更以適時而慮，亦恐其未能遽及夫文也。亦曰躬行以率之，講學以開之，厚其實而粗品節之，使其文雖未備而不至於鄙野，大綱略舉而不至於難行，則亦庶乎其有移風易俗之漸矣。

此章備陳聖學王道與夫歷史之因革演變，義理精微，曰：知道體，察事理，明時變，審物情，體用本末兼而賅之，其宏深高卓，自非子由所能逮。治朱子史學者，所當默體潛玩，有以心知其意，通天人之際，明古今之變，庶可以措之事業，斡旋世運，固不僅可奉為論史之準繩而已也。

宋人論史之學特盛，朱子於各家亦多注意。語類又曰：

范淳夫純粹，精神短。雖知尊敬程子，而於講學處欠闕。如唐鑑極好，讀之亦不無憾。（一三〇）

范淳夫論治道處極善，到說義理處，卻有未精。（一三〇）

范淳夫唐鑑文章議論最好。不知當時也是此道將明，如何便教諸公都恁地白直。（一三〇）

其稱讚范氏唐鑑者亦甚至。惟尚嫌其向上義理一關猶未精透。論史必本諸經術，論治道必本之理學，此乃朱子論學特見精神處。反其言而言之，則治經術者當通史，治理學者亦不可不通治道也。

又曰：

大抵范氏為人，宏博純粹，卻不會研窮透徹。如唐鑑只是大體好，不甚精密。議論之間，多有說那人不盡。如孫之翰唐論雖淺，到理會一事，直窮到底，教他更無轉側處。（四四）

此處兼評范、孫兩家。范純粹，孫透徹。宏博精密，須能兩盡，始合論史之標格。

又曰：

范氏議論，多說得這一邊，便忘卻那一邊，唐鑑如此處甚多。以此見得世間非特十分好人難得，只好書亦自難得。（三一）

既須純粹，又須周匝，此論史之所以難也。

諸生論郡縣、封建之弊。曰：「大抵立法必有弊，未有無弊之法。其要只在得人。若非其人，則有善法亦何益。且如說郡縣不如封建，若封建非其人，且是世世相繼，不能得他去。如郡縣非其人，卻只兩三年任滿便去，忽然換得好底來，亦無定。范太史唐鑑議論大率皆歸於得人。某初嫌他恁地說。後來思之，只得如此說。」又云：「革敝須從原頭理會。」（一〇八）

法與人相比則人重。事業功利與義理心術比，則義理心術為重。惟朱子論史，於法於事皆所不忽，此其不可及處。其屢屢稱道及於范氏唐鑑，自與當時一輩理學家意態不同。當時一輩理學家，僅知有理，不知有事。僅知重心性，不知重事業。此為朱子所不許。

語類又曰：

「鼎顛趾，利出否，无咎。」或曰：「據此爻，是凡事須用與他翻轉了，卻能致福。」曰：「不然，只是偶然如此。鼎顛趾本是不好，卻因顛仆而傾出鼎中惡穢之物，所以無咎。非是故意欲翻轉鼎趾而求利也。」或言：「浙中諸公議論多是如此。」曰：「便是浙中近來有一般議論如此。若只管如此存心，未必眞有益，先和自家心術壞了。聖賢做事，只說箇『正其義不謀其利，明其道不計其功』。凡事只如此做，何嘗先要安排紐捏，須要着些權變機械，方喚做做事？須是先理會箇光明正大底綱領條目，且令自家心先正了，然後於天下之事，先後緩急，自有次第。今於「在明明德」未曾理會得，便先要理會新民工夫。及至新民，又無那親其親長其長底事，卻便先萌箇計功計獲底心，少間盡落入功利窠窟裏去。而今諸公只管講財貨源流是如何，兵又

如何，民又如何，陳法又如何。此等事固當理會，只是須識箇先後緩急之序。」（七三）

朱子反對當時浙東史學，其意如此。論心術，在帝王則有公私之辨，在學者則有義利之辨。若使在上者僅抱一私天下之心而為之，下者競以計功獲利之心與之相桴鼓，相膠漆，則天下事烏得而不壞。孟子辨王霸、辨義利，朱子論史論政則辨心術，大端皆由孟子來，此亦朱子之先立乎其大也。

又文集卷六十七舜典象刑說謂：

聖人之心，未感於物，其體廣大而虛明，絕無毫髮偏倚，所謂「天下之大本」者也。及其感於物也，則喜怒哀樂之用，各隨所感而應之，無一不中節者，所謂「天下之達道」也。蓋自本體而言，如鏡之未有所照，則虛而已矣。如衡之未有所加，則平而已矣。至語其用，則以其至虛，而好醜無所遁其形。以其至平，而輕重不能違其則。此所以致其中和，而天地位，萬物育。雖以天下之大，而舉不出乎吾心造化之中也。以此而論，知聖人之於天下，其所以為慶賞威刑之具者，莫不各有所由。

此處兼言大本達道，經學理學以建大本，論史論政以明達道。置達道而不問，則所謂大本者，亦將失其為大矣。

又曰：

喜而賞者陽也，聖人之所欲也。怒而刑者陰也，聖人之所惡也。是以聖人之心，雖曰至虛至平，無所偏倚，而於此二者之間，其所以處之者，亦不能無小不同。故曰：「罪疑惟輕，功疑惟重」，此則聖人之微意也。然其行之，雖曰好賞，而不能賞無功之士。雖曰惡刑，而不敢縱有罪之人。而功罪之實苟已曉然而無疑，則雖欲輕之重之而不可得。是又未嘗不虛不平，而大本之立，達道之行，固自若也。

其曰「欽哉欽哉，惟刑之恤哉」，此則聖人畏刑之心，閔夫死者之不可復生，刑者之不可復續，惟恐察之有不審，施之有不當。又雖已得其情，而猶必矜其不教無知而抵冒至此也。此聖人制刑明辟之意，所以雖或至於殺人，而其反覆表裏至精至密之妙，一一皆從廣大虛明心中流出，而非私智之所為也。

或者謂周之穆王五刑皆贖，為能復舜之舊，則固不察乎舜之贖，初不上及於五刑。又不察乎穆王之法，亦必疑而後贖也。漢宣之世，張敞以討羌之役兵食不繼，建為入穀贖罪之法，蕭望之等以為如此則富者得生貧者獨死，恐開利路以傷治化。世衰學絕，士不聞道，是以雖有粹美之資，而不免一偏之弊。其於聖人公平正大之心有所不識，而徒知切切焉飾其偏見之私以為美談，若此多矣，可勝辨哉！

此文申述聖人制刑立法，至於殺人不赦，雖若甚慘至酷，而亦出於公平正大之心。自非講學之明，僅憑私智偏見，託於輕刑之說，雖干一時之譽，實違大道之眞。是則心術未易驟正，正論未易驟明。苟非階之以學問，則治史必失其權衡，而求治必不得其本領矣。此皆朱子論史絕高境界，非徒窺史籍所能知也。

語類又曰：

> 今之法家，惑於罪福報應之說，多喜出人罪以求福報。夫使無罪者不得直，而有罪者得倖免，是乃所以為惡爾，何福報之有。書曰：「欽哉欽哉，惟刑之恤哉。」所謂欽恤者，欲其詳審曲直，令有罪者不得免，而無罪者不得濫刑也。今以為當寬人之罪而出其死，是乃賣弄舞法耳。罪之疑者從輕，功之疑者從重，所謂疑者，非法令之所能決，則罪從輕而功從重。非謂凡罪皆可以從輕，凡功皆可以從重也。（一一〇）

朱子論刑法，一如其論其他人事，外則一本諸理，內則一求諸心，而其立論之針對時弊處，更值注意。治史正貴能針對時弊也。

論人才

再次言人才。後之論者，每疑宋儒講學，偏重心性修養，不重事功幹濟，觀朱子平日所講，決知其不然。己未，朱子七十，時已多病，一夕召諸生至臥內，告陳淳曰：

子思說：「尊德性而道問學，致廣大而盡精微，極高明而道中庸，溫故而知新，敦厚以崇禮。」這五句，是為學用功精粗全體說盡了。如今所說，卻只偏在尊德性上去揀那便宜多底占了，無道問學底許多工夫，恐只是占便宜自了之學。出門動步便有礙，做一事不得。今人之患，在於徒務末而不究其本。然只去理會那本，而不理會那末亦不得。時變日新而無窮，若是少間事勢之來，當應也只得應。若只是自了，便待工夫做得二十分到，終不足以應變。牽強去應，應得便只成杜撰，便只是人欲。又有誤認人欲作天理處。若應變不合義理，則平日許多工夫，依舊都是錯了。一日之間，事變無窮，小而一身一家，大而一國，又大而天下，事業恁地多，都要人與他做，不是人做，卻教誰做？不成我只管得自家？若將此樣學問去應變，如何通得許多事情，做出許多事業。學者須是立定此心，泛觀天下之事，精粗巨細，無不周徧，下梢打成一塊，亦是一箇物事，方可見於用。所謂天理人欲，只是一箇大綱如此，下面煞有條目，須是就事物上辨別，那箇是天理，那箇是人欲，不可恁地空說，將大綱來罩，卻籠統無界分，恐一向暗昧，更動不得。（一一七）

此條只是教人為學，而史學之當重自在內。固是教人作人，然朱子理想中所賴以支撐天地維持歷史之人物，亦自在內。所謂辨天理人欲，不僅辨在心，亦須向事上辨，須向歷史上辨。朱子論學，內外本末精粗一以貫之，具是矣。

又曰：

某嘗謂宰相是舜、禹、伊、周差遣，下此亦須房、杜、姚、宋之徒，方能處置得天下事。後之當此任者，怪他不能當天下之事不得。是他人品只如此，力量有所不足，如何強得。（一一二）

此謂力量當從人品來。

又曰：

三公燮理陰陽，須是先有箇胸中始得。（六二）

此謂事業當從心術來。

又曰：

「某嘗為人作觀瀾詞，其中有兩句云：『觀川流之不息兮，悟有本之無窮。』」問：「明道云：『自漢以來諸儒皆不識此。』如何？」曰：「是他不識，如何卻要道他識？此事除了孔孟，猶是佛老，見得些形象。譬如畫人一般，佛老畫得些模樣。後來儒者，於此全無相着，如何教他兩箇不做大。」（三六）

佛老尚知重本，豈不要做大。然更須知重本不當輕末。若樹木有本，不長枝葉，水泉有本，不能流出，則又何貴此本耶？

又曰：

後世只是無箇人樣。（一〇八）

若論人樣，則老佛只當作出家逃世人樣，不得作在家入世人樣。

又曰：

今日人材，須是得箇有見識、又有度量人，便容受得今日人材，將來截長補短使。（一〇八）

人材須是有見識，有度量。有見識，可以處事。有度量，可以用人。容受得今日人材，將來截長補短使，一世人才，自足應一世之用。然須有人焉以容受而使用之，此所以大儒之學之為有體而有用也。

朱子論古今人物之欲大有所表顯於政事者，如賈誼、董仲舒、王通諸人。其言曰：

賈誼之學雜，他本是戰國縱橫之學，只是較近道理，不至如儀、秦、蔡、范之甚爾。他於這邊道理見得分數稍多，所以說得較好。然終是有縱橫之習，緣他只根腳是從戰國中來故也。漢儒惟董仲舒純粹。其學甚正，非諸人比。只是困善無精彩。極好處，也只有「正義」、「明道」兩句。下此諸子皆無足道。如張良、諸葛亮固正，只是太麄。王通也有好處，只是無本原工夫。卻要將秦漢以下文飾做箇三代，他便自要比孔子，不知如何比得？他那斤兩輕重自定，你如何文飾得？如續詩、續書、元經之作，盡要學箇孔子，重做一箇三代，如何做得？如續書要載漢以來詔令，他那詔令便載得，發明得甚麼義理，發明得甚麼政事？只有高帝時三詔令稍好，然已不純。如曰「肯從吾遊者，吾能尊顯之」，此豈所以待天下之士哉！都不足錄。如秦漢以下詔令，濟得甚事。緣他都不曾將心子細去讀聖人之書。見聖人作六經，我也學他作六經。只是將前人腔子，自做言語塡放他腔中。聖人做箇論語，我便做中說。如揚雄太玄、法言亦然。某嘗說，自孔孟滅後，諸儒不子細讀得聖人之書，曉得聖人之旨，只是自說他一副當道理。說得卻也好看，只是非聖人之意。硬將聖人經旨，說從他道理上來。（一三七）

此條所論，分析甚精。如謂賈誼雜戰國縱橫而不醇，董仲舒困善無精采，王通無本原工夫，皆一一恰切。謂張良、諸葛亮太麄，乃是麄在明道上，非麄在應事上。漢唐諸儒都比不得孔孟，當與其論漢祖、唐宗之事功都比不上三代者相互合看。

問：「伊川、龜山皆言張良有儒者氣象，先生卻以良為任數。」曰：「全是術數。」（五二）

張良全是術數，即其麄於義理也。此處見朱子論人嚴正，勝於伊洛。

又曰：

史以陸宣公比賈誼。誼才高似宣公。宣公諳練多，學更純粹。大抵漢去戰國近，故人才多是不粹。（一三六）

問：「陸宣公比諸葛武侯如何？」曰：「武侯氣象較大，恐宣公不及。只是武侯也密。如橋梁、道路、井竈、圊溷無不修繕，市無醉人，更是密。只是武侯密得來嚴。其氣象剛大嚴毅。」（一三六）

陸宣公不如諸葛武侯，乃從兩人氣象上推之。武侯密，言其處事。麄，則言其義理未精，如其執劉璋即是，然亦非言其人不正。此等處可謂銖兩悉稱，絲忽不苟。

陸宣公奏議末數卷論稅事，極盡纖悉，是他都理會來，此便是經濟之學。（一三六）

陸宣公僅是經濟，卻不見論義理，然其所見義理，都從其經濟中見出，則朱子亦從而推之。又曰：

「杜佑可謂有意於世務者。」問理道要訣。曰：「是一箇非古是今之書。」（一三六）

理道要訣是一箇通典節要。（一三六）

朱子極重杜佑通典，而說其是今非古。可見一務於是古非今者，亦非朱子所賞。

凡朱子之衡論人才，率具如是。其於唐代，則推重陸贄、杜佑，斯其意量標格為何如。若謂理學家評騭人物過嚴，則朱子殆可謂平恕寬大之至矣。其他尚多評論歷史人物處，詳下論世風一節。列之論世風之下者，因此實無當於朱子之所謂人才也。

語類又曰：

古人事事先去理會大處正處，到不得已處，方有變通。今卻先要去理會變通之說。（一一四）

又曰：

先能理會大處正處，遇不得已處能變通，此人才也。昧卻大處正處，只要理會變通，此不得為人才。

又曰：

須培壅根本令豐壯，以此去理會學。三代以下書，古今世變治亂存亡皆當理會。（一一三）

「培壅根本令豐壯」，則須經學理學。「三代以下書，古今世變治亂存亡皆當理會」，此則大部在史學。培壅得人，纔能來處理人事。不理會如何作人，而逕自去理會處理人事，乃朱子所不許。然只講如何作人，卻不去處理人事，朱子則謂之占便宜自了之學。

又曰：

今日人才之壞，皆由於詆排道學。治道必本於正心修身，實見得恁地，然後從這裏做出。如今士大夫，但說據我逐時恁地做，也做得事業。說道學，說正心修身，都是閒說話，我自不消得用此。若是一人叉手並脚，便道是矯激，便道是邀名，便道是做崖岸。須是如市井底人，拖泥帶水，方始是通儒實才。（一〇八）

市井中人拖泥帶水，如何做得事業，作得人樣子。由此等人來做，最高則如漢唐霸道而止耳。

或問：「程先生當時進說，只以『聖人之說為必可信，先王之道為必可行，不狃滯於近規，不遷惑於衆口，必期致天下如三代之世』，何也？」先生曰：「也不得不恁地說。如今說與學者，也只得教他依聖人言語恁地做去，待他就裏面做工夫有見處，他便自知得聖人底是確然恁地。荆公初時與神宗語亦如此，曰：『願陛下以堯、舜、禹、湯為法。苟能為堯、舜、禹、湯之君，則自有皐、夔、稷、契、伊、傅之臣。諸葛亮、魏徵，有道者所羞道也。』說得甚好。只是他所學偏，後來做得差了，又在諸葛亮、魏徵之下。」（九三）

因論：「司馬、文、呂諸公，當時尊伊川太高，自宰相以下皆要來聽講，遂致蘇、孔諸人紛紛。」曰：「宰相尊賢如此，甚好。自是諸人難與語。只如今賭錢喫酒等人，正在無禮，你卻

將禮記去他邊讀，如何不致他惡？」（九三）

朱子自是抱持一番純儒學傳統之史學觀者。但自孟子已見稱為迂闊，伊川以僞學貶，朱子晚年亦遭黨禁。朱子以後，理學亦多為世詬病。然今細讀朱子論史各節，切合事情，明理達變，殆可雪迂闊之譏。惜乎純儒不多見，又多如董仲舒之困善無精采。誠有大儒出世，亦終難見於大用，此亦治史者所當深究之一項大問題也。

語類又曰：

「聖人為治，終不成掃蕩紀綱，使天下自恁地頽壞廢弛，方喚做公天下之心。聖人只見得道理合恁地做。有箇天下在這裏，須着去保守，須着有許多維持紀綱。這是決定着如此，不如此便不得。」問：「若如此說，就事物上理會，也是合如此。」曰：「雖是合如此，只是無自家身己做本領，便不得。」又問：「事求可，功求成，亦是當如此？」曰：「只要去求可求成便不是。聖人做事，那曾不要可不要成。只是先從這裏理會去，卻不曾恁地計較成敗利害。如公所說，只是要去理會許多汩董了，方牽入這心來，卻不曾有從這裏流出在事物上底意思。」（一〇八）

歷史上一切求可求成之往迹，皆已成了骨董，卻儘牽入心來，使此心更無一些從內裏流出向事物上去底，試問此天下，如何會不逐漸頹壞廢弛。有聖人出來，維持紀綱，保那天下，此必從那聖人心中流出，如是乃得有可有成。此一番理論，誠願天下聰明人細細理會。

又曰：

凡事求可功求成，取必於智謀之末，而不循天理之正者，非聖賢之道。（一〇八）孔子修六經，要為萬世標準。若就那時商量別作箇道理，孔子也不解修六經。經世事業，只是第二三着。如某退居老死無用之物，諸公都出仕宦，這國家許多命脈，自有所屬。不直截以聖人為標準，卻要理會第二三着，這事煞利害，千萬細思之。（一〇八）

謂經世事業只是第二三着，必知有從人心中流出在事物上者，而又非智謀之末，此始是第一着，始足為萬世標準。否則只是架漏度日，牽補為務。不論漢唐不可驟企，即企及到漢唐，也即敗亡隨之，終非久計也。

又曰：

天生一世人才，自足一世之用。自古及今，只是這一般人。但有聖賢之君在上，氣焰大，薰蒸陶冶得別，這箇自爭八九分。只如時節雖不好，但上面意思略轉，下面便轉。況乎聖賢，是甚

力量。少間無狀之人，自銷鑠改變，不敢做出來。以其平日為己之心為公家辦事，自然修舉。蓋小人多是有才底。（一〇八）

又曰：

聖賢能薰蒸陶冶人才，故聖賢為歷史上最大之人才。聖人有力量，能使並世小人亦轉為人才，以羣趨於為一世之用。歷史上非無證據，只是未到其極處。理學乃是根據史學推論到其極處，以懸為萬世共赴之一項最高理想也。

又曰：

善人只循循自守，據見定，不會勇猛精進。循規蹈矩則有餘，責之以任道則不足。（四三）

善人與聖人有別。善人只據見定，循規蹈矩。聖人則能勇猛精進，以任道為務。

又曰：

漢文帝謂之善人，武帝卻有狂底氣象。文帝天資雖美，然止此而已。若責之以行聖人之道，則必不能。蓋他自安於此。觀其言曰：「卑之無甚高論，令今可行也。」先王之道，情願不要去做，只循循自守。武帝多有病痛，然天資高，志向大，足以有為。使合下得箇眞儒輔佐他，豈

不大可觀。惜乎輔非其人，不能勝其多欲之私，做從那邊去了。（四三　一三五）

文帝善人，轉有不足。武帝有狂底氣象，多病痛，而志大，卻轉可取。其檢別人才之意，大值深思。

朱子又比論狂狷，曰：

問：「孔子在陳，何故只思狂士，不説狷者？」曰：「狷底已自不濟事，狂底卻有箇軀殼可以鞭策。狷者只是自守得些，便道是了。」（二九）

朱子論世事則主變，論人物則主狂。因狂者能鞭策進取也。必如朱子，乃可為眞儒。

問里克、丕鄭、荀息。曰：「里克、丕鄭倒了處，便在那中立上。天下無中立之事。自家若排得他退，便用排退他。若奈何他不得，便用自死。今驪姬一許他中立，他事便了，便是他只要求生避禍。正如隋高祖篡周，韋孝寬初甚不能平。一見衆人被殺，便去降他，反教他添做幾件不好底事。看史到此，使人氣悶。」或曰：「看荀息亦有不是處。」曰：「全然不是，豈止有不是處。」（八三）

朱子如此論史事，論人物，實則與其論漢祖、唐宗由同一源頭流出。學者其細參之。

又因論經權，因舉晉州蒲事，云：「某舊不曉胡文定之意，後以問其孫伯逢，他言此處有意思，但難說出。如左氏分明有晉君無道之說。厲公信有罪，但廢之可也。欒書、中行偃直弒之，則不是。然畢竟厲公有罪，故難說出，後必有曉此意者。」（三七）

君有罪可廢，然不當直弒之。朱子論史論人，極明快直捷，然亦斟酌備至。非理精義明，則不易至此。

又曰：

人須是氣魄大，剛健有力底人，方做得事成。而今見面前人都恁地衰，做善都做不力，便做惡也做不得那大惡，所以事事不成。故孔子歎「不得中行而與之，必也狂狷乎」，人須有些狂狷方可望。（四三）

今之人，纔說這人不識時之類，便須有些好處。纔說這人圓熟識體之類，便無可觀矣。（四三）

世衰道微，人欲橫流，若不是剛介有腳跟底人，定立不住。（四三）

邦有道之時，不能有為，只小廉曲謹，濟得其事。且如舊日秦丞相當國，有人壁立萬仞，和宮觀也不請，此莫是世間第一等人。及秦既死，用之為臺諫，則不過能論貪污而已。於國家大計，亦無所建立。且如子貢問士一段，「宗族稱孝，鄉黨稱弟」之人，莫是至好，而聖人必先之以「行己有恥，不辱君命」為上。蓋孝弟之人，亦只是守得那一夫之私行，不能充其固有之良心。然須是以孝弟為本，須是充那固有之良心，到有恥、不辱君命處方是。（四四）

然則朱子論人才，固不謂其是一孝弟善人有守便已足，更貴其能有為。故又曰：

須盡翻轉更變一番，所謂「上下與天地同流，豈曰小補之哉」。小補之者，謂扶衰救弊，逐些補緝。若是更革，則須徹底重新鑄造一番，非止補苴罅漏而已。湯武順天應人，便是如此。（七三）

後有聖賢者出，必須別有規模，不用前人硬本子。（一三四）

孟子未見得做得與做不得，只說着教人歡喜。（七三）

朱子論王道霸道之別，本之孟子。其論人才理想，亦不以扶衰救弊小補之即是，乃曰須盡翻轉更變一番，別有規模，上下與天地同流，不用前人硬本子。硬本子則已成骨董也。其論史精神，實則全是論道精神。論道則必以王道為準，論人則必以聖人為準。苟以卑之無甚高論者譏薄朱子，則何損於朱子立論之毫末哉。

論世風

最後言世風。

或云：「看來陶淵明終只是晉宋間人物。」曰：「不然。晉宋間人物，雖曰尚清高，然箇箇要官職。這邊一面清談，那邊一面招權納貨，淵明卻眞箇是能不要，此其所以高於晉宋人也。」或引伊川言：「晉宋清談，因東漢節義一激而至此者。」曰：「公且說節義如何能激而為清談？」或云：「節義之禍，在下者不知其所以然，思欲反之，所以一激而其變至此。」曰：「反之固是一說。然亦是東漢崇尚節義之時，便自有這箇意思了。蓋當時節義底人，便有傲睨一世，汚濁朝廷之意。這意思便自有高視天下之心。少間便流入於清談去。如皇甫規見雁門太守，曰：『卿在雁門，食雁肉作何味？』那時便自有這意思了。少間那節義清苦底意思無人學得，只學得那虛驕之氣，其弊必至於此。」（三四）

此條分析東漢節義流變而為晉宋清談之所以然，非史識極深者不能言。實則非理學極深者不能言也。朱子言東漢節義底人，便有一番傲睨一世之意。清談人物只學得其虛驕，未學得其清苦，遂見清談之弊。此皆直探人心，從其內裏流出處言。與其論治道者一致。朱子學之宏通博大，無幽不燭，而會歸一理有如此。斯其所會歸之一理，所以成為堅卓，未易輕加疵議也。

又文集卷三十五答劉子澄有云：

近看溫公論東漢名節處，覺得有未盡處。但知黨錮諸賢趨死不避為光武明章之烈，而不知建安以後，中州士大夫只知有曹氏，不知有漢室，卻是黨錮殺戮之禍有以敺之也。且以荀氏一門論之，則荀淑正言於梁氏用事之日，而其子爽，已濡跡於董卓專命之朝。及其孫彧，則遂為唐衡之壻，曹操之臣，而不知以為非矣。蓋剛大直方之氣折於凶虐之餘，而漸圖所以全身就事之計，故不覺其淪胥而至此耳。想其當時父兄師友之間，亦自有一種議論，文飾蓋覆，使驟而聽之者不覺其為非，而真以為是，必有深謀奇計可以活國救民於萬分有一之中也。邪說橫流所以甚於洪水猛獸之害，孟子豈欺予哉！

此書即就荀氏一家祖孫三代，推論東漢名節迤邐以盡之勢，所見大而深，能於史冊無文字處着眼，誠為論史之極致。溫公通鑑有荀彧之仁勝於管仲之評，朱子亦有感而發也。

語類亦曰：

荀文若為宦官唐衡女壻，見殺得士大夫厭了，為免禍計耳。（一三五）

文集卷五十一答曹立之有曰：

陳太丘亦是不當權位，故可以逶迤亂世而免於小人之禍。若以其道施之朝廷，而無變通，則亦何望其能有益於人之國哉！

荀文若、陳太丘，正處在晚漢名節與魏晉清談之轉捩點。朱子所論，皆見節義無以自全，故乃轉而入清談也。

又文集卷五十四答孫季和有云：

嘗觀荀淑能譏刺梁氏，而爽已不敢忤董卓，至彧遂為唐衡之壻，曹操之臣。人家父祖壁立千仞，子孫猶自倒東來西。況太丘制行如此，其末流之弊，為賊佐命，亦何足怪哉！

朱子之斥荀陳，可謂至矣。厥後朱子年七十一，臨卒前未二月，有聚星亭贊，或曰乃為有感於趙汝愚斥死，韓侂胄專政而發，會讀其前後諸文，誠是深堪慨歎矣。

問：「黃叔度是何樣底人？」曰：「當時亦是衆人扛得如此，看來也只是篤厚深遠底人。若是有所見，亦須說出來。豈有自孔孟之後，至東漢黃叔度時已是五六百年，安得言論風旨全無聞。」或云：「郭林宗亦主張他。」曰：「林宗何足憑。且如元德秀在唐時也非細，及就文粹上看他文章，乃是說佛。」（三五）

朱子論黃叔度、郭林宗、元德秀如此，較之其論賈、董、王通、陸贄者，則又相去遠矣。

又曰：

三代而下，惟東漢人才，大義根於其心，不顧利害生死，不變其節。未說公卿大臣，且如當時郡守，懲治宦官之親黨，雖前者既為所治，而來者復蹈其迹。誅殛竄戮，項背相望，略無所創。今士大夫顧惜畏懼，何望其如此。平居暇日，琢磨淬厲，緩急之際，尚不免於退縮。況游談聚議，習為軟熟，卒然有警，何以得其伏節死義乎？大抵不顧義理，只計較利害，皆奴婢之態，殊可鄙厭。有幸而不敗者，如謝安，桓溫入朝，已自無策，從其廢立。九錫已成，但故為遷延以俟其死。不幸而病小甦，則將何以處之？擁重兵上流而下，何以當之？於此看謝安，果可當伏節死義之資乎？（三五）

又曰：

東晉時所用人才，皆中州浮誕者之後。惟顧榮、賀循有人望，不得已而用之。（一三六）王導為相，只周旋人過一生。（一三六）

是朱子所重，乃東漢之名節。至如名士，自黃憲、郭泰、陳、荀，下至東晉王導、謝安之輩，皆所不滿。而於世風移轉，尤所關心。蓋無人才，則只得論世風。世風已壞，人才即無由而出，治道更無人可講。而挽回世風，則惟待學術。後人論理學家只談心性，不問世事。不知世事自有不可問之時，而學術亦正所以轉世運也。

王伯厚困學紀聞有曰：

曲禮、少儀之教廢，幼不肯事長，不肖不肯事賢。東都之季，風化何其美也。魏昭灑掃於郭泰，荀爽御於李膺，殷陶、黄穆侍衛於范滂，闕里氣象，不過是矣。

厥後顧亭林日知錄，亦極稱美東漢風俗。伯厚、亭林，皆不可謂其無所得於朱子之學者。然其稱美東漢之意，較之朱子，深淺為何如。從知學術自有高下，誠不可以一概而論也。

語類又曰：

王儀為司馬昭軍師，昭殺之，雖無辜，裒仕晉猶有可説，而裒不仕，乃過於厚者。嵇康魏臣，而晉殺之，紹不當仕晉，明矣。蕩陰之忠固可取，亦不相贖。事讎之過，自不相掩。司馬公云：「使無蕩陰之忠，殆不免君子之譏。」不知君子之譏，初不可免也。（一三六）

此條比論王裒、嵇紹，謂裒不仕晉乃過厚，較之溫公之評嵇紹，可知非朱子持論之苛，實溫公辨義之未精也。明得此義，則如山濤輩，固可置之不論。

或曰：「從漢末直到唐太宗，天下大勢方定疊。」曰：「這許多時節，直是無着手處。然亦有幸而不亡者，東晉是也。」（一三五）

名節道義俱亡，天下事何從着手。朱子特標人道大義，乃為全部歷史言。為人君者，亦無可逃於此人道大義之外。後人疑朱子評漢高、唐宗陳義太高，然則為人君則可勿繩以仁義，抑君臣上下皆可不以仁義相繩，而天下自有長治久安之途，則孔孟之說仁義，自可束之高閣，而人心終不自安，則惟有逃之老釋耳。

其論唐代則曰：

某常說房、杜只是箇村宰相，如何敢望文中子之萬一。其規模事業，無文中子髣髴。（一三七）

因言文中子有志於天下，亦識得三代制度，較之房、魏諸公，稍有些本領。只本原上工夫，都不理會。（一三七）

王通見識高明，如說治體處極高，但於本領處欠。如古人明德新民至善等處，皆不理會。卻要鬪合漢魏以下之事，整頓為法，這便是低處。（一三七）

看來文中子根腳淺，然卻是以天下為心，分明是要見諸事業，天下事他都一齊入思慮來。雖是卑淺，然卻是循規蹈矩，要做事業底人，其心卻公。（一三七）

王通極開爽，說得廣闊。緣他於事上講究得精，故於世變興亡，人情物態，更革沿襲，施為作用，先後次第都曉得。識得箇仁義禮樂都有用處。若用於世，必有可觀。只可惜不曾向上透一着，於大體處有所欠闕。（一三七）

其中論世變因革處，說得極好。只是無本原工夫，卻要將秦漢以下文飾做箇三代。（一三七）

朱子之衡量王通者如此，其所理想中之致治人才，亦可由此推見。而以興唐諸賢如房、杜、魏諸人比之王通，則猶遜乎其後矣。此見朱子論史論人，本極平實，非故為高論也。

又曰：

唐源流出於夷狄，故閨門失禮之事，不以為異。（一三六）

又曰：

且莫說聖賢，只如漢高祖、光武，唐憲宗、武宗，他更自了得。憲宗初年許多伎倆，是李絳教他，絳本傳說得詳。然絳自有一書，名論事記，記得更詳，如李德裕獻替錄之類。（五五）

或問：「維州事，溫公以德裕所言為利，僧孺所言為義，如何？」曰：「德裕所言，雖以利害言，然意卻全在為國。僧孺所言雖義，然意卻全濟其己私。且德裕既受其降矣，雖義有未安，也須別做處置，乃縛送悉怛謀，使之恣其殺戮，果何為耶？」（一三六）

文集卷三十一答張敬夫亦暢論其事而曰：「牛論正而心則私，李計譎而心則正。」

語類又曰：

今日天下，且得箇姚崇、李德裕來措置，看如何。（一〇八）

又曰：

牛僧孺何緣去結得箇杜牧之，後為渠作墓誌。今通鑑所載維州等有些事好底皆是。（一三六）

又曰：

說者謂陽城居諫職，與屠沽出沒，果然，則豈能使其君聽其言哉？若楊綰用而大臣損音樂，減騶御，則人豈可不有以養素自重耶？（一三六）

問：「唐宦官與東漢末如何？」曰：「某嘗說唐時天下尚可為，東漢末直是無着手處。且是無主了。如唐昭宗、文宗，直要除許多宦官，那時若有人，似尚可為。只宣宗便度得事勢不能誅，便一向不問，他也是老練了。伊川易解也失契勘，說『屯其膏』云：『又非恬然不為，若唐之僖、昭。』這兩人全不同。一人是要做事，一人是不要做，與小黃門啗果食度日，呼田令孜為阿父。不知東漢時，若一向盡引得忠賢布列在內，不知如何。」（一三五）

朱子論唐事，雖房、杜、魏諸人有所不取，以其居大有為之時，而不能大有所為也。如姚崇、李絳、李德裕，雖非有大作為，要自有功業表見，故亦稱之。至於慨嘆其當世無姚、李，則其着意於事為功業之意至顯。唐之諸君，不僅如憲宗、武宗為朱子所稱許，乃至如昭宗、文宗，只因其想要做事，亦特為之指出。然則朱子論史，又何嘗是專拈出一大題目，專標舉一最高義理，而一切為不着實際之空論乎？

其論五代至宋則曰：

鄉原者，為他做得好，便人皆稱之，而不知其有無窮之禍。如五代馮道，此眞鄉原也。本朝范質，人謂其好宰相，只是欠為世宗一死爾。如范質之徒，卻最敬馮道輩，雖蘇子由議論亦未免此。本朝忠義之風，卻是自范文正公作成起來。（四七）

小道易行，易見效。漢文尚黃老，本朝李文靖便是以釋氏之學致治。孔孟之道規模大，若有理會得者，其致治又當如何？（四九）

李文靖只做得如此。若有學，便可做三代事。胡不廣求有道賢德，興起至治。（一二九）

祖宗以來名相，如李文靖、王文正諸公，只恁地善亦不得。至范文正時，便大厲名節，振作士氣。（一二九）

某嘗說呂夷簡最是箇無能底人，今人卻說他有相業，會處置事。不知何者為相業，何者善處置？為相正要以進退人才為先，使四夷聞知，知所聳畏。方其為相，其才德之大者如范文正諸公，既不用，下而豪俊跅弛之士如石曼卿諸人，亦不能用。其所引援，皆是半間不界無狀之人，弄得天下之事日入於昏亂。及一旦不奈元昊何，遂盡挨與范文正公。若非范文正公，則西方之事決定弄得郎當，無如之何矣。今人以他為有相業，深所未曉。（一二九）

有一樣苟且底人，議論不正，亦能使是非反覆。張安道說：「本朝風俗淳厚，自范文正公一變，遂為崖異刻薄。」後來安道門人和其言者甚眾。至今士大夫莫能辨明，豈不可畏。（五二）

溫公自翰林學士遷御史中丞，累章論張方平，所論不行，自中丞後為翰林學士。東坡作溫公神道碑，節去論方平事，為方平諱也。某初時看更曉不得，後來看得溫公文集，方知是如此。（一三〇）

劉公，湖州人，忘其名，亦數章攻張方平，而不見其首三章。集中止有第四章，大概言臣攻方平之短，已具於前數奏中。記得是最言其不孝之罪，可惜不見。蓋東坡尊方平，而天下後世之人，以東坡兄弟之故，遂為東坡諱而隱其事，併毀其疏以滅蹤。某嘗問劉公之孫某求之，而其家亦已無本矣。（一三〇）

呂公所引如張方平、王拱辰、李淑之徒，多非端士。張安道過失更多。但以東坡父子懷其汲引之恩，文字中十分説他好。今人又好看蘇文，所以例皆稱之。介甫文字中有説他不好處，人既不看，看又不信。（一二九）

安定、太山、徂徠、廬陵諸公以來，皆無今日之術數。老蘇有九分來許罪。（一二九）

近世王介甫，其學問高妙，出入於老、佛之間，其政事欲與堯舜三代爭衡。然所用者盡是小人，聚天下輕薄無賴小人作一處，以至遺禍至今。他初間也何嘗有啟狄亂華率獸食人之意，只是本原不正，義理不明，其終必至於是。（五五）

文續集卷二答蔡季通：

荆公專貴吏材，而不及行義，乃當時之深蔽。

王介甫是箇修飭廉隅孝謹之人。而安道之徒，平日苟簡放恣慣了，纔見禮法之士，必深惡之。如老蘇作辨姦以譏介甫，東坡惡伊川，皆此類耳。論來介甫初間極好，他本是正人，見天下之弊如此，鋭意欲更新之，可惜後來立腳不正，壞了。（一三〇）

向見何萬一之少年時所著數論，其間有説云：「本朝自李文靖公、王文正公當國以來，廟論主於安靜，凡有建明，便以生事歸之。循至後來，天下弊事極多。」此説甚好。且如仁宗朝，是甚次第時節，國勢卻如此緩弱，事多不理。英宗即位，已自有性氣要改作，但不久晏駕，所以當時謚之曰「英」。神宗繼之，性氣越緊，尤欲更新之，便是天下事難得恰好，卻又撞着介甫出來承當，所以作壞得如此。（一三〇）

介甫變法，固有以召亂，後來又卻不別去整理，一向放倒，亦無緣治安。（一三〇）

新法之行，諸公實共謀之，雖明道不以為不是。看當時薦章，謂其「志節慷慨」，則明道豈是循常蹈故塊然自守底人。（一三〇）

當時非獨荊公要如此，諸賢都有變更意。（一三〇）

荊公後來所以全不用許多儒臣，也是各家都說得沒理會。如東坡以前進說許多，如均戶口、較賦役、教戰守、定軍制、倡勇敢之類。是煞要出來整理弊壞處。後來荊公做出，東坡又卻盡底翻轉，云也無一事可做。如揀汰軍兵，也說怕人怨。削進士恩例，也說士人失望。且如役法，當時只怕道衙前之役易致破蕩。當時於此合理會，如何得會破蕩？晁以道文集有論役法處，煞好。（一三〇）

熙寧更法，亦是勢當如此。凡荊公所變更者，初時東坡亦欲為之。及見荊公做得紛擾狼狽，遂不復言，卻去攻他。自荊公以改法致天下之亂，人遂以因循為當然。天下之弊，所以未知所終也。（一三〇）

問：「萬世之下，王臨川當作如何評品？」曰：「陸象山嘗記之矣，何待他人？」問：「莫只

是學術錯否？」曰：「天姿亦有拗強處。」曰：「若學術是底，此樣天姿卻更有力也。」曰：「然。」（一三〇）

或言：「王介甫，其心本欲救民，後來弄壞者，乃過誤致然。」曰：「不然。正如醫者治病，其心豈不欲活人。卻將砒霜與人喫，及病者死，卻云我心本欲救其病，死非我之罪，可乎？介甫之心固欲救人，然其術足以殺人，豈可謂非其罪。」（一三〇）

當時諸公之爭，不當論相容與不相容，只看各家所爭是爭箇甚麼。東坡與荊公固是爭新法，東坡與伊川是爭箇甚麼？只看東坡所說云：「幾時得與他打破這敬字。」只看這處，是非曲直自見。（一三〇）

東坡之德行，那裏得似荊公。東坡初年若得用，未必其患不甚於荊公。（一三〇）

溫公可謂知仁勇。他那活國救世處，是甚次第。其規模稍大，又有學問，其人嚴而正。（一三〇）

或曰：「溫公力行處甚篤，只是見得淺。」曰：「是。」（一三〇）

溫公忠直，而於事不甚通曉。如爭役法，七八年間直是爭此一事。他只說不合令民出錢，其實不知民自便之。此是有甚大事，卻如何捨命爭。（一三〇）

章子厚與溫公爭役法，雖子厚悖慢無禮，諸公爭排之，然據子厚說底卻是。溫公之說，前後自不相照應。被他一一捉住病痛，敲點出來。諸公意欲救之，所以排他出去。又他是箇不好底

人，所以人皆樂其去耳。（一三〇）

元祐諸賢議論，大率凡事有據見定底意思。蓋見熙豐更張之失，而不知其墮於因循。既有箇天下，兵須用練，弊須用革，事須用整頓，如何一切不為得！（一三〇）

元祐諸公，大略有偏處。（一三〇）

元祐諸公，後來被紹聖羣小治時，卻是元祐曾去撩撥它來。（一〇七）

元祐諸公大綱正，只是多疏。所以後來熙豐諸人得以反倒。（一三〇）

元祐諸賢，多是閉着門說道理底。後來見諸行事，如趙元鎮意思，是其源流大略可睹矣。（一三〇）

問：「舊見人議論子產、叔向輩之賢，其議論遠過先軫、咎犯之徒，然事實全不及他。」曰：「如元祐諸臣愛說一般道理相似。」（四七）

秀才好立虛論事。朝廷纔做一事，鬨鬨地鬨過了事，又只休。且如黃河事，合即其處看其勢，如何朝夕只在朝廷上鬨河東決西決。凡作一事皆然。太祖當時亦無秀才，全無許多閑說，只是今日何處看修器械，明日何處看習水戰，又明日何處教閱，日日着實做，故事成。（一二七）

問：「開寶九年不待踰年而遂改元，何也？」曰：「這是開國之初，一時人材粗疏，理會不得。當時藝祖所以立得許多事，也未有許多秀才說話牽制他。到這般處，又忒欠得幾箇秀才說話。」（一二七）

語類又一條云：

杲老為張無盡所知，一日語及元祐人才，問：「相公以為如何？」張曰：「皆好。如溫公，大賢也。」杲曰：「如此則相公在言路時，論他則甚？」張笑曰：「公便理會不得。只是後生死急要官做後如此。」（一三〇）

通觀上引各條，朱子指陳北宋一代先後人才世風之變，而衡評其間之是非得失高下，皆所謂不偏不倚，斟酌盡情，恰到好處。大凡朱子論世事，必當隨時而變。而其變，則必待有理想之人才為之領導主持，非秀才憑虛議論可當此任。至於急要官做而發論妄談，更是要不得，然此亦世風使之也。若蹈常襲故，一派因循，則其勢必至於塌頹墜地。此皆朱子論史卓識。南渡以後，若使人多瞭得此意，上下戮力，事非不可為。而南宋頹風，則更有甚者。朱子尤剴切痛言之。

問：「壽皇時人才，已不及高宗時。」曰：「高宗也無人。當時有許多有名底人，而今看也只如此。」問：「岳侯何如張、韓？」曰：「張、韓所不及，卻是他識道理了。」問：「岳侯以上者當時有誰？」曰：「次第無人。」（一二七）

又曰：

今天下事，只礙個失人情，便都做不得。蓋事理只有一個是非。今朝廷之上不敢辨別是非。宰相固不欲逆上意，上亦不欲忤宰相意。今聚天下之不敢言是非者在朝廷，又擇其不敢言之甚者為台諫。習以成風，如何做得事。（一一一）

今世士大夫，惟以苟且逐旋挨去為事。挨得過時且過。上下相咻，以勿生事，不要十分分明理會事，且恁鶻突。才理會得分明，便做官不得。有人少負能聲，及少經挫抑，卻悔其太惺惺了。一切刓方為圓，且恁苟且。自道是年高，見識長進。當官者，大小上下，以不見吏民不治事為得策。曲直在前，只不理會。風俗如此，可畏。（一〇八）

浙中人大率以不生事撫循為知體。先生謂如此風俗議論，至十年，國家事都無人作矣。常人以便文，小人以容奸。如此風，大害事。（一〇八）

或問：「今日士風如此，何時是太平？」曰：「即這身心亦未見有太平之時。」（六二）

以上見朱子論史，尤以關於有宋一代者為詳。史學本求通今，若治史而不通今，此亦失治史之旨，並將無史可治耳。

以上論朱子史學，分為論治道，辨心術，衡量人才，觀察世風之四端。而此四端，實渾融一體，姑加分別。分而求之，又當會而通之。此乃朱子史學本領所在。能知此，則朱子史學大體在是矣。今當繼此而論朱子言歷代之法制。

論政制

朱子嘗曰：

學者於文為度數，不可存終理會不得之心。須立箇大規模，都要理會得。至於其明其暗，則係乎人之才如何耳。（七）

又曰：

古人立法，只是大綱，下之人得自為。後世法皆詳密，下之人只是守法。法之所在，上之人亦進退下之人不得。（一〇八）

今日之法，君子欲為其事，以拘於法而不得騁。小人卻徇其私，敢越於法而不之顧。（一〇八）

因論科舉法雖不可以得人，然尚公。曰：「銓法亦公。然法至於盡公，不在人，便不是好法。要可私而公，方始好。」（一〇八）

尚法蔑人，欲滅人之私，以求法之公，皆非好法。

又曰：

科舉是法弊。大抵立法，只是立箇得人之法。若有奉行非其人，卻不干法事，若只得人便可。今卻是法弊，雖有良有司，亦無如之何。（一〇九）

或以書來，論省試策題目言今日之弊在任法而不任人，書言今日凡事傷不能守法。曰：「此皆偏說。今日乃是要做好事，則以礙法，不容施行。及至做不好事，即便越法不顧。只是不勇於為善。」（一〇九）

任法不任人，乃是法弊。人弊可以易人，法弊則必當變法。

又曰：

今世有二弊，法弊、時弊。法弊但一切更改之卻甚易，時弊則皆在人，人皆以私心為之，如何

變得。嘉祐間法可謂弊矣，王荊公未幾盡變之，又別起得許多弊，以人難變故也。（一〇八）

人弊可以易人，法弊可以變法。只有時弊，乃是都無人。無人可易，亦無人來變此法。所謂都無人，乃是人皆挾私心，無道也。

又曰：

法令自略而日入於詳者，以其弊之多也。既詳則不可復略。今法令明備，猶多姦宄，豈可更略。略則姦宄愈滋矣。（二五）

朱子於禮，則力言必求其能簡。於法，則謂不可更求略。自略趨詳，乃是歷史自然趨勢，法詳而多姦宄，則當求作人，此乃儒家義。不可僅求法簡，此乃道家義。

又曰：

唐鑑有緩而不精確處。如言租庸調，及楊炎二稅之法，說得都無收殺。只云在於得人，不在乎法，有這般苟且處。審如是，則古之聖賢，徒法云爾。他也是見熙寧間詳於制度，故有激而言。要之，只那有激，便不平正。（一三四）

法家只求整頓法制，道家只嫌法制詳密，儒家又有只主得人，不務創法立制，皆是有激，皆是苟且，非大平至正之言。

文集卷五十四答孫季和論范氏唐鑑亦云：

范公之說，大抵切於時務，近而易行。但於制度規模久遠意思，大段欠闕。如論租庸、兩稅等處，亦甚疏略。封建一事，須以聖人不以天下為一家之私作主意，而兼論六國形勢，以見其利害未嘗不隨義理之是非，則可耳。

此處提出「利害未嘗不隨義理之是非」，又謂「須以聖人不以天下為一家之私作主意」。又謂制度規模，當認識其久遠意思。心術與法度，利害與義理，皆斟酌兼顧，此皆朱子論史精卓處，非一般治史者所能至。

語類又曰：

「周末文極盛，故秦興必降殺了。周恁他柔弱，故秦必變為強戾。周恁地纖悉周緻，故秦興一向簡易無情，直情徑行，皆事勢之必變。但秦變得過了。秦既恁地暴虐，漢興定是寬大，故云

『獨沛公素寬大長者』。秦既鑒封建之弊，改為郡縣，雖其宗族，一齊削弱，至漢遂大封同姓，莫不過制。賈誼已慮其害，晁錯遂削一番，主父偃遂以誼之說施之武帝諸侯王，只管削弱。自武帝以下，直至魏末，無非刻削宗室，至此可謂極矣。晉武起，盡用宗室，皆是因其事勢，不得不然。」問：「本朝大勢如何？」曰：「本朝監五代藩鎮，兵也收了，賞罰刑政，一切都收了，然州郡一齊困弱。靖康之禍，寇盜所過，莫不潰散。亦是失斟酌所致。又如熙寧變法，亦是當苟且惰弛之餘，勢有不容已者，但變之自不中道。」（二四）

朱子論史主立法度，而法度又必隨時而變。其變則務求斟酌不失中道。遠自周秦，迄於宋代，上下千年，得失炯然。此非治史有眞得，不易有此見解。

又曰：

秦以見得周末許多煩文縟禮如此，故直要損其太過，益其欠處。只是損益得太甚。然亦是事勢合到這裏，要做箇直截世界，做個沒人情底所為。你才犯我法便死，更不有許多勞勞攘攘。如議親、議賢、議能、議功之類，皆不消如此，只是白直做去。他亦只為苟簡自便計。到得漢興，雖未盡變亡秦之政，如高、文之寬仁恭儉，皆是因秦之苛刻驕侈而損益其意也。大綱恁地寬厚，到後便易得廢弛，便有強臣篡奪之禍。故光武起來，又損益前後之制，事權歸上，而激

厲士大夫以廉恥。（二四）

觀此兩條，朱子於歷代政制之變，都歸之事勢之必然，又只不出乎寬與嚴之兩途。雖曰斟酌失宜，未盡一一中理，然即如秦之變周，亦未嘗不寄以同情。此誠巨儒大賢之論，可謂千古卓見。

問：「孔子監前代而損益之，及其終也，能無弊否？」曰：「惡能無弊。」（二四）

朱子意，雖孔子創制，亦仍當有弊，仍必當變，不可拘泥墨守。然又謂制度規模有久遠意思，不可置法而只重人。學者須從此兩面求之，庶有當於朱子所想像之中道。

又曰：

黃帝、堯、舜氏作，到這時候，合當如此變。「垂衣裳而天下治」，是大變他以前底事了。（七六）

學者每以垂衣裳而天下治乃堯舜之無為。不知乃是堯舜大變了他以前底，乃有此。

又曰：

「使民不倦」，須是得一個人「通其變」。若聽其自變，如何得。（七六）

法度必須隨時有變，但亦不能聽其自變，須是得一個人出來主其變，通其變。

又曰：

「上古結繩而治，後世聖人易之以書契。」天下事，有古未之為而後人為之，因不可無者，此類是也。如年號一事，古所未有，後來既置，便不可廢。胡文定卻以後世建年號為非。今有年號，猶自姦僞百出。若只寫一年二年三年，則官司詞訟簿曆，憑何而決？（七六）

此雖舉一小節，可見一切事不當拘古，須隨時制作。不僅道家欲返之太古，即儒家亦有崇古薄今之意。只朱子力變其說。「如有用我者，我其為東周乎」，惜乎朱子之無此際遇也。

又曰：

某嘗說：伏羲初只是畫出八卦。太史公云：「伏羲至淳厚。」看來也是聖人淳厚，只據見定見得底畫出。若不因時，則一個聖人出來，許多事便都做了。（六五）

歷史因時而變，貴有聖人者因時而通其變。先聖後聖，繼繼繩繩，夫豈一聖人作法，而此下竟可守而不變者。

又曰：

大凡事前未有樣者不易做。（一三四）

既謂之變，則決非依前樣，然無前樣則事不易，所以通其變之為難，而必待乎聖人也。

或說：「二氣五行，錯揉萬變。」曰：「物久自有弊壞。秦漢而下，二氣五行，自是較昏濁，不如太古之清明淳粹。得個光武起，整得略略地，後又不好了。又是個唐太宗起來，整得略略地，後又不好了。終不能如太古。」或云：「本然底亦不壞。」曰：「固是。」（一三四）

此條以自然氣運與歷史演化相提並論。物久自有弊壞，人事積久亦必有弊壞，故貴有人起為整頓。然時代愈後，似乎弊壞亦愈甚，此亦後世聖人難為之一因。朱子此一種歷史觀，實自邵康節來，可參讀論命篇。此處稱述到漢光武、唐太宗，則是寬看。若僅論心術本領，光武、太宗皆不足道。若僅論歷史事功，則光武、太宗亦有可取。須總此二者，而後人類歷史可開出一更理想之新境界。或人之問，乃謂歷史事物雖時有弊壞，而其本然底則仍在，並未壞。故言二氣五行，則必言及太極。然言太極，亦必言及二氣五行。拘儒僅知言太極，不欲言二氣五行，則終無以曉瞭朱子論史之精義。

語類又云：

「無道桓文之事者」，如桓公霸諸侯，一匡天下，則誰不知。至於經營霸業之事，儒者未嘗言也。（五一）

非不道桓文之事，只不道其經營霸業。漢祖、唐宗亦何以異。治史者誤以為事即是道，此最害道，亦害事。然拘儒欲捨事言道，則豈孟子「無道桓文之事」之眞義乎？如此解經，亦復是前無古人。

問：「『天之將喪斯文』、『未喪斯文』，文即是道否？」曰：「既是道，安得有喪未喪？文亦先王之禮文，聖人於此極是留意。蓋古之聖人既竭心思焉，將行之萬世而無弊者也，故常恐其喪失而不可考。」（三六）

問：「呂氏云：『文者，前後聖人所修，道則出乎天而已。故孔子以道之廢興付之命，以文之得喪任諸己。』」曰：「道只是有廢興，卻喪不得。文如三代禮樂制度，若喪便掃地。」（三六）

此兩條，乃將道與文分別言之。道出乎天，可以萬世無弊而終不喪。禮樂制度則有喪。喪了便掃地，不僅不復留存，抑且不可考。古聖人本於道以創制度禮樂，若都喪了，後人何所依循，何所考鏡。後聖繼作，則必考諸前聖，探其用意，斟酌變通以求復施於當時，禮樂制度一新，而其為道則一。若待盡喪了後別求創興，此則所謂事未有樣不易做。因革損益，皆必前有樣，乃可因革損益之。

會合上引諸條，乃謂世有變而道無變。聖人修文創制以求治，其事必貴知變，不能一切為復古，而所變則仍必有道貫。理學、史學在此會通合一。

語類又曰：

兵制、官制、田制，便考得三代兩漢分明，然與今日事勢，名實皆用不得。（一一二）

兵制、官制、田制皆屬文，皆當隨時有變。所變貴能不違道。然求不違道，非即是求復古，此皆明通切實，無可否認之達見。

又曰：

而今時節去封建井田，尚煞爭。恰如某病後要思量白日上昇，如何得。（八六）

因論封建井田，曰：「今只看個大意。若要行時，須別立法制，使簡易明白。取於民者足以供上之用，上不至於乏，而下不至於苦，則可矣。今世取封建井田大段遠。」（八六）

伊川常言，要必復井田封建。及晚年，又卻言不必封建井田。便也是看破了。（八六）

文集卷七十二古史餘論，有一段比論封建郡縣得失，未嘗言及封建之不可復。文集卷六十八有井田類說一篇，亦未嘗言及井田之不可行。此皆在早年。朱子殆亦如伊川，其論史，至於晚年，始益臻於平實細密也。古史餘論論聖學與王道，其意至於晚年不變。其論實際措施，則愈後愈密。大綱先定，而後細節乃可斟酌益善。拘儒激於時變，欲求復古封建井田之舊制，如人病後乃思白日昇天，只是夢想，斷不能成事實也。

又文集卷三十一答張敬夫有云：

奏罷丁錢，此舉甚美。初謂遂獲蠲除，不知僅免一歲，雖亦不為無補，特非久遠利耳。然熹竊謂：有身則有庸，此近古之法。蓋食王土，為王民，亦無終歲安坐不輸一錢之理。但不當取之太過，使至於不能供耳。今欲再奏，不若請令白丁下戶每歲人納一二百錢。四等而上，每等遞增一二百，使至於極等，則略如今日之數，似亦不為厲民。而上可以不失大農經費之入，下可以為貧民久遠之利。於朝廷今日事力，亦易聽從，而可以必濟。不審尊意以為如何？似聞浙中諸郡有全不輸筭賦者，有取之無藝至於不可堪者。凡此不均，皆為未便。朝廷自合因此總會所入之大數，斟酌裁損而均平之，乃為盡善。至如尊兄前奏有「不容援例」之語，亦非愚心之所安也。

此乃朱子論政制一具體實例。其論口賦丁筭，斟情酌理，上顧國計，下體民生，雖若小節，正可想見大賢用心之無所不至。以此措之事業，正亦以此衡評史迹，其道無二。實理之與空見，其判在此。世疑理學無當世用，直瞽說也。

或欲通銅錢出淮，先生深以為不然。云：「東南銅錢已是甚少，其壞之又多端。私鑄銅器者，動整四五緡壞了。只某鄉間舊有此，想見別處更多。又有海舶之泄，海船高大，多以貨物覆其上，其內盡載銅錢轉之外國。朝廷雖設官禁，那曾檢點得出。其不廉官吏，反以此為利。又其一，則淮上透漏，監官點閱稅物，但得多納幾錢，他不復問。銅錢過彼極有利，六七百文可得好絹一匹。若更不禁，那個不要帶去。若放入川蜀，其透漏之路更多。」（一一一）

此條若不關史學，然不通史學，烏能衡論當世。必求治史論世一以貫之。朱子於民生國計，巨纖畢照。此條論銅錢過淮，洞矚弊情。若在朝廷論此，即是一篇好奏議，雖賈陸亦何以過。當知如此始為眞史學。知古不知今，是為陸沉。端拱論道，亦未必是眞儒，更斷當不得一大儒。至若專在此等處講求研尋，則又為朱子所不許。讀者當由上而下，由大而細，會通求之。亦當由下而上，由細而大，推概求之。乃可以知朱子之學。

其論經界又曰：

三十年一番經界，方好。元稹均田圖，惜乎不見。今將他傳來考，只有兩疏，卻無那圖。然周世宗一見而喜之，便欲行，想見那圖大段好。嘗見陸宣公奏議，後面說那口分世業，其纖悉畢盡。古人直是恁地用心。今人若見均田圖時，他只把作鄉司職事看了，定是不把作書讀。今如何得有陸宣公樣秀才。林勳本政書，每鄉開具若干字號田，田下註人姓名，是以田為母，人為子，說得甚好。(一一一)

經界看來，須是三十年又量一番，庶常無弊。人家田產，只五六年間便自不同。富者貧，貧者富。少間病敗便多。飛產匿名，無所不有。須是三十年再與打量一番，則乘其弊少而易為力。人習見之，亦無所容其姦矣。要之既行，也安得盡無弊，只是得大綱好，其間寧無少弊處。只如秦丞相紹興間行，也安得盡無弊。只是十分弊，也須革去得九分半，所餘者一分半分而已。今人卻情願受這十分重弊壓在頭上，都不管，及至纔有一人理會起，便去搜剔那半分一分底弊來瑕疵之，以為決不可行。今人都是這般見識。而今分明是有個天下國家，無一人肯把做自家物事看。某常説，天下事所以終做不成者，只是壞於懶與私而已。懶則士大夫不肯任事，有一樣底説，我只認做三年官了去，誰能閑理會得閑事，閑討煩惱。我不理會，也得好好做官去。次則豪家上户，羣起遮攔，恐法行則奪其利，盡用納税。惟此二者為梗而已。事無有處置不得者，事事自有個恰好處。只是不會思量，不得其法。只如舊時科舉無定日，少間人來這州試了，又過那州試。州裏試了，又去漕司試。無理會處。不知誰恁聰明，會思量，定作八月十五日。積年之弊，一朝而革。這個方喚做處置事。聖人所以做事動中幾會，便是如此。（一〇九）

讀者當把朱子論政與論史一幷看，把窮理與處事一幷求。無大無小，一以貫之。此處乃見學問。有人定了八月十五作為科舉定日，朱子大激賞，稱為誰恁聰明會思量，此亦是創制立法也。至人心之嬾與私，則病在心術本領上，此之謂時弊。不務講學，又何以正本清源，而大有以振作興起之乎？至此乃是學術政治、理學史學一以貫之也。

其論官制則曰：

昔周公立許多官制，都有統攝連屬。自秦漢而下，皆是因一事立一官，便無些統攝連屬了。（一一二）

朱子雖不信周禮是周公親筆，然謂周禮畢竟出於一家，大綱卻是周公意思。（八六）推此言之，知作為周禮者，實有一番理想，故為朱子所取。至於秦漢而下，都是因事設制，無理想可言矣。

語類有一條暢論宋代官制之失，而曰：

本朝建官，重三疊四，多少勞擾，此須大有為後痛更革之。若但宰相有志，亦不能辦，必得剛健大有為之君，須是剛明智勇、出人意表之君，方能立天下之事。又如今諸路兵將官，都不曾管一事。廂軍既無用，又養禁軍，然亦無用。又別養大軍。今大軍亦漸如廂、禁軍矣。此是耗蠹多少。「通其變，使民不倦」，今變而不通，民皆倦了，故鼓舞不動。國初緣藩鎮彊，故收其兵，權置通判官。今已無前日可防之弊，卻依舊守此法，可謂不知變也。（一一二）

朱子於法制則力主變。但有可以變，亦有須大變者。大變則須有剛明智勇出人意表大有為之君，有相無君亦不得。此豈無用迂儒所能見及。然雖無此君，朱子亦並不曾教人頽然可以喪其志。此非眞儒有大修養者，亦不能與談於斯也。

又有一條，詳論改革宋代監司官之意見，而曰：

治愈大則愈難。為監司不如做郡，做郡不如做縣。蓋這裏有仁愛心，便隔這一重。要做件事，

他不為做，便無緣得及民。（一一二）

某嘗謂，今做監司，不如做州郡。做州郡，不如做一邑。事體卻由自家。監司雖大於州，州雖大於邑，然都被下面做壞了，上面如何整頓。（一一二）

眞儒從政，往往難進易退，又往往寧為其小不為其大，此中皆有一番義理，非苟而已也。

其論兵制則曰：

兵以用而見其強弱，將以用而見其能否。今日諸將坐於屋下，何以知其能。縱有韓白復生，亦何由辨之。（一一〇）

語類有云：

「辛棄疾頗諳曉兵事，云：『兵老弱不汰可慮。向在湖南收茶寇，令統領檢人，要一可當十者。押得來，便看不得，盡是老弱。問何故如此？云：「只檢得如此。間有稍壯者，諸處借事去。」州郡兵既弱，皆以大軍可恃，又如此。為今之計，大段着檢汰。但所汰者又未有頓處。』某向見張魏公，說以分兵殺虜之勢。只緣虜人調發極難，完顏要犯江南，整整兩年，方調發得聚。

彼中雖是號令簡，無此間許多周遮，但彼中人纔逼迫得太急，亦易變，所以要調發甚難。只有沿淮有許多捍禦之兵。為吾之計，莫若分幾軍趨關陝，他必擁兵於關陝。又分幾軍向西京，他必擁兵於西京。又分幾軍望淮北，他必擁兵於淮北。其他去處必空弱。又使海道兵擣海上，他又着擁兵捍海上。吾密練精鋭幾萬在此，度其勢力既分，於是乘其稍弱處，一直收山東。虜人首尾相應不及，再調發來添助，又卒未聚。而吾已據山東。纔據山東、中原及燕京，自不消得大段用力。又先下明詔，使中原豪傑自為響應。是時魏公答以：『某只受一方之命，此事恐不能主之。』」或曰：「今兵政如此，終當如何？」曰：「須有道理。」曰：「莫着改更法制？」曰：「這如何得。如同父云：『將今法制重新洗換一番方好。』某看來，若使使改換得井牧其田，民皆為兵，若無人統率之，其為亂道一也。」「然則如之何？」曰：「只能這腔裏自有道理。這極易，只呼吸之間，便可以弱為強，變怯為勇，振柔為剛，易敗為勝，直如反掌耳。」

（一一〇）

此條葉賀孫錄，當亦朱子晚年語。朱子三十五歲秋至豫章，送張魏公之喪。其見張魏公而說以兵事，當在三十四歲冬召至行在時。乃是早年事，而晚年追述之也。強敵在境，方值交爭之際，豈得從容坐言改革兵制。朱子意，只求汰弱檢精，善為運使，所謂只就這腔裏自有道理也。張設形勢，分敵之備，而以精鋭批亢擣虛，積極主動。不僅以訓兵，亦所以練將。陳同父好言事功，朱子乃理學大儒，然其論兵事，實出同父之上。此等見識，此等學問，乃是汲源於史學。其治史，乃是立基於經學與理學，又豈書生談兵之比。然朱子終未見用，惟學者亦可由此以窺朱子為學之大概。

又曰：

晉人下吳，卻是已得蜀，從蜀中造船直抵南岸。周世宗只圖江南，是時襄漢蜀中別有主，所以屯淮上，開河抵江。今蜀中出兵可以入武關，從襄漢樊鄧可以擣汝洛，由淮上可以取徐州。辛巳間，官軍已奪宿州，國家若大舉，只用十五萬精兵。（一三三）

此條比論歷史兵事形勢，而謂辛巳若大舉，只用十五萬兵。辛巳乃高宗紹興三十一年，金亮南犯敗衄，宋得兩淮州郡，金主雍初立，確是恢復一大好機會。時朱子年三十二。越兩年入京，故遂對張浚獻兵謀。

語類又曰：

南渡之後說復讎者，惟胡氏父子說得無病。其餘並是半上落下說。雖魏公要用兵，其實亦不能明大義。所以高宗只以區區成敗進退之。到秦檜主和，虜歸河南，上下欣然，便只說得地之美，更不說大義。若無范伯達如圭，則陵寢一向忘之矣。魏公時責永州，亦入文字，只說莫與之和，如何感動。魏公傾五路兵，為富平之敗，又潰於淮上，若無氣力，也是做不得事。韓魏公煞是箇人物，然亦適是人事恰做得。若更向上，且怕難擔當。（一三三）

朱子論兵事，先之以大義，隨之以兵謀，又須前線將帥得人有氣力，又配合以其他人事，豈專一談兵所能濟事。

語類又曰：

泗、海、唐、鄧四州，皆可取西京中原之地。逆亮來時用兵，僅取得此四州，而湯退思無故與之，惜哉！（一三三）

朱子治史極重地理，論兵亦重形勢。

又曰：

檜死，上即位，二大有為之大機會。（一三三）

朱子論史又極重機會。此謂二大機會者，秦檜之死，與夫孝宗之立是也。機會未到，則人事亦無奈何。此皆體用兼賅，為通人之學。孝宗初即位，朱子即以兵謀獻張浚。此條乃以告包揚，已在朱子五十四至五十六三年間。時則機會已失，形勢亦非，而朱子畢生心不忘恢復，後人可以想見其言之有餘慨也。

又曰：

秦檜自虜中歸，見虜人溺於聲色宴安，亦有厭兵意，秦得此意，遂歸來主和。其初亦善矣，然屈己奉之，蕩不為一毫計。使其和中自治有策，後當逆亮之亂，一掃而復中原，一大機會也。惜哉！（一三三）

朱子常不忘恢復，而亦不一意主戰。秦檜議和，只責其不能和中自治有策以待機會，此又當時無人能發此意者。朱子極賞岳武穆，然金亮之亂，乃是南宋恢復一大機會。讀者其分別求之可也。

沈僩云：「如本朝夷狄之禍，雖百世復之，可也。」曰：「這事難說。」久之，曰：「凡事貴謀始，也要及早乘勢做。才放冷了，便做不得。」（中間論魯莊公之事一大段。）又曰：「只要乘氣勢方急時便做了，方好。才到一世二世後，事便冷了。假使自家欲如此做，也自鼓氣不振。又況復讎，須復得親殺吾父祖之讎方好。漢武帝引春秋九世復讎之說，遂征胡狄，欲為高祖報讎，春秋何處如此說？他自好大喜功，欲攘伐夷狄，姑託此以自詭耳。如本朝靖康虜人之禍，看來只是高宗初年乘兀朮、粘罕、斡離不及阿骨打未死之時，人心憤怒之日，以父兄不共戴天之讎，就此便打疊了他，方快人意。孝宗即位，銳意雪恥，然事已經隔，與吾敵者，非親殺吾父祖之人，自是鼓作人心不上。所以當時號為端人正士者，又以復讎為非，和議為是。而乘時喜功名輕薄巧言之士，則欲復讎。彼端人正士，豈故欲忘此虜？蓋度其時之不可，而不足以激士心也。如王公明炎、虞斌父之徒，百方勸用兵，孝宗盡被他說動，其實無能，用着輒敗，只志在脫賺富貴而已。孝宗盡被這樣底欺。做事不成，蓋以此耳。」又問：「疏中引伍子胥事，說聖人是之。」曰：「聖人何嘗有明文來。今之為春秋者，都是如此。讀書不可窒塞，須看他大意。」（一三三）

此條沈僴錄，乃朱子晚年語。論史論世，通達無間。恢復之與復讎，亦當分別言之。言春秋者，謂許九世復讎，而朱子不之取。屏除空論，就事勢人心，人物之品德才具，以推究成敗利鈍之所以然。其論機會，亦是隨時有之。自高宗以來，固已機會屢失，此下亦當仍有機會。此誠大儒立論，所為與徒知談兵徒言復讎者異也。然此乃朱子晚年時事已非後語，非朱子自始即不主言復讎也。

又曰：

恢復之計，須是自家喫得些辛苦，少做十年或二十年，多做三十年；豈有安坐無事，而大功自致之理。（一三三）

今朝廷之議，不是戰，便是和。不和便戰。不知古人不戰不和之間，亦有箇且硬相守底道理。卻一面自作措置，亦如何便侵軼得我。今五六十年間，只以和為可靠，兵又不曾練得，財又不曾蓄得。說恢復底，都是亂說耳。（一三三）

又曰：

本朝禦戎，始終為「和」字壞。後來人見景德之和無恙，遂只管守之。殊不知當時本朝全盛，抵得住。後來與女眞彼此之勢如何了。（一三三）

言兵事，和戰之外尚有一守字。用兵亦當與求治兼言。否則不論復讎而言恢復，亦是亂說。此亦大儒格物窮理之一端。坐而言，可以起而行。處平時，可以處亂世。惜乎朱子之終不獲其用也。

朱子論世，必推之於論史，又常提出一勢字，論勢即必論機會，此亦是事理中所有。捨事論理，不通世故，是謂迂儒，又豈得自附於理學乎？

朱子反對和議，遠自孝宗乾道元年朱子三十六歲時。是年郊赦文，洪适所撰，謂「前事俱捐，弗念乎薄物細故。烝民咸乂，靡分乎爾界此疆」。朱子以孝宗隆興元年除武學博士，至是省劄趣就職，執政方主和議，既請祠以歸，文集卷二十四尚有與陳侍郎書概論之。略曰：

熹嘗謂：天下之事，有本有末。正其本者，雖若迂緩，而實易為力。救其末者，雖若切至，而實難為功。是以昔之善論事者，必深明夫本末之所在，而先正其本。本正，則末之不治非所憂矣。且以今日天下之事論之，上則天心未豫，而饑饉荐臻。下則民力已殫，而賦歛方急。盜賊四起，人心動搖。將一二以究其弊而求所以為圖回之術，則豈可以勝言哉？然語其大患之本，則固有在矣。蓋講和之計決，而三綱頹，萬事隳。獨斷之言進，而主意驕於上。國是之說行，而公論鬱於下。此三者，其大患之本也。然為是說者，苟不乘乎人主心術之蔽，則亦無自而入。此熹所以深以夫格君心之非者有望於明公。蓋是三說者不破，則天下之事無可為之理。而君心不正，則是三說者，又豈有可破之理哉？夫沮國家恢復之大計，壞邊陲備禦之常規，內咈吾民忠義之心，而外絕故國來蘇之望者，講和之說也。苟逭目前宵旰之憂，而養成異日晏安之毒者，亦講和之說也。熹之所言，則又有大於此者。蓋以祖宗之讎，萬世臣子之所必報。苟曰力未足以報，則姑為自守之計，而蓄憾積怨以有待焉，猶之可也。今進不能攻，退不能守，顧為卑辭厚禮，以乞憐於仇讎之戎狄。幸而得之，則又君臣相慶，而肆然以令於天下。曰：凡前日之薄物細故，吾既捐之矣，欣欣焉無復豪分忍痛含寃迫不得已之言，以存天下之防者。祖宗陵廟之讎，而忍以「薄物細故」捐之！君臣之義，父子之恩，天理民彝之大，有國有家者所以維繫民心，紀綱政事本根之要也。今所以造端建極者如此，所以發號施令者如此，而欲人心固結於我而不離，庶事始終有條而不紊，此亦不待知者而凜然以寒心矣。而為此說者之徒，懼夫公論沸騰而上心之或悟也，則又相與作為獨斷之說，傅會經訓，文致姦言，以深中人主之所欲，而陰以自託其私焉。本其為說，雖原於講和之一言，然其為禍，則又不止於講和之一事而已。是蓋將重誤吾君，使之傲然自聖，挾其雷霆之威，萬鈞之重，以肆於民上，而莫之敢攖者，必此之由也。而又有造為國是之說以應之者。夫所謂國是，豈不謂夫順天理，合人心，而天下之所同是者耶？誠天下之所同是，則雖無尺土一民之柄，而天下莫得以為非。惟其不合乎天下之所同是，而彊欲天下之是之，故必懸賞以誘之，嚴刑以督之，然後僅足以刧制士夫不齊之口，而天下之眞是非，則有終不可誣者。而欲主其偏見，濟其私心，彊為之名，號曰國是，假人主之威以戰天下萬口一辭之公論，吾恐古人所謂「德惟一」者，似不如是。昔在熙寧之初，王安石之徒，嘗為此論矣。惟其所是者非天下之眞是，而守之太過，是以上下相徇，直言不聞，卒以至於危亡而不悟。奈何其又欲以是重誤吾君，使之尋亂亡之轍迹，而躬駕以隨之也。

論史論政，求其深切而明至，非有窮理明道之素者不能。朱子此書，論和議，論在上者之獨斷，與夫一時所謂共守之國是，提綱挈領，扼要而切中，而一本之於儒家言。後世必謂理學家論政迂闊而遠於事情，如朱子此書，烏得復以迂闊譏之。理學亦有眞有僞，有至有不至。朱子在前年曾以兵事說張浚，至是又以論政大端說陳俊卿。志不獲申，乃一意退藏。直至五十歲始膺南康軍之命而出，前後已踰十四五年之上矣。

先是，高宗紹興三十二年壬午六月內禪，孝宗即位，朱子於八月應詔上封事，見文集卷十一，已以和者有百害而無一利為說。及翌年，孝宗隆興元年癸未，朱子召赴行在，有垂拱奏劄共三篇，見文集卷十三。初奏論致知格物之道，有「臣之所聞於師者如此，自常人觀之，疑若迂闊陳腐而不切於用，然臣竊以為正其本，萬事理，差之毫釐，謬以千里，天下之事，無急於此」之語。次奏論復讎之義，有「合戰守之計以為一，使守固而有以戰，戰勝而有以守」之語。三奏論言路壅塞，有「開納諫諍，黜遠邪佞，杜塞倖門，安固邦本，四者為急先之務」之語。行狀謂三劄所陳，不出封事之意而加剴切。年譜云：

時朝廷遣使約和未還，宰臣湯思退等皆主和議，先生將趨召命，問李先生所宜言。李先生以為今日三綱不立，義利不分，故中國之道衰而夷狄盛，人皆趨利不顧義而主勢孤，先生用其說以對。

此見延平與朱子平日講論有素，又烏見儒學之無補於世務與治道哉。至於不獲大用，則非學術之罪。又年譜，紹興十年庚申，朱子父韋齋為吏部員外郎，以不附秦檜和議出知饒州，請祠居家，時朱子年十一歲。是朱子之力反和議，亦自幼於家學有濡染也。

文集卷二十五有答張敬夫共四書，其第一書有曰：

春秋之法，君弒賊不討，則不書葬者，正以復讎之大義為重，而掩葬之常禮為輕。以示萬世臣子，遭此非常之變，則必能討賊復讎，然後為有以葬其君親者。不則雖棺槨衣衾極於隆厚，實與委之於壑，為狐狸所食，蠅蚋所嘬無異。其義可謂深切著明矣。而前日議者，乃引此以開祈請之端，何其與春秋之義背馳之甚耶？

孝宗乾道六年庚寅，以范成大為金國祈請使，是年，朱子年四十一歲，母祝孺人新葬，故書中有「荒迷之餘，何敢輕易發口」之語。朱子平日，常戒人勿治春秋，然朱子據春秋大義論政論史，亦復屢見。如此書，引春秋以斥祈請之使，可謂大義炯然。大賢教人，語各有當。片言隻語，皆當細參，乃可明其意旨之所在也。是年，虞允文主和，建議派使祈請陵寢，陳俊卿以為未可，論不合，罷相，出判福州。張南軒奏對，亦主今日但當下哀痛之詔，明復讎之義，顯絕金人，不與通使。則朱子雖家居，其影響及於一時朋輩交游之間者，亦可見。

文集同卷又有答張敬夫第三書，謂：

使介遂行，此害義理失機會之大者。幸彼未納吾使，不若指此為釁，追還而顯絕之，乃為上策。竊意虞公亦且繆為恭欲，未必眞有信用之實。如其不合，則奉身而退。此非細事，其安危成敗，間不容息，豈可以坐縻虛禮，逡巡閔默，以誤國計，而措其身於顛沛之地哉？熹常謂天下萬事有大根本，而每事之中又各有要切處。所謂大根本者，固無出於人主之心術。而所謂要切處者，則必大本既立，然後可推而見也。若徒言正心，而不足以識事物之要，或精覈事情，而特昧夫根本之歸，則是腐儒迂闊之論，俗士功利之談，皆不足與論當世之務矣。

所謂大根本，即義理心術也。所謂要切處，即事勢機會也。朱子論當世之務如是，其論史亦莫不如是。其平日論學教人所謂內外一體本末兼賅者，亦如是。而勸南軒，「苟所論不合，不如奉身而退」，其於出處之間，亦可謂大節凜然矣。

語類又曰：

修身養性，與致君澤民只是一理。（一三三）

此所謂一理者，於此等處皆可見。

又文集卷五十三答胡季隨有云：

南軒文集，方編得略就，便可刊行。最好是奏議文字，及往還書中論時事處，確實痛切。今卻未敢編入，異時當以奏議自作一書，而附論事書尺於其後，勿令廣傳。或世俗好惡稍衰，乃可出之耳。

然則大賢之為學立言，在其當身，與其身後，固有急切不易為人知，亦有急切不欲為人知者。朱子之所深加愛重於南軒者如此，而其自所抱負亦可知。此意深微，尤學者所不可不深體。

又文續集卷五與田侍郎書有云：

吾輩今日，事事做不得。只有向裏存心窮理，與外人無交涉。然亦不免違條礙貫，看來無着力處。只有更攢近裏面安身立命耳。

又一書云：

閒中所讀何書？天下事既有所不得為，顧此一事，尚屬自己。若又因循，放棄日月，眞可惜也。

論政未得，則且論史。論史未得，則且論道論經。論道論經，乃以為論史論政之根本。論史論政，則為論道論經之機會。不得於當身，必得於後世。然其不得於當身，亦是其機會未得。若根本未得，則亦未有機會之可言也。朱子一生，出仕時少，居家時多。其仕亦在州郡。身居朝廷，不到百日。然其退而讀書窮理，亦無不心在救時及物。其論史論政，所謂當世之務，萬事之本者，既不如腐儒之迂闊，亦不為俗士之功利。其治史，亦猶其治經學理學。亦即其救時及物之心之所貫注與流露。然亦即其不用而藏之一端。苟非深曉朱子治學為人出處進退之大節，則亦無以明夫朱子史學之淵微。

通觀上引，朱子論萬事有大本處，此則必探源於經學與理學。論每事有切要處，則必窮變於史學與當世。非謂當前所行，必依照前人陳法也。主要在針對時弊，隨宜興革。朱子列舉當時政制大弊有三：一官制，二兵制，三田制。惟官制欲大改革，事極不易，故曰「若非有剛明智勇出人意表之君，只宰相有志，亦不能辨。」兵制之弊，主要在置兵於不用，此事牽涉復讎復國之大政策，朱子雖屢言之，而終亦無效。次及田制，朱子初為同安簿時，即已有意於此。文集二十五答張敬夫之第四書有云：

孟子論王道，以制民產為先。今井地之制未能遽講，而財利之柄制於聚斂掊克之臣。朝廷不恤諸道之虛實，監司不恤州縣之有無。而為州縣者，又不復知民間之苦樂。蓋不惟學道不明，仕者無愛民之心。亦緣上下相逼，只求事辦，雖或有此心，而亦不能施也。此由不量入以為出，而反計費以取民。是以末流之弊，不可勝救。愚意莫若因制國用之名而遂修其實。明降詔旨，哀憫民力之凋瘁，而思所以膏澤之者。令逐州逐縣，各具民田一畝歲入幾何，輸稅幾何，非泛科率又幾何。州縣一歲所收金穀總計幾何，諸色支費總計幾何。有餘者歸之何許，不足者何所取之。俟其畢集，然後選忠厚通練之士數人，類會考究，而大均節之。有餘者取，不足者與。務使州縣貧富不致甚相懸，則民力之慘舒，亦不致大相絕矣。陸宣公論兩稅利害數條，事理極於詳備，似可采用。是則雖未能遽復古人井地之法，而於制民之產之意，亦彷彿其萬一。如此，然後先王不忍人之政，庶乎其可施也。

不忍人之政，為民制產之意，此乃論田制之根本義，亦即治國之大綱領。朱子不主遽講井地復古，只求采仿陸贄論兩稅利害諸條，求其切近可行。此尤見其不流於迂闊與功利兩途之眞實學問所在。後為漳州，又着意推行疆界，而遭上下沮抑。其奏劾黃岌罪狀，及與陳憲書有云：官吏弛慢不虔，州郡差使不行。與留丞相劄子有云：「上下不法，莫能相正。窮民受害，有使人不忍聞者。」當時情形如此，結果惟有乞退一途。漳州經界，本由朝議，上承秦檜紹興經界而來，朱子條畫經界事宜申諸司有云：

此法之行，貧民下户雖所深喜，而豪民猾吏皆所不樂。喜之者，多困苦單弱無能之人，故雖有懇誠而不能以言自達。不樂者，皆才力辨智有餘之人，故其所懷雖實私意，而善為說辭以惑羣聽，恐脅上下，務以必濟其私。而賢士大夫之喜安靜，厭紛擾者，又或不能深察其情，而望風沮怯，例為不可行之說以助其勢，此則誠不能無將不得行之慮也。

則朱子在事前，固已熟慮此事之難行。及其事敗，猶謂：

自紹興間秦丞相舉行一番以至今，看來是蘇綽以後到紹興方得行一番，今又多弊了。（一〇九）

直以秦檜上接蘇綽，謂是歷史上整頓田制之第二番。此其就事論事，心無委曲。慮事之深，任事之勇，兩者兼盡。非平日理學工深，烏克臻此。在朱子平日所理想中之聖人，本該為其當身建立一大規模。對時代積弊，能痛加洗拆，開創出一時代之新制度，而大濟斯民。而其親所遭遇者乃如此，宜有為後世聖賢愈難之歎也。

語類又曰：

唐租庸調，大抵改新法度，是世界一齊更新之初，方做得。如漢衰魏代，只是漢舊物事。晉代魏，亦只用這箇。以至六朝相代，亦是遞相祖述，弊法亦亦變更不得。直到得元魏、北齊、後周居中原時，中原生靈死於兵寇幾盡，所以宇文泰、蘇綽出來便做得租庸調，故隋唐因之。（一三六）

朱子論史極重機會時勢，有可為不可為之別。雖有聖人，值不可為之時，亦未可強為以求必成，此又朱子論史之卓識。

語類又曰：

某在漳州，曾編得戶、婚兩門法。（一二八）

此雖小節，亦具政教兼修之意。

又乾道四年建州饑，朱子始創社倉法，為後世沿用。

凡朱子論政制，其用心歸宿所在，乃對當代政制之興革。惟於逐項政制，必從歷史往迹，深求其實際利病，以供對當前興革之參考。故其論宋制，每以唐制相比較。嘗曰：

唐之官制，亦大率因隋之舊。府衛、租庸調之法皆是也。當時大亂，殺傷之後，幾無人類，所以宇文泰與蘇綽能如此經營。三代而下，制度稍可觀者，唯宇文氏耳。蘇綽一代之奇才，今那得一人如此。（一一二）

又曰：

唐六典，明皇時所撰，雖有是書，然其建官卻不依此。其書卻是齊整，然其說，一切繁冗迂曲。神宗喜之，一一依此定官制。神宗本欲富強，其後因此皆迂曲緩弱了。左僕射行事，右丞相取旨，溫公元祐間甚苦之。入文字，要改祖宗官制，雖名不齊整，然其實徑直。紹興間，以其不便，方改之，二相之權均矣。（一一二）

又曰：

因論神宗官制，右相反重。前漢官制雖亂道，卻是實主事。神宗時反徇名亡實。漢初制中書，後武帝倦勤，遂置內中書，宦官為之，石顯之類是也。溫公亦私造得一制度，左相主禮吏戶三部，右相主兵刑工三部。後有一人要令六部尚書得自執奏，亦不行。今左右相兼掌三省事。（一一二）

「方今朝廷，只消置一相，三參政兼六曹。如吏兼禮，户兼工，兵兼刑。樞密可罷。如此則事易達。又如宰相擇長官，長官卻擇其僚。今銓曹注擬小官繁劇，而又不能擇賢。每道只令監司差除亦好。每道仍只用一監司。」或舉陸宣公之言：「豈有為臺閣長官則不能擇一二屬吏，為宰相則可擇千百具寮。」曰：「此說極是。當時如沈既濟，亦有此說之意。」（一一二）

朱子對當時官制須加一番大改革之意見，於此條具體扼要述說了一大概。大體言之，內權集於相，外權集於各道之監司。而擇賢用人之權，則分之於各職。化繁就簡，徑直易行。然須先究上述識治道，辨心術，衡量人才，審察世風之四要端。其本既立，事始可行。否則將無法有此改革，改革後亦將無實效可見。其積弊仍將漸滋暗長，無法防究。其論唐六典利弊，謂其實施乃在神宗時，而因此一切迂曲緩弱，距離本欲富強之目的益遠，此亦朱子治史所得一番眞知灼見。惜乎後人少能體會到此，始終是上下懷挾私心，架漏度日。論及治體，則想望唐六典規模，以為不可及，如此而止。理學、史學不講，既不足以治史，更不足以論治，此實大可浩歎也。

語類又有一條詳論漢唐以來中書尚書職權之演變，又論自周迄漢以至後世三公名位之異，而極斥蔡京、秦檜之悖亂無知，（一一二）此皆考史論治體之大關節所在也。又一條因論宋代宗室之盛，而推論及於漢唐兩代。（一一一）又一條論唐六典載東宮官制，而謂神宗以唐六典改官制，而東宮官屬不備，因嘗入一劄子論之，不報。(一一二) 又一條極論封建井田之不可復，(八六) 凡此均見朱子治史，皆從大處實處着眼。其論政制，高卓而切近，決非如後人想像，理學家有體無用，空言心性，而無當於經綸幹濟之大任也。

語類又一條云：

「古者三公坐而論道，方可子細說得。如今莫說教宰執坐，奏對之時，頃刻即退。文字懷於袖間，只說得幾句，便將文字對上宣讀過，那得子細指點。且說無坐位，也須有箇案子令開展在上，指畫利害，上亦知得子細。今頃刻便退，君臣如何得同心理會事。六朝時，尚有『對案畫勑』之語。若有一案，猶使大臣略憑倚細說，如今公吏們呈文字相似，亦得子細。」又云：「直要理會事。且如一事屬吏部，其官長奏對時，下面許多屬官一齊都着在殿下。逐事付與某人，某人便着有箇區處，當時便可參考是非利害，即時施行，此一事便了。其他諸部有事，皆如此，豈不了事。如今只隨例送下某部看詳，遷延推托，無時得了。或一二月，或四五月，或一年，或兩三年，如何得了。某在漳州要理會某事，集諸同官商量，皆逡巡泛泛，無敢向前，如此幾時得了。於是即取紙來，某自先寫起，教諸同官各隨所見寫出利害，只就這裏便見得分明，便了得此一事。少間，若更有甚商量，亦只是就這上理會，寫得在這裏，定了，便不到推延。若只將口說來說去，何時得了。朝廷萬事，只緣各家都不說要了，但隨時延歲月，作履歷遷轉耳。那得事了。古者人君『自朝至於日中昃，不遑暇食，用咸和萬民』，『一日二日萬幾』。如今羣臣進對頃刻而退，人主可謂甚逸。古人豈是故為多事。」又云：「漢唐時御史彈劾人，多抗聲直數其罪於殿上。又如要劾某人，先榜於闕外，直指其名，不許入朝。這須是如此。如今要說一事，要去一人，千委百曲，多方為計，而後敢說，說且不盡，是甚模樣。六朝所載『對案畫勑』下又云：『後來不如此，有同諮䛕。』看如今言事者，雖所言皆是，亦只類諮䛕。」（一二八）

此條論政制，兼及禮節事體。苟無此禮，雖有好制度，也將行不得。又見朱子治史，不僅漢唐，即六朝衰世，不僅制度之大，即一禮一俗，亦都注意。在他人或視之為微末，而一經闡發，皆有關時運興衰，國事隆替。自非大儒通學，固不得有此識見。又豈治史專為識故事，又能就事論其利害者之所與知乎？

又曰：

秦之法盡是尊君卑臣之事，所以後世不肯變。（一三四）

此亦所謂一針見血之論也。

又曰：

本朝祖宗積累之深，無意外倉卒之變。惟無意外之變，所以都不為意外之防。今樞密院號為典兵，倉卒之際要得一馬使，也沒討處。今樞密要發兵，須用去御前畫旨，下殿前司，然後可發。若有緊急事變，如何待得許多節次。漢三公都帶司馬及將軍，所以倉卒之際便出得手，立得事，扶得傾危。今幸然無意外之變，若或有之，樞密且倉卒下手未得。（一二八）

此若非制度之大，只是手續上一小節目，然一項手續之微，正可影響制度。宋代立制，多為防止意外。惟防在此而忽在彼，朱子亦特緩言之而已。又有一條論宋主不御正殿，升朝官排班立候，宰相奏事罷來押班，兩拜而散，後來更不押班，人情日趨簡便。（一二八）又論冊拜之禮，始於漢，唐以來皆用之，宋宰臣不敢當冊拜禮，乃獨宣誥命於宰相，他人不得與聞，失古意。（一二八）此等皆屬禮節之微，而朱子推論其禮後之意。雖若小故事，亦所不忽。

朱子論當時制度，又極重科舉取士之制，語類有曰：

某常說今日學校科舉不成法。上之人分明以盜賊遇士，士亦分明以盜賊自處。（一〇九）

周宣幹有一言極好：「朝廷若要恢復中原，須要罷三十年科舉始得。」（一一八）

今科舉之弊極矣，鄉舉里選之法是第一義。今不能行，只是就科舉法中與之區處，且變着。（一〇九）

「商鞅論人不可多學、為士人，廢了耕戰，此無道之言。然以今觀之，士人千人萬人，不知理會甚事。眞所謂游手。只是恁地底人，一旦得高官厚祿，只是為害朝廷，何望其濟事，眞是可憂。舊時此中赴試時，只有四五千人，今多一倍。」因論呂與叔論得取士好。因歎：「與叔甚高，可惜死早。可惜善人無福！兄弟都有立，一兄和叔，做鄉約鄉儀者，更直截死早。」（一〇九）

呂與叔論取士，其兄和叔做鄉約鄉儀，朱子皆致稱重，而深惜其皆早死。其懷想之情，過於伊洛謝、楊之徒遠矣。

坐中有說赴賢良科。曰：「向來作時文應舉，雖是角虛無實，然猶是白直，卻不甚害事。今來最是喚做賢良者，其所作策論，更讀不得。緣世上只有許多時事，已前一齊話了，自無可得說。如笮酒相似，第一番淋了，第二番又淋了，第三番又淋了。如今只管又去許多糟粕裏只管淋，有甚麼得話。既無可得話，又只管要新，最切害處是輕德行，毀名節，崇智術，尚變詐，讀之使人痛心疾首，不知是甚世變到這裏，可畏可畏。這都是不祥之兆。隆興以來不恁地。自隆興以後，有恢復之說，都要來說功名，初不曾濟得些事。今看來，反把許多元氣都耗卻。管子，孔門所不道，而其言猶曰：『禮義廉恥，是謂四維。』如今將禮義廉恥一切掃除了，卻來說事功。」（一〇九）

此條當與春秋篇論當時時文論恢復之風合看。人人言恢復，不僅無益，抑且有害。其害在於人心世風，而漸致於一切不可救。如此之論，乃見朱子為學之精微，而尤當注意其針切時病處，此始是治史最見體用處也。

語類又曰：

禮樂射御書數，六者皆實用，無一可缺，而今人是從頭到尾皆無用。小兒子教他做詩對，大來便習舉子業，得官又去習啟事雜文，便自稱文章之士。然都無用處，所以皆不濟事。今世以文取士，如義，若教他依經旨去說些道理，尚得。今卻只是體貼字句，就這兩三句題目上說去，全無義理。如策，若是着實論些時務也尚得，今卻只是虛說。說得好底，剗地不得。（三四）

由制度而推論及於當時之教育與文章。經史文學，皆朱子所重。惟當時科舉文字，則非經學，非史學，非文學，而別自成為一項科舉之學，乃為朱子所反對。

又曰：

聞虜中科舉罷即曉示云：「後舉於某經某史命題，仰士子各習此業。」使人心有所定止，專心看一經一史。不過數舉，則經史皆通。此法甚好。（一〇九）

因論黃幾先言：「曾見虜中賦，氣脈厚。」先生曰：「那處是氣象大了，說得出來，自是如此，不是那邊人會。」（一〇九）

朱子論當時事勢，又必敵我並舉。因論科舉，稱述金虜，所感慨深矣。

又曰：

禮書已定，中間無所不包，某常欲作一科舉法。（一〇九）

科舉法乃禮書中所不包。後代新興之事，非博古所能盡，而有待於通今者之自為創制。文集卷六十九有學校貢舉私議一篇，文長五六千字，可見朱子意中所欲創作一科舉法之大概。其中論及考試科目，經、子之外有史，其文曰：

至於諸史，則該古今興亡治亂得失之變，時務之大者。如禮樂制度，天文地理，兵謀刑法之屬，亦皆當世所須而不可闕，皆不可不之習也。然欲其一旦而盡通，則其勢將有所不能。

因欲設為分科之制。

諸史則左傳、國語、史記、兩漢為一科，三國、晉書、南、北史為一科，新、舊唐書、五代史為一科，通鑑為一科。時務則律曆地理為一科，通禮新儀為一科，兵法、刑統、敕令為一科，通典為一科。以次分年，則士無不通之經，無不習之史，皆可為當世之用矣。

此文成於慶元乙卯，朱子年六十六，亦見語類（一〇九）。即此可見朱子教人治史用意所在。而其以諸史時務並言，則尤值注意。而治禮亦歸入時務，匯經學入史學。又天文、地理、兵謀、刑律，皆專家之業，亦都歸入時務與史學。凡諸學術分途，莫不以通今應務，匯歸於一，而以史學為之宗主。因一切通今之學，必求博古，庶可得其淵源，明其因革，而後可以隨時創立，以為一世之用也。

朱子既論科舉，又論學校。選舉考試之與教育，事關一體，既當會通，亦當分別考求。語類有曰：

林擇之曰：「今士人所聚多處，風俗便不好。故太學不如州學，州學不如縣學，縣學不如鄉學。」曰：「太學眞箇無益於國家，教化之意何在？向見陳魏公說，亦以為可罷。」（一〇九）

朱子論地方官制，則曰為監司不如做州郡，做州郡不如做縣邑。其論學校，亦謂太學不如州學，州學不如縣學。事愈小，則愈易於及民而見效，故王道必始於鄉治也。至謂今太學可罷，則何其慨歎之深乎。

又曰：

嘗見胡珵德輝有言，曰：「學校之設，所以教天下之人為忠為孝。國家之學法始於熙寧，成於崇觀。熙寧之法，李定為之。崇觀之法，蔡京為之。李定者，天下之至不孝。蔡京者，天下之至不忠。豈有不忠不孝之人，而其所立之法可行於天下！」（一〇九）

問：「今之學校，自麻沙時文冊子之外，其他未嘗過而問焉。」曰：「怪他不得。上之所以教者不過如此。」（一〇九）

而今未論人會學，喫緊自無人會教。所以明道欲得招致天下名儒，使講明教人之方。其德行最高者，留以為太學師，卻以次分布天下，令教學者。須是如此，然後學校方成次第也。（四三）

教育責任，在為師掌教者，不在從學為弟子者。徒知創制，不知擇人，其復何益。朱子論史論治必重人，重人則必重學。講明理學，喫緊為人，是其根本。言教言治，乃其末梢。然若截去末梢，徒存根本，則非朱子之意。

文集卷八十有建昌軍進士題名記，其文曰：

不論夫教法之是非，則無以識其取士之本意。不反身以自求，而得其有貴於己者，則又未足以議其教法之是非。古之人，教民以德行道藝，而興其賢者能者，其法備而意深矣。今之為法不然。其教之之詳，取之之審，反復澄汰，至於再三，而其具不越乎無用之空言而已。彼知但為無用之空言而便足以要吾之爵祿，則又何暇復思吾之所以取彼者，其意為何如哉！二君子蓋嘗有所受學，而得其所貴於己者矣。盍亦推明其說以告後進，使之因是感發，以求古人之所以教者。誠盡其心而有得乎此，然後知今日教人之法雖不由此，而吾之於此，自當有不能已者。今日取士之意，雖或不皆出此，而吾之所以副其意者，自當無日而不在乎此。

此因論制舉學校，而又轉及於當時之講學。

文集卷七十四有論語課會說，其文曰：

古之學者，潛心乎六藝之文，退而考諸日用，有疑焉則問，問之弗得，弗措也。古之所謂傳道、授業、解惑者，如此而已。後世設師弟子員，立學校以羣之。師之所講，有不待弟子之問。而弟子之聽於師，又非其心之所疑也。汎然相與，以具一時之文耳。學問之道，豈止於此哉？自秦漢以迄今，蓋千有餘年，所謂師弟子者，皆不過如此。此聖人之緒言餘旨，所以不白於後世。而後世之風流習尚，所以不及於古人也。然則學者欲求古人之所至，其可以不務古人之所為乎？今將以論語之書與諸君相從學，而惟今之所謂講者不足事也。是以不敢以區區薄陋所聞告諸君。諸君第因先儒之說以逆聖人之所志，孜孜焉蚤夜以精思，退而考諸日用，必將有以自得之，而以幸教熹也。其有不合，熹請得為諸君言之。諸君其無勢利之急，而盡心於此。一有得焉，守之以善其身，不為有餘。推之以及一鄉一國而至於天下，不為不足。熹不肖，不敢以是欺諸君也。

此文不定在何年，亦是推論古今學校之變，故以附此。當時理學家之所欲闡明，既非同時之學校制度所能與之配合。在朱子時，來從問學者，亦多非能如往時程門接引謝、楊諸人之例。而如象山講學之所為，似乎朱子亦不深首肯。朱子之意，重在各自為學，而後相互討論。特以論語一書定為課會。其後來學者益多，遂有精舍。其精舍制度雖未可詳考，要之與陸氏之象山講學，則規制有不同。厥後陽明講學有惜陰會，似在朱陸兩家講學規制之間。此亦學者所當推考研究之一事。

文續集卷一答黃直卿有云：

精舍相聚，不甚成條理。蓋緣來有先後，人有少長，鄉有南北，才有利鈍，看文字者不看大意正脈，而卻泥着零碎，錯亂纏繞。病中每與之酬酢，輒添了三四分病。

此等情形，象山精舍當亦有然。朱陸兩家講學，不僅宗旨不同，其方法亦不同。朱子頗覺此為病。然亦未能確立一制度也。

文續集卷二答蔡季通有云：

寒泉精舍才到即賓客滿坐，說話不成。不如只來山間，卻無此擾。

此書續集複收而詳略稍異。又曰：

精舍數日紛紛，無意思，只得應接酒食，說閑話而已。亦緣屋舍未就，不成規矩。他時須共議條約，乃可久遠往來耳。

朱子先有寒泉精舍，次有武夷精舍，在主南康使浙東之後。又嗣有滄洲精舍。即觀語類諸家記錄，可見朱子講學收效已宏。其與季通書，則在寒泉精舍時。要之當時精舍講學，亦似終未有一詳密之規制。然此等亦主要在講者之學術精神，非徒立規制所能有其貢獻也。

今觀朱子論科舉，論學校，論精舍講學，一面正可代表其在當時之一種理想抱負，一面則又見其具有一種通觀古今求變求新之歷史精神，欲使理想與實踐雙方兼顧。凡所理想，重在傳統。歸於實踐，則務創闢，此亦朱子之學術精神也。

以上因記朱子論政府制度，及於科舉學校，而又兼及於當時私人講學之規制。雖若已與史學無關。然學問分科，本屬可分可合。千枝萬葉，會歸一樹。分而求之見其精，合而觀之見其大。朱子為學，本屬如此，無足怪也。

此下當再更端略述朱子之言及地方瑣節。先及朱子之論保伍法。

問：「保正可罷否？」曰：「這箇如何罷得，但處之無擾可矣。」曰：「此自王荆公始否？」曰：「保正自古有，但所管人户數有限。」（一一一）

先王比閭保伍之法，便是此法。兵書云：「御衆有多寡，分數是也。」看是統馭幾人。只是分數明，所以不亂。王介甫銳意欲行保伍法，以去天下坐食之兵，不曾做得成。范仲達為袁州萬載令，行得保伍極好。自來言保伍法無及之者。此人有心力，行得極整肅，雖有姦細，更無所容。訖任滿，無一寇盜。頃張定叟知袁州，託其詢問，則其法已亡，偶有一縣吏，略記大概。（一一一）

此見朱子精力之無所不貫注。即當時一縣令，行得保伍法好，亦詢問研求。此一小節，亦必上推歷史往迹，通古今而求之，此亦其史學精神之一斑也。

又曰：

某保甲草中所說縣郭四門外置隅官四人，此最緊要，蓋所以防衛縣郭以制變。（一一一）

是朱子又曾親草一保甲法，惜乎無可詳考。

問：「論語子路篇『善人教民七年，亦可以即戎矣』，集注先只云『教民者，教之孝悌忠信』，後又添入『務農講武之法』。」曰：「古人政事，大率本末兼具。」因說「向來此間有盜賊之害，嘗與儲宰議起保伍，彼時也商量做一箇計畫。後來賊散，亦不成行。後來思之，若成行亦有害。如司馬溫公嘗行保伍之法，春秋教習，以民為兵。後來所教之人歸，更不去理會農務生

事，只管在家作鬧，要酒物喫，其害亦不淺。古人兵出於民，卻是先教之以孝弟忠信，而後驅之於此，所以無後來之害。」（四三）

此條論地方武備與治安問題，論及兵民合一，上推之於論語，下及近代措施，而辨其利害所至，會合之於教民治兵之雙方。即此一節，備見大賢學問，無大無小，有體有用，而一以貫之。學問之有益於世用，而學問之必有待於其人，皆可見。

又曰：

管仲內政，「士鄉十五」，乃戰士也。所以教之孝悌忠信、尊君親上之義。夫子曰：「以不教民戰，是謂棄之。」故雖霸者之道亦必如此。（一三四）

雖一保伍之法，亦上參之於論語、管子、周禮，又旁及於兵書，推論其所以然。又下及近代，考之荊公、溫公當時行事。又至於當代一縣令，聞其行保伍法有效，亦加探詢。此亦朱子注重史學時務精神之一例。要之朱子治史，先本之於經學，正其大義。又通古今而求之，不厭瑣碎，博徵旁考，以明其事利害得失之所在。非僅讀幾部前後漢、新舊唐書，說得一番漢祖、唐宗開國得天下故事，即此而謂之史學也。

因論保伍法，又論土兵。文集卷二十六與皇甫帥書論土兵之用，其書曰：

> 熹生長閩中，又嘗試吏泉、漳之間，其地密邇江西，頃歲山寇出沒之處。紹興十八、九年間，朝廷屢遣重兵，卒不得志，甚者至於敗衄，狼狽不還。及後專委陳太尉敏招募土兵而後克之，所謂左翼軍者是也。蓋此輩初無行陳部伍，憑恃險阻，跳踉山谷之間，正得用其長技。而官軍乃以堂堂之陳當之，地形兵勢，凡彼之所長者，皆我之所短，是以每戰而每不勝也。近年茶寇形勢，正亦如此。所以江西官兵屢為所敗，而卒以摧鋒敢死之兵困之，此往事之明驗也。竊計今日湖廣之寇，正亦類此。熹願太尉養威持重，擇形勝之地，堅壁以待之。而廣募土人鄉兵，厚其金帛，結以恩意，使之出入山林，上下溪谷，以與此獠從事，則彼之長技正與賊同。又倚太尉之威聲，以順討逆，彼假息遊魂之眾，亦將何所逃其命哉！

此書未定在何年，惟知在出知南康軍以前。以鄉兵平土寇，以前史書尚少見，以後則屢有其事，並亦屢見效。朱子少年時即研兵書，此書所討論，可謂切中利害。此後朱子注意保伍鄉兵之制，殆亦與此書所言有關係。

根據上述，可見朱子論史論治之上下兼顧，粗細俱舉。語類又曰：

所以做官難，非通四方之風俗情僞，如何了得。（一一一）

是朱子亦未謂僅通史學，便可高論治道，而措之於至當無弊之地。明乎古者，必求其合乎今。得其大者，必求其盡於細。大儒論學，八通四達，無乎不到。單提一端，則胥不失之也。

語類又曰：

讀史當觀大倫理，大機會，大治亂得失。（一一）

以機會一項與倫理、治亂得失並提，此尤見朱子治史之深識。語類又曰：

會做事底人，必先度事勢，有必可做之理方去做。（一〇八）

聖人固視天下無不可為之時，然勢不到他做，亦做不得。（一〇八）

孔子知其不可為而為之，乃是行道，與所謂做事者不同。其去魯去衛，亦是度事勢必無可做則不做也。

先生言論間，猶有不滿於五峯論封建井田數事。先生云：「封建井田，乃聖王之制，公天下之法，豈敢以為不然。但在今日，恐難下手。設使強做得成，亦恐意外別生弊病，反不如前，則難收拾耳。」（一〇八）

前兩條論私人之出處進退，此一條論政事之因革措施，皆有機會不可強。

問治亂之機。曰：「看前古治亂，那裏是一時做得。少是四五十年，多是一二百年醞釀，方得如此。」遂俯首太息。（一〇八）

因論世俗不冠帶，云：「今為天下，有一日不可緩者，有漸正之者。一日不可緩者，興起之事也。漸正之者，維持之事也。」（一〇八）

通觀上引，朱子論大倫理，大機會，大治亂得失，三者實相一貫。若不知有大倫理與治亂得失而僅言機會，此固大不可。或只知有倫理與治亂得失，而不知復有機會，此亦不足與論史。至其言史，有經四五十年乃至一二百年之醞釀者。又有一日不可緩者，有當漸正之者，此皆以經學配合史學，通常達變，知進知守，非一般言史者所能及。

今考語類，有論治道，論取士，論兵論刑，論民論財，論官，論宋代各朝事實，論宋代法制，論宋初至朱子當時人物，論夷狄盜賊，又論歷代史書史事。據此諸卷，可約略見得朱子史學樊籬門牆之大概。若欲進而窺其宮室之美，百官之富，升堂入奧，眞有得於朱子史學中心精微之所在，則非通覽朱子學術大全，兼包性理、經術、文章、百家，而博涉會通，乃後有以建中而立極。非可以史學為專門之業者之所意想，而謂即此可求朱子之史學也。朱子亦曾斥史學矣。同時摯友如呂東萊，交遊往還如浙東諸子，皆為朱子所不喜，並有加以嚴斥者。蓋憑史言史，決非朱子心中之史學。若謂朱子僅一性理大儒，誤謂其平生未嘗用心於史學，抑又疑朱子治史僅屬門外，不能與專一治史者相比，此則皆是閉眼之瞽說也。

蓋朱子之學雖自二程入，其學雖以研討性理為中心，而能推廓廣大，匯通之於文章經術史跡治道，故其言平正通達，有體有用。凡當時以及後世，所譏彈於理學諸儒者，朱子皆已抉發在前，並亦屢加糾正。二程僅自義理方面較北宋諸儒更進一層，而朱子又從二程擴大，以與北宋諸賢以及前古諸儒綜合會通。孔子曾著春秋矣，豈可治理學而不治史。司馬遷為史記，亦受董仲舒之指導，以上推及於孔子春秋之作意，又豈治史者可以不上推之於經術，旁通之於理學。則朱子治史，豈不當為此下治史者一最高之準繩。惜乎後世學術，儒林道學，既已分而不可復合。經學史學，又各為專門而不相通貫。於是朱子史學，乃幾如廣陵散之絕響，後無能傳之者。然如王伯厚、黃東發、胡身之之於元，顧亭林、黃梨洲、王船山之於清，此諸人之治史，皆有得於朱子之遺意。惟未明白提出「朱子史學」之一語。此因朱子乃性理大儒，不得專以史學稱。而此諸人，亦多不以史學專門名家。及於清儒，乃僅以考據為史學，則尤為史學之衰世，無足論也。

論先經後史

朱子湛深史學，已詳上述。然朱子每嘗教人，似有重經輕史之見。如語類：

看經書與看史書不同。史是皮外物事，沒緊要，可以劄記問人。若是經書有疑，這個是切己病痛，豈可比之看史，遇有疑則記之紙耶？（一一）

今人讀書未多，義理未至融會處，若便去看史書，考古今治亂，理會制度典章，譬如作陂塘以溉田，須是陂塘中水已滿，然後決之，則可以流注滋殖田中禾稼。若是陂塘中水方有一勺之多，遽決之以溉田，則非徒無益於田，而一勺之水亦復無有矣。（一一）

若未讀徹語、孟、中庸、大學，便去看史，胸中無一箇權衡，多為所惑。（一一）

永嘉有一兩相識，只管去考制度，卻都不曾理會箇根本。一旦臨利害，卻都不濟事。（四五）

比見浙間朋友，將孔子置在一壁，卻將左氏、司馬遷駁雜之文，鑽研推尊，謂這個是盛衰之

由，這箇是成敗之端。說甚盛衰興亡治亂，直是自欺。（一一四）

上引諸條，皆主先治經通義理，然後繼續治史，此乃為學先後之序。

文集卷四十四答梁文叔有云：

昨有人問看史之法，熹告以當且治經，求聖賢修己治人之要，然後可以及此。想見傳聞又說不教人看史矣。

是當時相傳朱子不教人看史也。卷三十五答呂伯恭有云：

為學之序，為己而後可以及人，達理然後可以制事。故程夫子教人，先讀論孟，次及諸經，然後看史，其序不可亂也。

是朱子教人為學，先經後史，亦承襲二程教法。惟程門氣魄未足承當，遂於史少工夫。

又卷三十三答呂伯恭有云：

示喻令學者兼看經史，甚善甚善。然恐亦當令多就經中留意為佳。蓋史書鬧熱，經書冷淡。後生心志未定，少有不偏向外去者，此亦當預防也。

又卷五十四答康炳道有云：

所謂致知者，正是要就事物上見得本來道理。即與今日討論制度、較計權術者，意思工夫迥然不同。豈復有所謂陷溺耶？正坐論事而不求理，遂致生此病痛耳。

此兩書分辨心習，讀經研尋義理，易使心細向內。看史論事利害，易使心粗向外。心在內則可以應外，明得理自可以制事，為學先經後史，其理在此。

又文集卷三十二答張敬夫有曰：

大率學者須更令廣讀經史，乃有可據之地。然又非先識得一箇義理蹊徑，則亦不能讀，正惟此處為難耳。

又卷七十七蘄州教授廳記云：

使之潛思乎論語、孟氏之書以求理義之要，又考諸編年、資治之史以議夫事變之得失。

又卷五十四答江夢良有云：

且得多讀經史，博通古今。

尊德性則必道問學，博文則必多讀經史，博通古今。其主先經後史，乃一般理學家見解。其主治經而必及於史，則是朱子獨有精神也。

亦有認為史書不必看者，朱子則極表反對。

或曰：「只是看六經語孟，其他史書雜學皆不必看。」曰：「如此，即不見古今成敗，便是荆公之學。」（一一）

荆公主經學，溫公主史學，朱子則兼采兩家，又以二程替荆公，以康節輔溫公也。

又文集卷六十九學校貢舉私議，謂：

舊例經義禁引史傳，乃王氏末流之弊。而論子史者不復訂以經旨，又俗學卑近之失。當使治經術者通古今，議論者識原本，則庶乎其學之至矣。

語類：

問讀史之法。曰：「先讀史記及左氏，卻看西漢、東漢及三國志，次看通鑑。」（一一）

看通鑑固好，然須看正史一部，卻看通鑑。（一一）

先看語孟中庸，更看一經，卻看史，方易看。先讀史記，次看左傳，次看通鑑。有餘力則看全史。（一一）

某舊讀通鑑亦是如此。且草草看正史一上，然後卻來看它。（一一）

文集卷四十六答潘叔昌有云：

示喻讀史曲折，鄙意以為看此等文字，但欲通知古今之變，又以觀其所處義理之得失耳。初不必於玩味究索以求變化氣質之功也。若慮其感動不平，遂廢不讀，則進退之間又恐皆失之太過，而兩無所據也。

涵養德性，變化氣質，當時理學家懸為為學工夫之最大目標，讀史不能盡此任務。然學問之事，非一路所能盡。古今不可不知，時務不可不通。朱子教人，本末先後，體用精粗，無不俱到，此所以為曠代之大儒也。

文集卷四十七答呂子約有云：

史記禮書篇首四言，只是大概說道理如此，豈為秦漢把持天下而設。且既曰把持天下，則又豈有不由智力而致。舍卻聖賢經指，而求理於史傳，只見得他底高遠，便一向隨他腳跟轉，極力贊歎他。若看得聖賢說禮樂處有味，決定不作此見。謂秦漢把持天下有不由智力者，乃是明招堂上陳同甫說底。平日正疑渠此論未安，不謂子約亦作此見、為此論也。世路險窄，已無可言。吾人之學聖賢者，又將流而入於功利變詐之習，其勢不過一傳再傳，天下必有受其禍者，而吾道益以不振，此非細事也。

陳同甫為東萊所重，朱子極不喜其義利雙行、王霸並用之說。子約乃東萊弟，以論事忤韓侂胄貶死，宋史入忠義傳。朱子答沈叔晦，亦謂子約為人固無可疑。惟其治史，折入龍川，乃為朱子所必爭。

同卷又一書云：

大抵此學以尊德性求放心為本，而講於聖賢親切之訓以開明之，此為要切之務。若通古今，考世變，則亦隨力所至，推廣增益，以為補助耳。不當以彼為重而反輕凝定收斂之實，少聖賢親切之訓也。若如此說，則是學問之道不在於己而在於書，不在於經而在於史。為子思、孟子，則孤陋狹劣而不足觀，必為司馬遷、班固、范曄、陳壽之徒，然後可以造於高明正大簡易明白之域也。今六經、語、孟、中庸、大學之書具在，彼以了悟為高者，既病其障礙而以為不可讀。此以記覽為重者，又病其狹小而以為不足觀。則是聖人所以立言垂訓者，徒足以誤人而不足以開人。孔子不賢於堯舜，而達摩、遷、固賢於仲尼矣。無乃悖之甚邪！

此書雖浙學陸學並斥，而偏重則爭浙學。

語類又云：

文中子中說，說治亂處與其他好處極多。其間論文史及時事世變，煞好。今浙間英邁之士皆宗之。（一三七＊）

文中子有個意思，以為堯舜三代也只與後世一般，也只是偶然做得着。近日陳同甫便是這般說

話。他便忌程先生說帝王以道治天下，後世只是以智力把持天下。正緣這話說得他病處，他便忌。（一三七）

朱子推本浙東史學謂其直承王通，此亦平章學術考鏡流變一卓識也。朱子以象山之學溯源於謝上蔡，以龍川之學比跡於文中子。別人長處，非不認取，其所規切繩正者，乃別有更高一層之見解在。文集答呂子約尚有兩書，兼論及於龍川，茲錄其一云：

頃來議論一變，如山移河決，使學者震蕩回撓，不問愚智，人人皆有趨時徇勢，馳鶩功名之心，令人憂懼，故不得不極言之。漢唐本體只是智力，就中有暗合處，故能長久。如此言之，卻無過當。但若講得聖門學問分明，則此固無足言者。而王道正理，未嘗一日而可無，亦不待引此然後為有徵也。設若接引下根，亦只須略與說破乃是，便須救拔得他跳出功利窠窟，方是聖賢立教本指。今乃深入其中做造活計，不惟不能救得他人，乃并自己陷入其中而不能出，豈不誤哉！

此書為世風着想，為教育後進着想，尤見語重心長之意。

文集卷四十六有答潘叔昌諸書，叔昌與子約亦同主同甫。已引一書在前，又一書云：

六國表議論，乃是衰世一種卑陋之說。吾輩平日講誦聖賢，何為卻取此等議論以為標的，殊不可曉。建州有徐枏者，常言秦始皇賢於湯武，管仲賢於夫子，朋友間每每傳以為笑，不謂來說亦頗似之。此恐是日前於根本上不曾大段用功，而便於討論世變處著力太深，所以不免此弊。

又一書云：

示喻漢唐初事，以兩家論優劣則然，以三代之天吏言之，則其本領恐不但如此。吾輩正當以聖賢為師，取其是而監其非，不當以彼為準則也。今人只為不見天理本原，而有汲汲以就功名之心，故其議論見識往往卑陋，多方遷就，下梢頭只是成就一個私意，更有甚好事。

完全蔑經以治史，其弊必至於此，故朱子乃不得不爭也。

朱子於古今史籍記載，亦多考訂，詳考據篇。

朱子於宋人史學著述，頗稱道蘇子由之古史。文集卷五十四答趙幾道有云：

昔時讀史者，不過記其事實，摭其詞采，以供文字之用而已。近世學者頗知其陋，則變其法，務以考其形勢之利害，事情之得失，而尤喜稱史遷之書。講說推尊，幾以為賢於夫子。然不過只是戰國以下見識。其正當處，不過知尊孔氏，而亦徒見其表，悅其外之文而已，其曰「折衷於夫子」者，實未知所折衷也。後之為史者又不及此。以故讀史之士多是意思粗淺，於義理之精微多不能識，而墮於世俗尋常之見。以為雖古聖賢，亦不過審於利害之算而已。惟蘇黃門作古史序，篇首便言：「古之聖人，其必為善，如火之必熱，水之必寒。不為不善，如騶虞之不殺，竊脂之不穀。」於義理大綱領處，見得極分明，提得極親切。雖其下文，未能盡善，然只此數句，已非近世諸儒所能及矣。惜其從初為學工夫，本無次序，不曾經歷，不能見得本末一一諦當。只其資質恬靜，無他外慕，故於此大頭段處，窺測得箇影響。到此地位，正好着力，卻便墮落釋老門戶中去，不能就聖賢指示處立得修己治人正當規模，以見諸事業，傳之學者。徒然說得此個意思，而其意之所重，終止在文字語言之間。其徒雖趣力推尊之，然竟不曾有人能為拈出此個話頭以建立宗旨者，亦可恨也。

此書亦見朱子平日主張先經後史之意。又文集同卷答孫季和論東萊大事記有云：

渠此書卻實自成一家之言，亦不為無益於世。鄙意所疑，卻恐其間注腳有太纖巧處。如論張湯、公孫弘之姦，步步掇拾，氣象不好，卻似與渠輩以私智角勝負，非聖賢垂世立教之法也。

然則朱子論作史，乃必以垂世立教期之，此則所以難也。①

① 編者案：本篇「論治道」等六分目，係編者所加。

附朱子通鑑綱目及八朝名臣言行錄

朱子史學方面之著作，最著者為其通鑑綱目，然實未成書，僅有一套計畫與一部分草稿而已。

朱子早年師事白水、籍溪、屏山三人，而事籍溪最久。籍溪乃胡文定從父兄子，又從學焉。其廳上大榜文定書堂，常為朱子道及文定（見語類一〇一）。文定私淑洛學，在太學有同舍生潁昌靳裁之，聞泰山春秋之學。文集卷六十四答劉公度有云：

胡文定春秋，曾熟看否？未論義理，且看其文字，亦便見此老胸中，間架規橅不草草也。

文定子胡寅致堂，朱子稱其「議論英發，人物偉然，向嘗侍之坐，見其數盃後歌孔明出師表，誦張才叔自靖人自獻於先王義，陳了翁奏狀等，可謂豪傑之士」（見語類一〇一）。致堂有讀史管見，是乃胡氏家學。語類云：

胡侍郎讀史管見，其為文字與所見處甚好。（一四）

朱子嘗侍坐於致堂，致堂家衡山，卒在紹興二十七年丁丑。越後十年，朱子始訪南軒於衡山。殆是致堂卒前曾返崇安，朱子遂獲侍坐之機。其謂得讀文定通鑑舉要補遺於其家，殆亦指崇安言。如胡文定家所藏上蔡語錄，朱子亦得之籍溪也。朱子以文定之學為論治道則可，心有不足，乃見延平。是朱子理學啟自延平，史學要與衡麓胡氏一家有關係。又朱子父韋齋論學不重溫公，觀韋齋集上謝參政書可知。

文集卷七十五有資治通鑑綱目序，其文曰：

先正溫國司馬文正公受詔編集資治通鑑既成，又撮其精要之語別為目錄三十卷，晚病本書太詳，目錄太簡，更著舉要厤八十卷以適厥中，而未成。至紹興初，故侍讀南陽胡文定公始因公遺稿修成舉要補遺若干卷，文愈約而事愈備。往者得於其家而伏讀之，猶竊自病記識之弗彊，不能有以領其要而及其詳也。輒與同志因兩公四書別為義例，增損檃括以就此編。

此文在乾道八年壬辰。然據文集卷四讀機仲景仁別後詩語，因及詩傳綱目，復用前韻，有曰：

解頤果值得水井，鑒古亦會朝宗川。

朱子為詩傳，初稿成於淳熙四年丁酉，其着手當遠在前。此詩在乾道三年丁亥赴潭州訪張南軒之前，則詩傳初稿歷十年始成也。綱目亦當始丁亥，此詩後又有讀通鑑紀事本末用武夷唱和元韻寄機仲一首，則袁氏紀事本末亦始丁亥。

前引壬辰文中所謂「同志」，其時主要者當為蔡季通。文續集卷二答蔡季通各書屢提及此事，有云：

綱目竟無心力整頓得，恐為棄井矣。

又曰：

綱目有疑，無問大小，告便筆之，但未知何日可會議耳。

又曰：

綱目凡例，修立略定，極有條理意義矣，俟到此更商榷之。但修書功緒尚廣，若得數月全似此兩月無事，則可以小成矣。

又曰：

通鑑方此修改未定，舊本太略，不成文字也。

又曰：

某此無他，但為通鑑課程所迫，無復優游潛玩之功，甚思講論耳。已看到後漢章帝處，只三四日當畢，向後功夫卻不多矣。不免且挪功夫了卻易說。

此書王譜定在壬辰後。

又曰：

周易本義成於丁酉，此書當在前。

通鑑節只名綱目，取舉一綱衆目張之義，條例亦已定矣。三國竟須以蜀漢為正統，方得心安耳。

此書王譜定在壬辰。

上引六書，未能逐一詳定其年代。白田年譜所定其中兩書年代，亦未見有必然之確證。壬辰以前，朱子綱目已着手，考見前。殆至壬辰始有凡例，而草稿僅得端緒也。

又文續集卷八答李伯諫有云：

通鑑綱目三國以後草稿之屬，臨行忘記說及，今想隨行，有的便，旋付及，幸甚。唐事已了，但欲東漢之末接三國修之，庶幾有緒，易為力耳。

又一書云：

通鑑文字，近方得暇，修得數卷。南北朝者，伯起不承當，已託元善矣。度渠必能成之。但見修者已殊費工夫。蓋舊看正史不熟，倉卒無討頭處，計今秋可了見到者。餘者望早付及。此間杜門山中，尚不能免賓客書問之擾，想官下少暇也。

又一書云：

通鑑諸書，全不得下功。前此卻修得晉事，粗定條例，因事參考，亦頗詳密。但晉事最末兩三卷未到，故前書奉速。宋以後事，分屬張元善，已修得大字數卷來，尚未得點勘。若得年歲間無出入，有人抄寫，此甚不難了，但恐不得如人意耳。

上引三書，王譜均定在癸巳後。

又文別集卷六與林擇之有云：

通鑑功夫浩博，甚悔始謀之太銳。今甚費心力，然業已為之，不容中輟。須來年春夏間，入近山僧寺，謝絕人事，作一兩月期畢力了之，乃可。

此書王譜定在甲午。

又文集卷三十三答呂伯恭有云：

近稍得暇，整頓得通鑑數卷，頗可觀。俟來春持去求是正。

此書王譜定在甲午。

又一書云：

綱目草稿略具，俟寫校淨本畢，即且休歇數月，向後但小作工程，即亦不至勞心也。向來之病，非書累人，乃貪躁內發而然。今當就此與作節度，庶幾小瘳耳。

此書王譜定乙未後。書首云「別去忽忽兩月」，指乙未鵝湖寺之會，則此書仍在乙未。知壬癸甲乙四年，朱子為綱目所費精力甚大，亦復粗有成就。

又文續集卷一答黄直卿有云：

此間數日來整頓綱目，事卻甚簡。乃知日前覺得繁，只是局生。要之天下事，一一身親歷過，更就其中屢省而深察之，方是眞實窮理，自然不費心力也。

此書王譜未收，今亦不能確定其在何年。蓋是綱目初稿囑由李伯諫、張元善諸人分別鈔纂，及初稿略竟，乃從頭自為整頓，卻覺其事甚簡，不甚繁重也。

又文集卷三十四答呂伯恭有云：

綱目近亦重修及三之一。條例整頓，視前加密矣。異時須求一為櫽括，但恐不欲入此千古是非林中擔當一分。然其大義例，熹已執其咎矣。但恐微細事情有所漏落，卻失眼目，所以須明者一為過目耳。

此書王譜定在戊戌。考其前三書述及夫人劉氏之卒，事在丙申冬，則此書疑當在丁酉。綱目初稿既經整頓，又覺有重修之必要，故此云重修及三之一也。

又文集卷三十五答劉子澄有云：

綱目亦修得二十許卷，此一卷是正本五卷，義例益精密。上下千有餘年，亂臣賊子，眞無所匿其形矣。恨相去遠，不得少借餘力，一加訂正。異時脫稿，終當以奉累耳。

此書王氏定在丙申，當與前引答呂伯恭一書同時，而略相先後。此云「修得」，即答呂書所謂「重修」也。故云「義例益精密」，亦與答呂書同。云「修得二十許卷」，可與答呂書云「重修及三之一」

相參。是綱目全書初稿當可有七八十卷上下。又此書後有一長段云：「近看溫公論東漢名節」云云，是此時朱子重修綱目，殆正至東漢末年也。

又文集卷三十二答張敬夫有云：

通鑑綱目，近再修至漢晉間，條例稍舉。今亦謾錄數項上呈。但近年衰悴，目昏，燈下全看小字不得，甚欲及早修纂成書，而多事分奪，無力謄寫，未知何時可得脫稿求教耳。

此書王譜定在丁酉，與前引答呂劉兩書皆同時略相先後之語，王譜分定三年，恐未是。

又文集卷四十六答李濱老有云：

通鑑之書，頃嘗觀考，病其於正閏之際，名分之實，有未安者。因嘗竊取春秋條例稍加隱括，別為一書，而未及就。衰眊浸劇，草稿如山，大懼不能卒業以為終身之恨。

此書王譜定在己亥，書中提及廬阜立濂溪祠可證。

又文集卷三十四答呂伯恭有云：

綱目此中正自難得人寫，亦苦無專一子細工夫，所修未必是當，請更須後也。

此書王譜定在庚子。書中有「欽夫竟不起」之語可證。

又文集卷五十答潘恭叔有云：

綱目亦苦無心力了得。蓋心目俱昏，不耐勞苦，且更看幾時如何。如可勉強，或當以漸成之耳。

此書王譜未錄。

又一書云：

通鑑舉要，詳不能備首尾，略不可供檢閱，此綱目之書所為作也。但精力早衰，不能卒業，終為千古之恨耳。

此書王譜定在丙午，書末有「小學未成，見此刊修，旦夕可就」之語可證。上引答李濱老以下共四書，前後歷八年，屢有不及成書之嘆，而不見有繼續重修之語，則朱子自知南康軍後，綱目一書即行停擱也。

又文集卷二十二辭免江東提刑奏狀三貼黄有云：

臣舊讀資治通鑑，竊見其間周末諸侯僭稱王號而不正其名。漢丞相亮出師討賊而反書入寇。此類非一，殊不可曉。又凡事之首尾詳略，一用平文書寫，雖有目錄，亦難檢尋。因竊妄意就其事實别為一書。表歲以首年，而因年以著統。大書以提要，而小注以備言。至其是非得失之際，則又輙用古史書法，略示訓戒，名曰資治通鑑綱目。如蒙聖慈許就閑秩，即當繕寫首篇草本，先次進呈，恭俟臨決。

此奏狀在壬寅，云當「繕寫首篇草本」，其未有成書可知。黄榦行狀云：「通鑑綱目僅能成編，每以未及修補為恨。」「僅能成編」者，觀乙未答呂伯恭書可知。「未及修補」者，修補實已及三之一，止於漢晉間，觀其答呂伯恭、張欽夫、劉子澄三人書可知。然朱子又續欲有所修補，論其全書，則雖成編而終未為定稿也。故李方子云：「晚歲思加更定，以歸詳密。」黄、李皆朱門高第弟子，其言可信。此乃朱子草為綱目一書之大概。

白田年譜考異有云：

綱目序於壬辰，據季通、伯諫、擇之、伯恭諸書，則癸巳、甲午至乙未，方寫校淨本，乃成編也。又據敬夫、伯恭、李濱老書，則重修於丙申、丁酉，至庚子方可寫。據延之、恭叔書，則丙午以後，欲重修而未及。

語類有云：

綱目若成書，當亦不下通鑑許多文字，但恐精力不逮，未必能成耳。若度不能成，則須焚之。（一〇五）

此條余大雅錄戊戌以後所聞。朱子戊戌八月已得差知南康軍之命，翌年已亥正月赴任，此條或即在赴任前。綱目之不能成書，顯與其出主南康有關係。自壬辰至戊戌前後七年，是為朱子致力綱目之年歲。此下則有意修補，而終未如志。

朱子之為綱目，其最先動機，乃為不滿通鑑之正統問題。語類：

問綱目主義。曰：「主在正統。」問：「何以主在正統？」曰：「三國當以蜀漢為正，而溫公乃云：某年某月，『諸葛亮入寇』。是冠履倒置，何以示訓。緣此遂欲起意成書。推此意修正處

極多。」（一〇五）

此條乃上引余大雅錄之前半。文集卷六十答潘子善評溫公通鑑「魏太祖取天下於盜手而非取之於漢室」之論，謂「將啟天下姦雄之心」。朱子答書曰：

溫公此論，殊不可曉。知其非是足矣，不須深論前賢之失也。

此書有云：「季通遠謫」，知已在朱子晚年。因來書極論溫公之非，而朱子戒之如此。朱子綱目持論多與溫公相異，而終身推尊溫公通鑑不去口，尤見大賢襟懷之不可及。語類又曰：

某嘗作通鑑綱目，有「無統」之說。此書今未及修，後之君子，必有取焉。（一〇五）

此條陳淳、黃義剛同錄，應在庚戌、己未間，朱子年六十九至七十。此乃綱目至朱子晚年未及修理成書之證。何謂無正統？語類同條又曰：

秦初猶未得正統，及始皇幷天下，方始得正統。晉初亦未得正統，自泰康以後方始得正統。隋初亦未得正統，自滅陳後方得正統。如本朝，至太宗幷了太原，方是得正統。又有無統時，如三國、南北、五代，皆天下分裂，不能相君臣，皆不得正統。

是朱子初修綱目，主三國當以蜀漢為正統。及後乃主無統之說，謂三國皆不得為正統，直至晚年猶然。

又前引諸書中屢云「條例已定」，實當與今傳條例有不同。今傳條例，殆是朱子晚年趙師淵承朱子意更定，語詳後。其同條又曰：

溫公只要編年號相續，此等處，須把一箇書「帝」書「崩」，而餘書「主」書「殂」，既不是他臣子，又不是他史官，何故作此尊奉之態。此等處，合只書甲子，而附注年號於其下。如魏黃初幾年、蜀章武幾年、吳青龍幾年之類，方為是。

又曰：

胡文定說春秋，高而不曉事情。說元年不要年號，且如今中興以來，更七箇元年，若無號，則

契券能無欺弊乎？（八三）

語類又曰：

綱目於無正統處並書之，不相主客。通鑑於無統處須立一箇為主。某又參取史法之善者，如權臣擅命，多書以某人為某王某公，范曄卻書「曹操自立為魏公」，綱目亦用此例。（一〇五）

此條李方子錄戊申朱子年五十九後語，當是追述。此見綱目在書法上所下工夫不盡限於正統一問題也。

又文集卷三十七答尤延之有云：

年來目昏，不甚敢讀書。經說閒看，疏漏頗多，不免隨事改正，比舊又差勝矣。綱目不敢動著，恐遂為千古之恨。蒙教揚雄、荀彧二事。按溫公舊例，凡莽臣皆書死，如太師王舜之類；獨於揚雄，匿其所受莽朝官稱，而以卒書，似涉曲筆。不免卻按本例，書之曰「莽大夫揚雄死」，以為足以警夫畏死失節之流，而初亦未改溫公直筆之正例也。荀彧卻是漢侍中光祿大夫，而參丞相軍事，其死乃是自殺，故但據實書之曰某官某人自殺，而系於曹操擊孫權至濡須之下，非故以彧為漢臣也。然悉書其官，亦見其實漢天子近臣而附賊不忠之罪，非與其為漢臣也。此等處，當時極費區處，不審竟得免於後世之公論否？胡氏論彧為操謀臣，而劫遷九錫二事，皆為董昭先發，故欲少緩九錫之議以俟他日徐自發之。其不遂而自殺，乃劉穆之之類。而宋齊丘於南唐，事亦相似。此論竊謂得彧之情，不審尊意以為何如？

又一書云：

垂諭揚雄事，足見君子以恕待物之心。區區鄙意，正以其與王舜之徒所以事莽者雖異，而其為事莽則同，故竊取趙盾、許止之例，而概以莽臣書之，所以著萬世臣子之戒。明雖無臣賊之心，但畏死貪生而有其述，則亦不免於誅絕之罪。此正春秋謹嚴之法。若溫公之變例，則不知何所據依。晚學愚昧，實有所不敢從也。不審尊意以為如何？如未中理，卻望垂教。

觀此兩書，知朱子修綱目，尤其有關書法褒貶，皆親自酌定。及晚歲病目，有關經說部分，尚隨時逐有修訂，而綱目則擱置，未能繼續。兩書年月未審，當在守南康使浙東，退居武夷精舍之後，則是朱子五十四歲以下也。

王應麟困學紀聞有云：「歐陽子書『唐六臣』於唐亡之後，貶其惡也。朱子書『晉處士』於晉亡之後，表其節也。一字之懲勸深矣。」綱目宋文帝元嘉四年冬，「晉徵士陶潛卒」。考異云：「提要作處士。」此亦綱目書法褒貶之一例。

又文集卷四十四答蔡季通有云：

昨日略看，更有一例。如人主稱上，稱車駕行幸，皆臣子之辭。我師我行人之屬，皆內詞。皆非所宜施於異代，此類更須別考。

此見綱目修定通鑑原文，不僅有關正閏問題，如諸葛亮入寇某地之類。尚有據實直書，如「曹操自立為魏公」之類。又有特筆褒貶，如「晉徵士陶潛卒」之類。更有改定前代人用語，如上下內外之別之類。

又語類有云：

史紀亦疑當時不曾得刪改脫稿。高祖紀記迎太公處稱「高祖」，此樣處甚多。高帝未崩，安得高祖之號？漢書盡改之矣。左傳只有一處，云：「陳桓公有寵於王」。（一三四）

如此等處，皆極細密。朱子當時所欲改定通鑑原文處必多。凡欲改定，必先立例，並託如季通輩同參意見。其與季通書又曰：

書法固不可不本春秋。然又全用春秋不得。舊有例一冊，不知曾幷送去否？

又文集卷三十三答呂伯恭有云：

近幸得暇，整頓得通鑑數卷，聞老兄亦為此工夫，不知規摹次第如何？此間頗苦難得人商量。正唯修例體式，亦自難得合宜也。如溫公舊例，年號皆以後改者為正，此殊未安。如漢建安二十五年之初，漢尚未亡，便作魏黃初元年。奪漢太速，與魏太遽，大非春秋存陳之意。恐不可以為法。

語類亦曰：

石晉冬始篡，而以此年繫之，某只以甲子繫年，下面注所改年號。（一三四）

如上舉外，朱子所欲改定通鑑之原文尚多，文集卷四十四答蔡季通有云：

綱目數日曾看得否？高紀中數詔極佳，如立口賦法及求賢詔皆合入，更煩推此類添入。

語類云：

溫公不喜權謀，至修書時頗删之。奈當時有此事何？只得與他存在。若每處删去數行，只讀着，都無血脈意思，何如存之，卻别做論説以斷之。（一三四）

又曰：

通鑑凡涉智故險詐底事，往往不載，卻不見得當時風俗。如劇孟事，通鑑亦節去，意謂不足道。不知當時風俗事勢，劇孟輩亦係輕重。不知溫公為將，設遇此人，奈得他何否？（八三）

又曰：

溫公不信劇孟事，謂劇孟何以為輕重。然又載周丘，其人極無行，自請於吳，去呼召得數萬人助吳。好惡所在，著其事而立論以明之可也，豈可以有無其事為褒貶。（一三四）

溫公此樣處議論極純。（一三四）

是朱子非不滿溫公此類之見解，只在史法上不該略去。語類又一條歷引通鑑削去不載之事，而曰：

如此等類，被他削去底多，如何恁地得。善善惡惡，是是非非，皆着存得在那裏。其間自有許多事。若是不好底便不載時，孔子一部春秋，便都不是了，那裏面何所不有。（一三四）

此辨有關甚大。何事可刪，何事不可刪，其間大有斟酌。溫公不喜劇孟，朱子雖謂其議論極純，然謂刪去則不見當時風俗事勢，此非具大史識者不能道。

語類又曰：

通鑑不信四皓輔太子事，謂只是叔孫通諫得行，意謂子房如此，則是脅其父。高祖只是識事機、明利害，故見四人者輔太子，便知是得人心。叔孫通嫡庶之說，如何動得他。（一三四）

此處朱子識透高祖為人，較之溫公遙為深遠。

又曰：

通鑑「告姦者與斬敵首同賞，不告姦者與降敵同罰」。史記商君議更法，首便有「斬敵首」、「降敵」兩條賞罰，後面方有此兩句比類之法。其實秦人上戰功，故以此二條為更法之首。溫公卻節去之，只存後兩句比類之法，遂使讀之者不見來歷。溫公修書，凡與己意不合者即節去之，不知他人之意不如此。通鑑此類多矣。（一三四）

此猶謂「刪去數行，使讀者都無血脈意思」也。如此處刪去兩句，即不見秦人立法本意，所關非細。

朱子綱目於通鑑原文，有增亦有刪。文集卷五十四答孫季和有云：

孔氏書序，與孔叢子、文中子大略相似。所書孔臧不為宰相而禮賜如三公等事，皆無其實。而通鑑亦誤信之，則考之不精甚矣。

如此等，朱子為綱目，應在必刪之列可知。

上述書法及材料增刪外，又有朱子與溫公意見大相出入處。

語類云：

溫公不取孟子，取揚子，至謂王伯無異道。（一三四）

又曰：

溫公論才德處未盡，如此則才都是不好底物矣。（一三四）

此是意見上之大相異，遇此等處，綱目必加改正。其他意見相異，如論東漢名節之類，皆已別見。可見雖同記一時事，而作史者見解識趣有異同，有高下，則必各自為一家之言也。

又綱目序列舉「表歲以首年，因年以著統，大書以提要，分注以備言」四項。第一項注云：

逐年之上，行外書某甲子。雖無事，依舉要以備歲年。

則有有年無事者，此知其有所删。第二項注云：

凡正統之年，歲下大書。非正統者，兩行分注。

第三項注云：

凡大書有正例，有變例。正例如始終興廢，災祥沿革，及號令征伐、殺生除拜之大者。變例如不在此例，而善可為法，惡可為戒者，皆特書之也。

是綱目所欲「大書以為綱」者，其事有限，故有無事之年。又言「非正統者兩行分注」，則即是無統也。第四項注云：

凡分注，有追原其始者，有遂言其終者。有詳陳其事者，有備載其言者。有因始終而見者，有因拜罷而見者，有因事類而見者，有因家世而見者。有溫公所立之言，所取之論。有胡氏所收之說，所著之評。而兩公所遺，與夫近世大儒先生折衷之語，今亦頗采以附於其間云。

是綱目大書之綱，乃法春秋之經。其分注之目，乃學左氏之傳。較之通鑑原書體例實已大變。又曰：

歲周於上而天道明矣。統正於下而人道定矣。大綱概舉，而監戒昭矣。衆目畢張，而幾微著矣。

其第二、三項，乃春秋經學。第四項則是史學。幾微著，則如語類所論張子房之設策招四皓，周亞夫之延攬劇孟，皆以著事之幾微也。分目下又附評論，此亦猶左氏之有「君子曰」也。其於溫公及胡文定兩人之論評，及其所采前人之說，必有刪節，又別有增加，此乃朱子綱目指意條例之大體可說者。

文集卷八十一跋通鑑紀事本末有云：

古史之體可見者，書、春秋而已。春秋編年通紀以見事之先後，書則每事別記以具事之首尾。意者當時史官，既以編年紀事，至於事之大者，則又採合而別記之。若二典所記，上下百有餘年，而武成、金縢諸篇，其所紀載，或更數月，或歷數年。其間豈無異事，蓋必已具於編年之史，而今不復見矣。故左氏於春秋，既依經以作傳，復為國語二十餘篇，國別事殊，或越數十年而遂其事，蓋亦近書體，以相錯綜云爾。自漢以來，為史者一用太史公紀傳之法，此意固不復講。至司馬溫公纂述資治通鑑，然後千三百六十二年之事，編年繫日，如指諸掌。上系左氏，實相受授。偉哉書乎！自漢以來，未始有也。然一事之首尾，或散出於數十百年之間，不相綴續，讀者病之。今袁君作為此書，於以錯綜溫公之書，其亦國語之流矣。

本文作於乙未，上距丁亥始創已八年。朱子為綱目，與袁氏紀事本末略同時，殆亦有錯綜通鑑之意。其所為分注，殆是略師書體，並會通紀傳，求以補編年繫日一體之缺者。此在朱子綱目序中雖未明言，然觀此跋，朱子衡評史體之互有長短，而主相為錯綜，其意可見。

又按文集卷七十六資治通鑑舉要曆後序有云：

熹竊聞之：資治通鑑之始奏，神宗皇帝實親序之，則既有「博而得要，簡而周事」之褒矣。然公之意，猶懼夫本書之所以提其要者有未切也，於是乎有目錄之作以備檢尋。既又懼夫目之所以周於事者有未盡也，於是乎有是書之作以見本末。

此文作於淳熙十有一年甲辰，上距丁亥初撰綱目已十八年。綱目序文亦舉是書，而謂胡康侯之補遺，文愈約而事愈備。又謂「因兩公四書別為義例增損」，「兩公」即溫公與胡文定，「四書」指通鑑及目錄與舉要曆，以及文定之舉要曆補遺。其答潘恭叔，謂「舉要詳不能備首尾，略不可供檢閱，此綱目之書所為作」。答潘書在丙午，疑為朱子修綱目最後之年。然則朱子綱目之自謂「分注以備言」，張衆目而幾微著者，實乃以匡溫公舉要曆之不足。其「大書以提要」者，乃以補溫公目錄所未逮。朱子曠代大儒，其於史學，研玩實深。綱目之所欲匡補溫公通鑑原書者，其中一部分，亦承溫公自有之意。後世不深曉，若謂綱目之於通鑑，僅如在左傳上增以春秋書法，所爭只在魏蜀正統及諸葛亮入寇等辭語褒貶之間。是疑朱子僅以經學理學家立場作此綱目。不知朱子於歷代史迹，既有邃深之觀察，復有精密之考訂，其衡評各史體裁長短，而主相為錯綜之意見，則實為古今史學中稀有卓識也。

又考年譜，朱子壬辰歲成論孟精義，又成八朝名臣言行錄，又成西銘解義。翌年癸巳，成太極圖說解、通書解、程氏外書、伊洛淵源錄。又翌年甲午，編次古今家祭禮。又翌年乙未，編近思錄。又再翌年丁酉，成論孟集註、或問，成詩集傳、易本義。又再翌年己亥，即出主南康軍。此自壬至戊之七年，朱子銳意著述，奮勵踰恆。規為太廣，經營日擴，故乙未鵝湖之會，象山有「支離事業」之譏，而朱子則謂今日格一物，明日格一物，大學致知之教，正當如此。其為綱目序亦曰：

凡為致知格物之學者，亦將慨然有感於斯。

然而綱目之書，發意雖簡，搜討漸密，既不能一心專注，又不免精力日耗。屢作屢輟，終未成書。逮其出主南康，此事遂爾擱置，誠大堪惋惜也。

凡朱子編修綱目，其先後起訖，與其內容宗旨巨細可考者，既備引文集、語類略論之如上。然今傳綱目，則實多成於趙師淵之手。全謝山結埼亭集外編卷三十四有書朱子綱目後一篇論其事。文曰：

黃榦嘗謂綱目僅能成編，朱子每以未及修補為恨。李方子亦有「晚歲思加更定以歸詳密」之語。然則綱目原未成之書。其同門賀善爭之，以為綱目之成，朱子甫踰四十，是後修書尚九種，非未成者。又力言朱子手著。但觀朱子與趙師淵書，則是書全出訥齋。其本之朱子者，不過凡例一通，餘未嘗有所筆削，是左證也。著述之難，即大儒不能無餘論。雷同附和之徒，遂以為春秋後第一書，可謂耳食，苟或能成朱子之志，重為討論，不可謂非功臣也。但必為蚍蜉所大駭耳。

全氏宋元學案趙師淵條下則曰：

師淵嘗從朱文公遊，與之論校綱目，前後凡八書。

此條謝山自注「參赤城新志」。所謂前後八書，全氏學案未加稱引。王梓材馮雲濠宋元學案補遺卷六十九滄州諸儒趙訥齋師淵條亦僅補入兩條，又引袁清容說，謂「太常為朱文公高弟，文公述通鑑綱目，條分列舉，整齊芟奪，迄於成書，皆太常所定」。今考謝山所謂前後八書，四庫本綱目列之卷首，今備錄之如次。

綱目看得如何？得為整頓續成一書，亦佳事也。

綱目能為整頓否？得留念幸甚。

觀此兩條，知朱子先有綱目，惟未得謂成書，欲師淵整頓續成之也。

通鑑綱目以眼疾不能細看，但觀數處，已頗詳盡。東平王蒼罷歸藩，連下文幸鄴事，元本漏，已依所示者補之矣。此書無他法，但其綱欲謹嚴而無脫落，目欲詳備而不煩冗耳。

此條王馮補遺只錄其末後之兩語。今細觀此條云：「元本漏，已依所示者補之」，則似朱子依趙師淵意見自補元本，烏得謂「綱目全出訥齋，其受之朱子者，僅凡例一通而已」乎？謝山為學案，頗有考據之功，然其所考據，亦有粗疏而近荒謬者，如此處即其一例。讀學案者，亦不可不知也。

綱目想閒中整頓得儘可觀。恨相去遠，不得相聚討論也。

通鑑綱目次第如何，有便幸逐旋寄來。

所補綱目幸早見示及。他卷不知，提要曾為一一看過否？

此云「閒中整頓」，又云「所補綱目」，顯是根據朱子原本而加整頓添補也。

（接上）若閒中能為整頓得一番，亦幸事也。巡幸還宫，當如所諭。但其間有事者，自當隨事筆削，不可拘一例耳。後漢單于繼立不書，本以匈奴已衰，不足詳載。如封王侯、拜三公、行赦宥之類耳。更告，詳之，卻於例中略見其意也。

此條「後漢單于繼立不書」，即指朱子原本也。

閒中了得綱目，亦是一事。不知已至甚處？自古治日少，亂日多。史書不好看，損人神氣。但又要知不柰何耳。某今此大病幾死，幸而復蘇。未病時，補得稽古録三四卷，今亦未敢接續整理。更欲續大事記熙寧以後，亦覺難措手也。此恐他日幷累賢者，用功亦不多也。

此條王馮補遺録「今此大病」以後諸行。

所補綱目，今附還，亦竟未及細看，不知此書更合如何整頓。恐須更以本書目録及稽古録、皇極經世、編年通載等書參定其綱，先令大事都無遺漏，然後逐事考究首尾，以修其目。其有一時講論治道之言，無綱可附者，惟唐太宗紀中最多。雖以事類強而附之，然終未安，不知亦可去其太甚否？而於崩葬處作一總敍，略依次序該載，如何？某衰朽殊甚，次第只了得禮書，已無餘力。此事全賴幾道為結裹了卻，亦是一事也。又如稽古錄中書亂亡事，時或不著其用事人姓名，無以示懲而作戒，此亦一大眼目，不可不明著其人與其交黨之尤用力者，使其遺臭無窮，為萬世之明鑒也。

觀此條，知師淵補綱目，在朱子生前，時時將成稿呈朱子。以上共八書，未能一一確定其年歲。然大體已在朱子晚年。首二書，知幾道看得朱子綱目稿，欲為整理。三四以下，始著手從事。觀第三書，則朱子亦嘗依師淵意親為增補。第五第六書，欲師淵將已成稿絡續寄來。第八書，則謂寄來者亦未及細看。而朱子亦未及見師淵之成書也。要之師淵自本朱子原稿加以修補，朱子雖未能細加筆削，然不得謂此書全出師淵之手。朱子為綱目，先與蔡季通諸人商討凡例，然似未有定本。通觀八書，有卻「於例中略見其意」一句，則朱子雖立有凡例，然編修所及，此項凡例仍可增補，自亦可以修訂，非謂一定不可復動也。又凡例始刻於王柏，殆因綱目未成書，故其凡例亦不為門人所重，至是始刊布。惟一可疑者，王柏所刊，是否即是朱子當年手定耳。四庫本綱目卷首先凡例，後朱子手書，上引八書均在內。

據宋元學案滄洲諸儒學案倪士毅字仲宏有朱子綱目凡例序一篇，大意謂：

朱子綱目之作，權度精切，筆削謹嚴，先輩論之詳矣。惟凡例世尚罕傳，學者於書法未窺其要。至元後戊寅冬，友人朱平仲晏歸自泗濱，明年出其所錄之本，謂得於趙公繼清質翁之子嘉績凝，始獲披閱，遂節錄之。暇日詳觀，因轉相傳錄，而不能無小誤。惜未有他本參校，隨所可知，正其錯簡二條，漏誤衍文共三十餘字，以寄建安劉叔簡錦文，刊之坊中，與四方學者共之。

序中又謂尹氏綱目發明已盛行，而李氏綱目論見者少，因幷錄以附凡例之後。至元戊寅，為元順帝改元後四年，下距元亡三十年。是其時凡例似尚不與綱目並行。倪氏所得之凡例，是否係朱子最後手定，亦尚待考。

又宋元學案雙峯學案汪克寬條，引其通鑑綱目凡例考異自序，謂：

綱目凡例與綱目之書，皆子朱子手筆，褒善貶惡，明著義例，悉用春秋書法，一字不苟。然學者鈔錄，書肆傳刊，久而漏誤者多。尹氏發明乃或曲為之說。朱子論春秋變例，謂門人曰：「此惡可信？」竊詳此言，綱目之與凡例，時或異同，皆鈔錄傳刊之失也。克寬僭躐，謹摭刊本綱目與朱子凡例相戾者，故錄如左，以俟有識者考焉。

汪氏舉泰定三年浙江鄉試，下距至元四年戊寅凡十二年。竊疑考異之作，或是見及倪氏之凡例鈔本而為之者。然則至其時，學人中尚未知今傳綱目乃出師淵，至云「綱目、凡例時或異同」，則疑師淵補定綱目本有與朱子凡例異同處，故其書傳刻，未載凡例在前，故有倪士毅綱目凡例之刊布。而汪氏謂「凡有異同，皆鈔錄傳布之失」，則似未盡其底蘊。

今四庫本乃晚明張自勳撰，綱目續麟二十卷，校正凡例一卷，附錄一卷，彙覽三卷。提要云：

首為校正凡例一卷，附劉友益書法凡例，次為附錄一卷，備列朱子論綱目手書十二篇。

上引朱子與趙師淵八書具在其內。疑謝山未見四庫本綱目也。至提要謂：

綱目一書，非惟分注非朱子手定，即正綱亦多出趙師淵手。

此論乃承芮長恤綱目分注補遺一書。長恤明末諸生，其書亦收入四庫。據訥齋集，知分注乃出師淵手。謝山亦似未見此書，而後人乃以綱目出趙師淵為謝山之創論矣。四庫又收陳景雲綱目訂誤一書。

今當薈粹尹起莘、汪克寬、張自勳、芮長恤、陳景雲諸家著作，又匯合宋末、元、明及清初雜說散見之有關綱目者，取以與本篇所舉朱子文集、語類中涉及綱目諸端參互比校，庶有以考見今傳綱目中，孰為淵源於朱子之當身，孰為後人所附益，而又有與朱子意見不合者，乃始可以為此案下定論。本篇未遑涉及。姑識所疑，以待有志於此者之探究。

壬辰同年，朱子又成八朝名臣言行錄。文集卷七十五有序，其文曰：

余讀近代文集及紀事之書，觀其所載國朝名臣言行之迹，多有補於世教。然以其散出而無統也，余嘗病之。於是掇取其要，聚為此錄，以便記覽。尚恨書籍不備，多所遺闕。嗣有所得，當續書之。

朱子答呂伯恭，自謂「此書乃當時草草為之，其間自知尚多謬誤，編次亦無法，初不成文字。因看得，為訂正示及」。此雖朱子之謙辭，然書成倉促。語類一〇五彙集朱子與其門人討論其自著書，亦所未及，此則其未甚重視此書可知。然亦有可得而言者。如其有伊川年譜，有伊洛淵源錄，皆由理學而兼及於史學之範圍。其為淵源錄後，遂謂伊洛後人絕少能擔承得二程傳統者。又謂本朝道學之盛，已遠有其漸。此其所重，轉在二程前之諸儒，而所輕轉在程門之諸弟子。既絕無理學門戶之見，亦無因謂濂溪、明道直得孔孟不傳之祕而遂抹樧以前眾儒之意。所謂經學、史學、理學，在朱子心中，實是一以貫之，更不各分畛域。而其注重現代文獻，則尤當為史家矩矱所在。至其薈萃羣言，歸之條貫，敍次明白，多而不雜，要亦足為史籍著作中一規範。後人繼此有作，導源之功，亦何可忽耶？

又此書於呂夷簡事，采記聞叢談甚悉。東萊頗不樂，其與汪尚書書云：「近建寧刊一書，名五朝名臣言行錄，云是朱元晦所編，其間當考訂處頗多。前輩言論風旨日遠，記錄雜說後出者往往失眞，此恐亦不得不為之整頓也。」復親致書於朱子。朱子覆書見前引，辭極謙抑，然於夷簡事終未刊削，是亦著書不苟之一例。餘別詳辨僞篇。

朱子之文學

北宋自廬陵歐陽氏，臨川王氏，涑水司馬氏，南豐曾氏，眉山蘇氏父子兄弟，一時並峙，而經史文章之學，震鑠千古。自諸氏相繼沒世，獨洛陽二程氏以性理之學傳授門徒，四方嚮附，奉為宗主。而經史文章之學，遂爾熸熄，更無嗣響。南渡以後，迄於朱子之興，上溯徽、欽，下逮高宗之中葉，中間相距踰五十年，乃始復有經史文章學之重興，以與二程性理之學綰合融會，成為一體。蓋朱子不僅集有宋性理學之大成，即有宋經史文章之學，亦所兼備，而集其大成焉。誠所謂致廣大，盡精微，綜羅百代，匯納羣流。孔子以下，殆無其匹。晚清學者，主張漢、宋兼采。以朱子與鄭康成齊舉，抑康成非其偶也。

朱子父韋齋，亦好詩文之學。韋齋集卷九上謝參政書，謂：

喜誦古人文章，每竊取其書，玩之矻矻而不知厭。

又曰：

取六經諸史，與夫近世宗公大儒之文，反復研覈，盡廢人事，夜以繼日者餘十年。其於古今文章關鍵之開闔，淵源之渟滀，波瀾之變態，固已得其一二。

是朱子之文學，亦自有家學之感召也。

文集卷八十三跋曾南豐帖謂：

熹未冠而讀南豐先生之文，愛其詞嚴而理正，居常誦習。以為人之為言，必當如此，乃為非苟作者。

又卷八十四有一跋，謂：

余年二十許時，便喜讀南豐先生之文而竊慕效之。竟以才力淺短，不能遂其所願。

又語類云：

先生舊喜南豐文，為作年譜。（一三九）

又云：

舊曾學曾，為其節次定了。今覺得要說一意，須待節次了了方說得到。及這一路定了，左右更去不得。（一三九）

此條較之前引文集兩條，語更深至。蓋朱子晚年於文事益進，而始有此言也。

又云：

老蘇文字初亦喜看，後覺得自家意思都不正當。以此知人不可看此等文字，固宜以歐、曾文字為正。（一三九）

又曰：

後山煞有好文字。（一三九）

某舊最愛看陳無己文，他文字也多曲折。（一三九）

又曰：

後山文字極法度，幾於太法度了。（一三九）

因詳述後山以文字謁見南豐於襄漢間之逸事。此見朱子喜好南豐，故亦連類愛後山之文也。

此猶評南豐文之重節次也。

文集卷八十三跋方季申所校韓文云：

余自少喜讀韓文。

又語類有云：

先生喜韓文宴喜亭記及韓弘碑。（一三九）

此條楊方記，在乾道庚寅，朱子年四十一。此見朱子夙好文章，年過四十，其弟子來學者，猶稱道及此。

又文別集卷三與程允夫一帖謂：

往年誤欲作文，近年頗覺非力所及，遂已罷去，不復留情其間。

此帖尚在早年，謂「近見延平李先生，始略窺門戶」云云，是朱子自見延平後，即刻意探討理學。然於詩文工夫實亦未盡放棄。

語類又云：

某四十以前尚要學人做文章，後來亦不暇及此矣。（一三九）

可見朱子用心為文，至少當及其四十時。

文集卷七十讀唐志有謂：

歐陽子曰：「三代而上，治出於一，而禮樂達於天下。三代而下，治出於二，而禮樂為虛名。」此古今不易之至論也。然知政事禮樂之不可不出於一，而未知道德文章之尤不可使出於二也。古之聖賢，初豈有意學為如是之文哉？有是實於中，則必有是文於外。如天有是氣，則必有日月星辰之光耀。地有是形，則必有山川草木之行列。聖賢之心，既有是精明純粹之實，以旁薄充塞乎其內，則其著見於外者，亦必自然條理分明，光耀發越，而不可揜。蓋不必託於言語，著於簡冊，而後謂之文。易之卦畫，詩之詠歌，書之記言，春秋之述事，與夫禮之威儀，樂之節奏，皆已列為六經，而垂萬世。其文之盛，後世固莫能及。然其所以盛而不可及者，豈無所自來？而世亦莫之識也。故夫子之言曰：「文王既沒，文不在茲乎？」夫豈世俗所謂文者所能當哉？孟軻既沒，聖學失傳，天下之士，背本趨末，不求知道養德以充其內，而汲汲乎徒以文章為事業。然在戰國之時，若申、商、孫、吳之術，蘇、張、范、蔡之辯，列禦寇、莊周、荀況之言，屈平之賦，以至秦漢之間，韓非、李斯、陸生、賈傅、董相、史遷、劉向、班固，下至嚴安、徐樂之流，猶皆先有其實，而後託之於言。及至宋玉、相如、王褒、揚雄，則一以浮華為尚，而無實之可言矣。雄之太玄、法言，蓋亦長楊、校獵之流，而粗變其音節，初非實為明道講學而作也。東京以降，訖於隋唐，數百年間，愈下愈衰。韓愈氏出，始慨然號於一世，欲追詩書六藝之作，而其弊精神，縻歲月，有甚於前世諸人之所為者。然猶幸其略知不根無實之不足恃，因是頗泝其源而適有會焉。今讀其書，其出於諂諛戲豫放浪而無實者，自不為少。

故其論古人，則又直以屈原、孟軻、馬遷、相如、揚雄為一等，而不及於賈董。其論當世之弊，則但以「詞不己出」，而遂有「神徂聖伏」之嘆。其師生之間，傳受之際，蓋未免裂道與文以為兩物。而於其輕重緩急本末賓主之分，又未免於倒懸而逆置之也。自是以來，又復衰歇數十百年，而復歐陽子出。然考其終身之言，與其行事之實，則恐其亦未免於韓氏之病也。嗚呼！學之不講久矣！習俗之謬，其可勝言也哉！

又文集卷六十七王氏續經說評及韓文，有曰：

退之原道諸篇，於道之大原，若有非荀、揚、仲淹之所及者。然考其平生意嚮之所在，終不免於文士浮華放浪之習，時俗富貴利達之求，而其覽觀古今之變，將以措之事業者，恐亦未若仲淹之致懇惻而有條理也。

輕薄藝文，實為宋代理學家通病。惟朱子無其失。其所懸文道合一之論，當可懸為理學、文學雙方所應共赴之標的。惜乎後世之講學論文者，精神氣魄，不足以副此，而理學與文苑，遂終於一分而不可合。果能奉朱子之言以為兩家之明訓，於此二途，宜各有益，固不得目為乃理學家論文之見而忽之。

語類論及韓文處尚多。如曰：

看他文集中說，多是閒過日月。（一三七）

他只是要做得言語似六經，便以為傳道。至其每日工夫，只是做詩博弈，酣飲取樂而已。（一三七）

不曾向裏面省察，不曾就身上細密做工夫。立朝議論風采，亦有可觀，卻不是從裏面流出。平日只以做文吟詩、飲酒博戲為事。（一三七）

退之要說道理，又要則劇，有平易處極平易，有險奇處極險奇。且教他在潮州時好，止住得一年。柳子厚卻得永州力也。（一三九）

「退之晚年覺沒頓身己處，如招聚許多人博塞為戲。所與交，如靈師、惠師之徒，皆飲酒無賴。及至海上見大顛，壁立萬仞，自是心服其言，『實能外形骸，以理自勝，不為事物侵亂』。此是退之死款。樂天暮年，賣馬遣妾，後亦落莫，其詩可見。歐公好事，金石碑刻，都是沒著身己處。卻不似參禪修養人，猶是貼着自家身心理會也。」或言：「東坡晚年卻不衰。」先生曰：「東坡蓋是夾雜些佛老，添得又鬧熱也。」（一三七）

朱子於論韓氏外又及李翺。語類又曰：

李翶卻有些本領。如復性書有許多思量。歐陽公也只稱韓李。（一三七）

「李翶只是從佛中來。」或曰：「渠有去佛齋文，闢佛甚堅。」曰：「只是麄迹。至說道理卻類佛。」問：「退之見得不甚分明。」曰：「他於大節目處又卻不錯，亦未易議。他氣象大抵大。又歐陽只說韓李，不曾說韓柳。」（一三七）

韓退之、歐陽永叔，所謂扶持正道，不雜釋老者。然到緊要處，更處置不行，更說不去，便說得來也拙，不分曉。緣他不曾去窮理，只是學作文，所以如此。東坡則雜以佛老，到急處，便添入佛老相和瀕瞞人。如裝鬼戲放煙火相似，且遮人眼。（一三七）

韓公當初若早有向裏底工夫，亦早落在禪學中去了。（一三七）

以上就唐宋文人之日常生活與其心性修養言。文人不務修身明道，其弊既如此。而若欲向裏，又易落入禪去。則宋代之理學興起，其關係重大，亦可推見。

文集卷三十與汪尚書有曰：

去春賜教，語及蘇學，以為世人讀之，止取文章之妙，初不於此求道，其失自可置之。夫學者之求道，固不於蘇氏之文矣。然既取其文，則文之所述，有邪有正，有是有非，是亦皆有道焉，固求道者之所不可不講也。若曰惟其文之取，而不復議其理之是非，則是道自道，文自文也。道外有物，固不足以為道。且文而無理，又安足以為文乎？即文以講道，則文與道兩得而一以貫之。否則亦將兩失之。中無主，外無擇，其不為浮誇險詖所入，而亂其知思也者幾希。況彼之所以自任者，不但曰文章而已。旣亡以考其得失，則其肆然而談道德於天下，夫亦孰能禦之。

文集卷三十三答呂伯恭有云：

示喻蘇氏於吾道，不能為楊墨，乃唐景之流耳。熹竊以為此最不察夫理者。夫文與道，果同耶異耶？若道外有物，則為文者可以肆意妄言而無害於道。惟夫道外無物，則言而一有不合於道者，即於道為有害。但其害有緩急深淺耳。屈宋唐景之文，熹舊亦嘗好之矣。旣而思之，其言雖侈，然其實不過悲愁、放曠二端而已。日誦此言，與之俱化，豈不大為心害，於是屏絕不敢復觀。今因左右之言，又竊意其一時作於荆楚之間，亦未必聞於孟子之耳也。若使流傳四方，學者家傳而人誦之，如今蘇氏之說，則為孟子者，亦豈得而已哉。況今蘇氏之學，上談性命，下述政理，其所言者，非特屈宋唐景而已。學者始則以其文而悅之，以苟一朝之利。及其旣久，則漸涵入骨髓，不復能自解免。其壞人材，敗風俗，蓋不少矣。伯恭尚欲左右之，豈其未之思耶？

此皆純就文道合一之標準立論。謂文而違道害道，當加屏絕，誠屬正論。及晚年，為楚辭集注，序文中仍於屈宋之悲愁放曠致不滿。惟專論文章，則於蘇氏亦多稱揚。如曰：

前輩文字有氣骨，故其文壯浪。歐公、東坡，亦皆於經術本領上用功。今人只是於枝葉上粉澤爾。（一三九）

今人作文，皆不足為文。大抵專務節字，更易新好生面辭語。至說義理處，又不肯分曉。觀前輩歐、蘇諸公作文，何嘗如此。（一三九）

東坡文說得透，南豐亦說得透。歐公不盡說，含蓄無盡意。（一三九）

人老氣衰，文亦衰。歐陽公作古文，力變舊習，老來照管不到。為某詩序，又四六對偶，依舊是五代文習。東坡晚年文，雖健不衰，然亦疏魯。（一三九）

文章到歐、曾、蘇，道理到二程，方是暢。荊公文暗。（一三九）

東坡文字明快，老蘇文雄渾，儘有好處。如歐公、曾南豐、韓昌黎之文，豈可不看。柳文雖不全好，亦當擇。合數家之文擇之，無二百篇。下此則不須看，恐低了人手段。（一三九）

是其評蘇文，常與歐、曾並稱，數唐宋文家，必及蘇氏也。

文集卷六十四答鞏仲至有云：

文章正統，在唐及本朝，各不過兩三人，其餘大率多不滿人意，此可為知者道耳。

推朱子意，東坡文章，亦當在北宋兩三人之列無疑。惟重其文，不必即重其人。非其人，亦未必即蔑其文。論道衡文，其事亦可分別。

文集卷四十一答程允夫有云：

蘇氏文辭偉麗，近世無匹。若欲作文，自不妨模範。但其詞意矜豪譎詭，亦有非知道君子所欲聞。是以平時每讀之，雖未嘗不喜。然既喜，未嘗不厭。往往不能終帙而罷，非故欲絕之也。

此見朱子之學養與性情，實非一般所謂理學家與文學家之比。周密浩然齋雅談有云：

宋之文治雖盛，然諸公率崇性理，卑藝文。朱氏主程而抑蘇，呂氏文鑑去取多朱意，故文字多遺落者，極可惜。

不知文藝雖不當卑，而性理則必當崇。朱子言性理主程抑蘇，至於論文章，並不抑蘇，亦不主程。至謂東萊文鑑去取多朱意，語亦無稽。雅談更引葉水心「洛學興而文字壞」為至言，然即論文字，朱子造詣，亦非水心所及。

又文集卷六十一答曾景建有云：

辱書，文詞通暢，筆力快健，蔚然有先世遺法，三復令人亹亹不倦。然文字之設，要以達吾之意而已。政使極其高妙，而於理無得為，則亦何所益於吾身，而何所用於斯世？鄉來前輩，蓋其天資超異，偶自能之，未必專以是為務也。故公家舍人公謂王荊公曰：「文字不必造語及摹擬前人。孟韓文雖高，不必似之也。」況又聖賢道統正傳見於經傳者，初無一言之及此乎？

此謂文字不必摹擬前人，又謂前輩能文者，因其天資超異，偶自能之，未必專以是為務，此皆極平允通達之論。蓋朱子晚年見解也。朱子標揭文道合一之觀點，故其評黜詩文，皆極超卓，有非拘拘於僅知有意為詩文之士之所能知者。

語類有云：

有治世之文，有衰世之文，有亂世之文。六經，治世之文也。如國語，委靡繁絮，眞衰世之文耳。至於亂世之文，則戰國是也。然有英偉氣，非衰世國語之文之比也。楚漢間文字，眞是奇偉，豈易及也。（一三九）

國語辭多理寡，乃衰世之書，支離曼衍，大不及左傳。看此時文章若此，如何會興起國家。（八四）

國語文字多有重疊無義理處。蓋當時只要作文章，說得來多爾。故柳子厚論為文，有曰：「參之國語以博其趣。」（一三七）

樂記文章頗粹，怕不是漢儒做，自與史記、荀子是一套，怕只是荀子作。家語中說話猶得，孔叢子分明是後來文字，弱甚。（八四）

國策人所誦，然儒者不欲公言其好。國語與左氏稱內外傳，乃躋於經典之林。朱子卻說國語委靡繁絮，衰世之文，不如國策亂世之文，有英偉氣。由國語下啟戰國之亂，由戰國下兆秦漢之盛。以文氣窺世變，覘國運，尤足為文道合一論供一佳例，然非深於道深於文者，又烏足與語此。

又曰：

國初文章，皆嚴重老成。嘗觀嘉祐以前誥詞等言語有甚拙者，而其人才皆是當世有名之士。蓋其文雖拙，而其辭謹重，有欲工而不能之意，所以風俗渾厚。至歐公文字，好底便十分好，然猶有甚拙底，未散得他和氣。到東坡文字，便已馳騁忒巧了。及宣政間，則窮極華麗，都散了和氣。所以聖人取「先進於禮樂」，意思是如此。（一三九）

此就北宋一代舉出文章之通於世運。蓋言為心聲，文章風氣，即是時代大風氣之表現也。

因說科舉所取文字，多是輕浮，不明白着實。因歎息云：「最可憂者，不是說秀才做文字不好。這事大關世變。東晉之末，其文一切含胡，是非都沒理會。」（一〇九）

因論黃幾先言，曾於周丈處見虜中賦氣脈厚。先生曰：「那處是氣象大了，說得出來自是如此。不是那邊人會。」（一〇九）

此亦文運足覘世運，而世運可以影響文運也。謂「那處氣象大，說得出來自是如此」，不知是說金虜時運，抑是說北方山川地理，要之其言足唏矣。

清人姚鼐論文，舉出神理氣味格律聲色八字，朱子早已有此指陳。語類論西漢各家文字有云：

「董仲舒文字平正，只是困善。仲舒、匡衡、劉向諸人文字皆善弱無氣燄。司馬遷、賈生文字雄豪可愛。只是逞快，下字時有不穩處，段落不分明。匡衡文字卻細密，他看得經書極子細，能向裏做工夫。只是做人不好，無氣節。仲舒讀書不如衡子細，疎略甚多。然其人純正開闊，衡不及也。」又曰：「荀子云：『誦數以貫之，思索以通之』，誦數即今人讀書記遍數也。古人讀書亦如此。只是荀卿做得那文字不帖律處也多。」（一一六）

此條沈僩所錄，乃朱子晚年語。於西漢司馬、賈、董、匡、劉諸人文章高下利病，衡評確當。神理格律，精粗俱顧。而又推論及其治學為人基本所在，則更非專務論文者所能到。

語類又一條云：

李泰伯文實得之經，中雖淺，然皆自大處起議論。文字氣象大段好，甚使人愛之。亦可見其時節方興。老蘇父子自史中戰國策得之，故皆自小處起議論。歐公喜之。李不軟貼，不為所喜。范文正公好處，歐不及。（一三九）

如此論文，上探其學問淵源，下視其議論大小，骨氣剛柔。而衡鑒文字，又繫乎其人之德性修養。誠夐乎超出於一般論文之上也。曾南豐攜歐公書往見范文正，謂曰：「亦欲少款，適聞李先生來，欲出郊迓之」，見語類一一九。

問離騷、卜居篇内字，曰：「字義從來曉不得，但以意看可見。如『突梯滑稽』，只是輭熟迎逢，隨人倒、隨人起底意思。如這般文字，更無些小窒礙。想只是信口恁地說，皆自成文。林艾軒嘗云：『班固、揚雄以下，皆是做文字。已前如司馬遷、司馬相如等，只是恁地說出。』今看來是如此。漢末以後，只做屬對文字。直至後來只管弱。如蘇頲着力要變，變不得。直至韓文公出來，盡掃去了，方做成古文。然亦只做得未屬對合偶以前體格。然當時亦無人信他，故其文亦變不盡。纔有一二大儒略相效。以下並只依舊。到得陸宣公奏議，只是雙關做去。又如子厚，亦自有雙關之文。向來道是他初年文字，後將年譜看，乃是晚年文字，蓋是他效世間模樣做則劇耳。文氣衰弱，直至五代，竟無能變。到尹師魯、歐公幾人出來，一向變了。其間亦有欲變而不能者，然大概都要變。所以做古文自是古文，四六自是四六，卻不滚雜。」（一三九）

此條直是自先秦迄宋之文章演變史。有說出之文，有做作之文。先秦以至西漢初，皆尚是說出之文。班揚以下，乃做作之文。做作益進，遂為駢儷對偶。韓公盡意要變，也只做得駢儷以前體格，意謂未能如古人之只是信口恁地說出也。此等見解，前無人道。是皆見朱子之深於文事，抑不僅深於文事之所至也。

又其評曾南豐有曰：

在福建亦進荔子，後得滄州，過闕上殿劄子，力為諛說。謂本朝之盛，自三代以下所無後面略略說要戒懼等語，所謂「勸百而諷一」也。然其文極妙。（一三〇）

此見道之與文，仍可分別而論。雖於道無當，仍不失其為文之妙。朱子深愛南豐文，其評騭之嚴，亦可見其持道之正而堅。

語類又曰：

劉原父才思極多，湧將出來。每作文，多法古，絕相似。有幾件文字學禮記。春秋說學公、穀。文勝貢父。（一三九）

劉貢父文字工於摹倣，學公羊、儀禮。（一三九）

劉靜春嘗謂：「吾家原父、貢父二先生，高才博物，風節凜然，惜其與關洛同時，而不偕之講學。」明道嘗言：「學者先學文，鮮有能至道。至如博觀泛濫，亦自為害。」朱子以理學大儒極尊二程，乃亦不忽二劉經史文章之學。其論文章，主張原本經術。然於曾南豐、李泰伯皆致稱賞。於二劉則僅謂其能摹倣法古，蓋視曾、李猶有間。於二劉亦有軒輊。原父才思湧出，貢父工摹倣，其高下遂別。其所評騭，洵是精至。而其博觀泛濫，則不惟理學界中絕少其比，即為文章經史之學者，殆亦無以望其項背也。

語類又曰：

貫穿百氏及經史，乃所以辨驗是非，明此義理，豈特欲使文詞不陋而已。義理既明，又能力行不倦，則其存諸中者，必也光明四達。發而為言，以宣其心志，當自發越不凡，可愛可傳矣。（一三九）

道者文之根本，文者道之枝葉。惟其根本乎道，所以發之於文皆道也。三代聖賢文章，皆從此心寫出，文便是道。今東坡之言曰：「吾所謂文必與道俱。」則是文自文而道自道，待作文時旋去討箇道來入放裏面，此是他大病處。（一三九）

又曰：

嘗與後生說，若會將漢書及韓柳文熟讀，不到不會做文章。（一三九）

人要會作文章，須取一部西漢文與韓文、歐陽文、南豐文。（一三九）

或言柳文較古，曰：「是。但卻易學，學便似他，但會衰了人文字。」（一三九）

韓文高，歐陽文可學，曾文一字挨一字，謹嚴，然太迫。（一三九）

此皆指導人為文取法古人途徑所宜。曾文太迫，即指其過重法度節次，然非可以背離法度節次而為文，故南豐文終與韓、歐並稱。

又曰：

人之文章，也只是三十歲以前氣格都定，但有精與未精耳。然而掉了底便荒疏，只管用功底又較精。（一三九）

因論詩，曰：「嘗見傅安道，說為文字之法，有所謂筆力，有所謂筆路。筆力到二十歲許便定了，便後來長進，也只就上面添得些子。筆路則常拈弄時轉開拓，不拈弄便荒廢。此說本出於李漢老，看來做詩亦然。」（一三九）

此處舉出筆路、筆力之分。筆力原於姿性，筆路出於工夫。他人有一語可取，朱子不惜稱道，其好善博聞又如此。

又曰：

人到五十歲，不是理會文章時節。前面事多，日子少了。若後生時，每日便偷一兩時閑做這般工夫。（一三九）

人晚年做文章，如禿筆寫字，全無鋒鋭可觀。某四十以前尚要學人做文章，後來亦不暇及此矣。然而後來做底文字，便只是二十左右歲做底文字。（一三九）

此皆自述其學為文字之經歷，亦教人學作文字一最親切之指示也。

朱子論詩，頗見於文集卷六十四與鞏仲至諸書，其言曰：

亦嘗閒考詩之原委，因知古今之詩凡有三變。蓋自書傳所記，虞夏以來，下及魏晉，自為一等。自晉宋間顔謝以後下及唐初，自為一等。自沈宋以後，定著律詩，下及今日，又為一等。唐初以前，其為詩者固有高下，而法猶未變。至律詩出而後詩之與法始皆大變。以至今日，益巧益密，而無復古人之風矣。故嘗妄欲抄取經史諸書所載韻語，下及文選漢魏古詞，以盡乎郭景純、陶淵明之所作，自為一編，而附於三百篇、楚辭之後，以為詩之根本準則。又於其下二等之中，擇其近於古者各為一編，以為之羽翼輿衞。其不合者，則悉去之，不使其接於吾之耳目而入於吾之胸次。然顧為學之務有急於此者。亦復自知材力短弱，決不能追古人而與之並，遂悉棄去，不能復為。

此書分古今詩為三變，乃一部詩史也。朱子就文論文，就詩論詩，各有不同。要之亦可謂最先是流出之詩，此下乃做作之詩。僅知做作，無流出，則為朱子所不取。此與其論文大致相似。

又曰：

以李杜言之，則如李之古風五十首，杜之秦蜀紀行、遣興、出塞、潼關、石濠、夏日、夏夜諸篇。律詩如王維、韋應物輩，亦自有蕭散之趣，未至如今日之細碎卑冗，無餘味也。古人之詩，本豈有意於平淡哉？但對今之狂怪雕鎪，神頭鬼面，則見其平。對今之肥膩腥臊，酸鹹苦澀，則見其淡耳。自有詩之初，以及魏晉，作者非一，而其高者無不出此。

所謂平淡，實即是心中流出，較之後來做作之詩，則若見其為平淡也。

又曰：

少時嘗讀梅詩，亦知愛之。至於寂寥短章，閒暇蕭散，猶有魏晉以前高風餘韻，而不極力於當世之軌轍。

所謂蕭散，乃是一種意境，此亦是心中有此境界，流出則見此風趣耳。

其他與鞏諸書，涉及論詩語尚多。然朱子實不喜其人。文續集卷一答黃直卿有云：

> 渠苦心欲作詩，而所謂詩者又只如此。大抵人若不透得上頭一關，則萬事皆低，此話卒乍說不得也。

蓋一時相從探討性理之學者，極少厝心於詩文。朱子關於此方面之興趣與見解，無所發洩，故於仲至，不期傾囊倒篋以出之。其謂「若不透得上頭一關，則萬事皆低」，詩文亦不在外。此又朱子之詩道合一論也。

又文集卷八十四跋病翁先生詩，謂其少作規模意態，全學文選樂府諸篇，晚歲自成一家。因謂：

> 余嘗以為天下萬事，皆有一定之法。學之者須循序而漸進。如學詩，則且當以此等為法。向後若能成就變化，固未易量，然變亦大是難事。李杜韓柳，初亦皆學選詩者。然杜韓變多，而柳李變少。變不可學，而不變可學。故自其變者而學之，不若自其不變者而學之。學者其毋惑於不煩繩削之說，而輕為放肆以自欺也。

朱子題跋，多出僞學禁後，蓋晚年居困而時一出之，可知其平日之注意於斯者，為不淺矣。此跋雖論學詩，一切學問途徑亦無外於此。變不可學，而不變可以學。學其不變，向後始有變化成就。即以詩文論，學得其法之不變者固已不多，其自能成就變化者尤不多。古今作者屈指可數。至謂可以不煩繩削，而輕為放肆以自欺，則尤朱子所力斥也。

語類論詩語甚多：

或問詩傳分別六義。曰：「不必又只管滯卻許多，且看詩意義如何。古人一篇詩，必有一篇意思，且要理會得這箇。如柏舟之詩，只說到『靜言思之，不能奮飛』。綠衣之詩，說『我思古人，實獲我心』。此可謂近乎禮義。所謂『可以怨』，便是喜怒哀樂發而皆中節處。如屈原之懷沙赴水，賈誼言『歷九州而相其君，何必懷此都也』，便都過當了。古人胸中發出意思自好，看着三百篇詩，則後世之詩多不足觀矣。」（八〇）

此即朱子之詩道合一論。透得上一關，始能止乎禮義，始可以怨，可以哀。如屈原、賈誼皆已有過當處。此乃和平中正之論，非陳義之過高也。

又曰：

比雖是較切，然興卻意較深遠。也有興而不甚深遠者，比而深遠者，又係人之高下。有做得好底，有拙底。常看後世如魏文帝之徒作詩，皆只是說風景。獨曹操愛說周公，其詩中屢說，便是那曹操意思也是較別，也是乖。（八〇）

論詩，比不如興。興比又各有深淺高下。若是說風景，只從外面描寫，非心中流出。從心中流出，雖說風景，卻有比興意在。

又曰：

古詩須看西晉以前，如樂府諸作皆佳。杜甫夔州以前詩佳，夔州以後自出規模，不可學。蘇黃只是今人詩。蘇才豪，一滾說盡，無餘意。黃費安排。（一四〇）

選中劉琨詩高，東晉詩已不逮前人，齊梁益浮薄。鮑明遠才健，其詩乃選之變體，李太白專學之。如「腰鐮刈葵藿，倚杖牧鷄豚」，分明說出箇倔強不肯甘心之意。如「疾風衝塞起，砂礫自飄揚，馬尾縮如蝟，角弓不可張」，分明說出邊塞之狀，語又俊健。（一四〇）

齊梁間人詩，讀之使人四肢皆懶，慢不收拾。（一四〇）

李太白詩不專是豪放，亦有雍容和緩底。如首篇「大雅久不作」，多少和緩。陶淵明詩，人皆

說是平淡。據某看，他自豪放，但豪放得來不覺耳。其露出本相者，是詠荆軻一篇。平淡底人，如何說得這樣言語出來。（一四〇）

李太白終始學選詩，所以好。杜子美詩好者，亦多是效選詩。漸放手，夔州諸詩則不然也。（一四〇）

韋蘇州詩高於王維、孟浩然諸人，以其無聲色臭味也。（一四〇）

白樂天琵琶行云「嘈嘈切切錯雜彈，大珠小珠落玉盤」云云，這是和而淫。至「淒淒不似向前聲，滿坐重聞皆掩泣」，這是淡而傷。（一四〇）

此皆由其詩道合一之觀點為評騭。

或曰：「梅聖俞詩平淡。」曰：「他不是平淡，乃是枯槁。」（一三九）

近世諸公作詩，費工夫，要何用。元祐時，有無限事合理會，諸公卻盡日唱和而已。（一四〇）

人之處世，合理會事當理會。理會了而見之詩，則比興自見，自有詩人風格也。

又文集卷五十六答徐載叔曰：

放翁之詩，讀之爽然。近代惟見此人，為有詩人風致。

又文續集卷八跋陸務觀詩，陸詩云：

漠漠炊煙村遠近，鼕鼕儺鼓埭西東。三叉古路殘蕪裏，一曲清江淡靄中。外物已忘如敝屣，此身無伴等羈鴻。天寒寂寞籬門晚，又見浮生一歲窮。

跋云：

季札聞歌小雅而識其思而不貳，怨而不傷者。近世東坡公讀柳子厚南澗中題，乃得其憂中有樂，樂中有憂者而深悲之。放翁之詩如此，後之君子，其必有以處之矣。

此跋在慶元己未七月，下距其卒前尚半年，上距其楚辭集注成書已四月。可見其游情文藝，而感慨深摯，至老不衰。是則詩文非不可學，當與其論元祐諸人盡日唱和語比較觀之。

又文集卷六十四答鞏仲至諸書，屢言及於陸放翁。其一云：

放翁詩書錄寄幸甚。此亦得其近書，筆力愈精健。頃嘗憂其迹太近，能太高，或為有力者所牽挽，不得全此晚節。計今決可免矣。此亦非細事也。

又其一云：

放翁筆力愈健，但恨無故被天津橋上胡孫擾亂，卻為大耳三藏覷見。柳州南澗等詩，最是放不下者。但其氣格高遠，旨趣幽深，故讀之者若不甚覺耳。此亦古今文字言語得失利病之所由，可不審哉！

又其一云：

放翁老筆尤健，在今當推為第一流。

此其推重陸詩可見。「天津橋胡孫擾亂」數語，尤是卓識高論，而深幸其全此晚節。僅知為詩文者，烏足窺此。放翁集有寄題朱元晦武夷精舍絕句，詩云：

身閒賸覺溪山好，心静尤知日月長。天下蒼生未蘇息，憂公遂與世相忘。

其所寄望，亦可謂深允之至矣。

語類其他歷評古今各詩人高下得失者尚多，此不備錄。北宋如邵康節，明代如陳白沙，皆好詩，然皆不脱理學氣。陽明亦能詩，而才情奔放，亦朱子所謂今人之詩也。惟朱子詩淵源選學，雅澹和平，從容中道，不失馳驅。明人胡應麟少室山房詩藪稱南宋古體當推朱元晦，近體無出陳去非。沈欒城句：「花月平章二百載，詩名終是首文公。」此皆就詩論詩之語。朱子儻不入道學、儒林，亦當在文苑傳中占一席地。大賢能事，固是無所不用其極也。

語類又曰：

作詩間以數句適懷，亦不妨，但不用多作，蓋便是陷溺耳。當其不應事時，平淡自攝，豈不勝如思量詩句。至如眞味發溢，又卻與尋常好吟者不同。（一四〇）

如此教人作詩，若極平淡，終是超出尋常萬萬，決非僅知從事吟詠者所知。

或説詩，先生曰：「謂公不曉文義則不得，只是不見那好處。正如公適間説窮理，也知事事物物皆具此理，隨事精察，便是窮理。只是不見所謂好處。所謂『民生日用而不知』，所謂『小曉得而大曉不得』，這箇便是大病。某也只說得到此，要公自去會得。」久之又曰：「大凡物事須要說得有滋味，方見有功。而今隨文解義，誰人不解，須要見古人好處。如昔人賦梅云：『踈影横斜水清淺，暗香浮動月黄昏』，這十四箇字，誰人不曉得，然而前輩直恁地稱嘆，說他形容得好。這箇便是難說，須要自得言外之意始得。須是看得那物事有精神方好。若看得有精神，自是活動有意思，跳擲叫喚，自然不知手之舞足之蹈。這箇有兩重。曉得文義是一重，識得意思好處是一重。若只是曉得外面一重，不識得他好底意思，此是一件大病。且如公看詩，自宣王中興諸詩至此，至節南山，公於其他詩都說來，中間有一詩最好，如白駒是也，公卻不曾說。這箇便見公不曾看得那物事出，謂之無眼目。若是具眼底人，此等詩如何肯放過。只是看得無意思，不見他好處，所以如此。」又曰：「須是踏翻了船，通身都在那水中，方看得出。」（一一四）

此條沈僩錄，在戊午朱子年六十九以後，乃朱子之晚年語。教人讀詩，語極平淺，意極深至。乃以學詩與學道一并合說也。學詩能即如學道，此是學詩最高境界。朱子指出「小曉得大曉不得」之病。學詩須是得詩人言外意，當看得其精神，始有滋味。又教人須如『踏翻船，通身都在水中』始得。水在船外，正如意在言外。憑曉解文義來學詩，正如身坐船中看水，總與水隔了一層。踏翻了船，通身在水中，始是學詩眞境界，始眞知了那水。讀書學道亦只如此。此是朱子教人學詩學文最透關語。果能如此，亦何害於其學道工夫。所惜者，此等詩文亦甚不多，朱子教人讀書學道，此等書籍亦甚不多也。果知此意去讀書，則又何榛塞陸沉之譏。語類此條有附注一則云：

建別錄文蔚錄云：文蔚一日說太極、通書，不說格物致知工夫，先生甚訝之。後數日，文蔚拈起中間三語，先生曰：「趯飜卻船，通身下水裏去。」文蔚始有所悟。今池錄卻將文蔚別話頭更合作一段，記者誤矣。

今按語類中常見朱子用譬喻，如踏飜船通身下水，此喻可用於彼，烏見不可用於此，而必謂是誤記，何耶？一切讀書為學，皆須有趯飜船一番工夫，學者其細參之。

語類又一條云：

看道理，須要就那大處看，便前面開闊。不要就壁角裏，地步窄，一步便觸，無去處了。前頭那箇大壇場，不去上面做，不去上面行，只管在壁角裏，縱理會得一句，只是一句透，道理小了。如破斧詩，須看那「周公東征，四國是皇」，見得周公用心始得。（一一七）

此條陳淳錄己未所聞，朱子年七十。學詩文，亦須看那大處道理，使前面開闊。讀破斧，須見得周公用心。朱子教人學詩，亦恰如其教人讀詩經。須是趯翻了船，身入水裏去，始可瞻眺到詩道一致之大壇場，此亦朱子晚年教人語也。

朱子重詩文，亦重說話。語類云：

「人說話也難。有說得響，感動得人者。如明道會說，所以上蔡說，才到明道處，聽得他說話，意思便不同。蓋他說得響，自是感發人。伊川便不似他。伊川說話方，終是難感動人。」或曰：「如與東坡門說話，固是他門不是，然終是伊川說話有不相乳入處。」曰：「便是說話難。只是這一樣說話，只經一人口說，便自不同。有說得感動人者，有說得不愛聽者。近世所見，會說話說得響，令人感動者，無如陸子靜。可惜如伯恭，都不會說話，更不可曉。只通寒暄，也聽不得，自是他聲音難曉。」（九五）

此條沈僴錄，乃朱子晚年語。大賢知思所湊，如水流之無不入，眞有活潑潑地，在坑滿坑，在谷滿谷之致。言之無文，行之不遠。詩文亦只如說話。說話須說得響，說得感動人。詩文亦如此。體悟到此，始可與言詩文。然豈只是做作，不自心中流出者，所能望乎！

又曰：

安得似陸子靜，堂堂自在，說成一箇物事。（一〇八）

此亦謂子靜善說話也。又一條云：

顧謂道夫曰：「曾見陸子靜義利之說否？」曰：「未也。」曰：「這是他來南康，某請他說書，他卻說這義利，分明是說得好。如云：今人只讀書，便是為利。如取解後，又要得官。得官後，又要改官。自少至老，自頂至踵，無非為利。說得來痛快，至有流涕者。」（一一九）

此即所謂只是這一樣說話，只經一人口說，便自不同也。今細讀語類，知朱子亦是善說話人。危驪塘嘗遊象山之門，象山問學者：「有自信處否？」諸人對云云，因問：「先生所信若何？」曰：「九淵只是信此心。」驪塘歎曰：「學子所對亦佳，只是象山又高一著。此老極是機辯，實亦嫌其近於禪。」（見宋元學案槐堂諸儒學案。）極機辯，亦善說話一徵。凡禪門則無不善機辯，然須胸中高人一等，說話出人意外，而又入人意中，人見其為機辯，而實非機辯乃得。若徒求機辯，亦如學文，儘是做作，非流出，則非朱子稱讚明道、象山之意。

朱子注意到說話，因亦注意及於程、張語錄中之方言。語類：

問：「『學要鞭辟近裏』，『鞭辟』如何？」曰：「此是洛中語，一處說作『鞭約』，大抵是要鞭督向裏去。今人皆就外面做工夫，恰似一隻船覆在水中，須是去翻將轉來，便好。」（四五）

此處以鞭督雅言釋洛中方言鞭辟，此亦是一種訓詁。又以水中飜將船轉說鞭辟向裏，淺譬而喻，又與趯飜船之喻不同。趯飜船始能身入水中，已說在前。飜轉船，則因此心全沉溺在外面了，將船飜轉，此心始得安頓有著落也。此皆見朱子善說話處。

問：「『滿腔子是惻隱之心』，如何是『滿腔子』？」曰：「『滿腔子』是只在這軀殼裏。『腔子』乃洛中俗語。」（五三）

彌滿充實，都無空闕處。「滿腔子是惻隱之心」，如將刀割著固是痛，若將針劄著也痛。如爛打一頓固是痛，便輕掐一下也痛。此類可見。（五三）

如此條，釋「滿腔子是惻隱之心」八字，可謂透切明快之至。

又曰：

「腔子猶言匡郭，此是方言。」因論：「方言難曉。如橫渠語錄，是呂與叔諸公隨日編者，多陜西方言，全有不可曉者。」（五三）

朱子身未履北土，然對關、洛方言亦多尋究，據此可知。

凡朱子評騭古今文學流變利病，與夫其自為詩文淵源所自，用力所在，均已備具上述。朱子親身又於文學上有三大著述，貢獻極大。其一曰詩集傳，已專篇敍述。又一曰韓文考異，詳校勘篇。又一則為楚辭集注及後語，當附著於此。

洪譜引楊楫楚辭集注跋云：

慶元乙卯，楫侍先生於考亭精舍。時朝廷治黨人方急，丞相趙公謫死於永，先生憂時之意屢形於色。忽一日，出示學者以所釋楚辭一篇。楫退而思之，先生平居教學者，首以大學語孟中庸四書。次而六經。又次而史傳。至於秦漢以後詞章，特餘論及之耳。乃獨為楚辭解釋其義，何也。然先生終不言，楫輩亦不敢竊有請焉。

李本年譜云：

時朝廷治黨人方急，丞相趙公謫死於永，先生憂時之意屢形於色，因註楚辭以見志。

王應麟困學紀聞有云：

南塘挽趙忠定公云：「空令考亭老，垂白注離騷。」

周密齊東野語有云：

趙汝愚永州安置，至衡州而卒，朱熹為之注離騷以寄意焉。

此皆以朱子為趙汝愚注離騷也。年譜又云：

韓侂胄逐趙相竄永州。太府寺丞呂祖儉以論救貶韶州。先生自以義不容默，乃草封事數萬言，極陳姦邪蔽主之禍，因以明丞相之寃。子弟諸生更進迭諫，以為必且賈禍，先生不聽。蔡元定入諫，請以蓍決之，遇遯之家人，先生默然，退取奏稿焚之，更號遯翁。

文別集卷一與劉德修有云：

昨大病中奉狀告訣，今未成行，且復宿留，亦可笑也。病中痓，發狂疾，欲舒憤懣，一訴穹蒼。既復自疑，因以易筮之，得遯之家人，為遯尾、好遯之占。遂亟焚稿齰舌，然胸中猶勃勃不能已也。

此見趙汝愚罷相時朱子之心情。「病中痓，而發狂疾」，謂欲草封事極諫也。汝愚罷相在乙卯二月，呂祖儉貶韶州在四月，與劉德修書有「殘暑未衰」之語，則應在八月間。及汝愚竄永州，乃在十一月。其在衡州道中暴卒，則在翌年丙辰之正月。楊楫跋乃云「乙卯，趙公謫死於永，乃釋楚辭」，語未明確。王白田謂楫為門人不見於文集、語錄，然黃勉齋記楊恭老敦義堂云：「吾與通老從遊於夫子之門二十年，通老長於吾十年，而首與之交，相好。」通老，楫字，則楫之為門人有徵。趙汝談南塘與汝愚有素，謂朱子為汝愚注離騷，恐僅是推想之辭，姑以為汝愚引重耳。李果齋年譜不錄楊跋，而云「丞相趙公謫死於永，先生憂時之意屢形於色，因註楚辭以見志」，是謂註楚辭乃為憂時，不專為汝愚，下語較寬，亦於朱子當時作意較切。清四庫館臣為楚辭集註提要，引周密齊東野語一條，謂「是書大旨，在以靈均放逐，寓宗臣之貶，以宋玉招魂，抒故舊之悲，固不必於箋釋音叶之間爭其得失」，是乃以朱子楚辭集註比擬於騷人詞客弄筆墨逞才華者之所為，抑不知朱子雖理學大儒，其於楚辭亦夙所用心，不能於其箋釋音叶方面之貢獻輕輕一筆抹殺也。清代四庫館臣存心對宋儒作譏排，其所雌黃，自不足道。惟論學而必分疆界，立門戶，若曰此為文章，此為道學，而於文章、道學之中又復各有其疆界門戶，互不相通，先樹私意以自蔽。私意之外，盡成敵對。以此論文已不可，何論如朱子平日主張因文見道之意乎！

王氏年譜：

慶元五年己未，朱子年七十，楚辭集註、後語成。

按李、洪年譜舊本，皆以楚辭集註成於乙卯，白田年譜考異以楚辭辨證前題署慶元己未三月，定在此年。然又曰：「集註或成於戊午，而後語、辨證當在其後。」今考文集卷四十四與方伯謨：

韓文欲并外集及順錄作考異，能為圓満此功德否耶？宓子賤，洪慶善楚辭補註中引顏之推說云是「伏」字，濟南伏生即其後也，如何如何。

又一書云：

韓文外集考異，曾帶得歸否？正集者已寫了，近又看楚詞，抄得數卷。大抵世間文字，無不錯誤，可歎也。

此證韓文考異尚未通體寫定，即已從事於楚辭。惟其成書或在戊午，或在己未，則難可確指。今依王譜繫於此年。

語類有曰：

屈原一書，近偶閱之，從頭被人錯解了。自古至今，訛謬相踵，更無一人能破之者，而又為說以增飾之。看來屈原本是一箇忠誠惻怛愛君底人，觀他所作離騷數篇，盡是歸依愛慕不忍捨去懷王之意。所以拳拳反復，不能自已。何嘗有一句是罵懷王，亦不見他有褊躁之心。後來沒出氣處，不奈何，方投河殞命。而今人句句盡解做罵懷王，枉屈說了屈原。只是不曾平心看他語意，所以如此。（一三七）

此條沈僩錄戊午以後所聞。己未春，朱子楚辭集註、後語、辨證成，此條殆正在其初動筆前。朱子著書用力，多在於讀經解經上求聖人立言本意，即以此矯當時之學弊。使當時理學得與古經典孔孟傳統有更緊密更眞切之聯繫與融會，其貢獻實甚大。晚年尤拳拳以此教人。其治楚辭，亦一如其治詩，用力所在，亦只在「平心看他語意」之六字。既曰「何嘗有一語是罵懷王」，又曰「亦不見他有褊躁之心」。此其所體會於楚辭者，亦可謂彌深而彌切矣。

文集卷七十六有楚辭集註序云：

竊嘗論之，原之為人，其志行雖或過於中庸而不可以為法，然皆出於忠君愛國之誠心。原之為書，其辭旨雖或流於跌宕怪神怨懟激發而不可以為訓，然皆生於繾綣惻怛不能自已之至意。雖其不知學於北方以求周公仲尼之道，而獨馳騁於變風變雅之末流，以故醇儒莊士或羞稱之。然使世之放臣屏子，怨妻去婦，抆淚謳吟於下，而所天者幸而聽之，則於彼此之間，天性民彝之善，豈不足以交有所發，而增夫三綱五典之重。此余之所以每有味於其言，而不敢直以詞人之賦視之也。然自原著此詞，至漢未久，而說者已失其趣，如太史公蓋未能免。獨東京王逸章句，與近世洪興祖補註，并行於世。其於訓詁名物之間，則已詳矣。顧王書之所取舍，與其題號離合之間，多可議者，而洪皆不能有所是正。至其大義，則又皆未嘗沉潛反復，嗟嘆詠歌，以尋其文詞指意之所出。而遽欲取喻立說，旁引曲證，以強附於其事之已然。是以或以迂滯而遠於性情，或以迫切而害於義理，使原之所為抑鬱而不得伸於當年者，又晦昧而不見白於後世。余於是益有感焉。疾病呻吟之暇，聊據舊編，粗加檃括，定為集註八卷。庶幾讀者得以見古人於千載之上，而死者可作，又足以知千載之下有知我者，而不恨於來者之不聞也。嗚呼悕矣，是豈易與俗人言哉！

此序評屈子為人，當與前引語類評「屈子何嘗有一句罵懷王」、「亦不見他有褊躁之心」兩語合看，乃見此序朱子評原之下語分寸處。丁巳與蔡季通書有云：「素患難行乎患難，吾人平日講之熟矣。今日正要得力。想為日既久，處之愈安，不以彼此遲速惑其心也。賤迹復掛彈文，繼此須更有行遣，只得靜以俟之。若得在湖嶺之間，庶幾聲聞易通，亦一幸也。」翌年戊午，答李季章有云：「親舊凋零，如蔡季通、呂子約皆死貶所，令人痛心，益無生意。」朱子當時處境與其心情，即此二書可見。今讀其楚辭集註序，性情義理，相通兼得。尤其如「放臣屏子」及「見古人於千載之上」兩節，俯仰今古，彼我死生，眞如一體。就文論心，即心見道，其當時之遭遇，與其內心之所感觸，而斯道即流行昭著乎其間，誠非僅止乎文章之與著述而已也。

又文集同卷楚辭後語目錄序謂：

屈子者，窮而呼天，疾痛而呼父母之詞也。故今所欲取而使繼之者，必其出於幽憂窮蹙怨慕淒涼之意，乃為得其餘韻。至論其等，則又必以無心冥會者為貴。至於終篇，特著張夫子、呂與叔之言。蓋又以告夫游藝之及此者，使知學之有本而反求之，則文章有不足為者矣。

朱子平日論文大旨，固非專務為騷人詞客者所與知。而朱子既謂文章有不足為，而晚年又孳孳為韓文作考異，為楚辭作集註。其自為文章，淵懿淳雅，直造古人之室。此則又為專固於以道學自負者所不能逮。學者必瞭此，乃可以讀朱子之楚辭集註與其後語。其論楚辭之音韻方面者，已見校勘篇，茲不著。

又蔡沈夢奠記：

初六日辛酉，改大學誠意章，令詹淳謄寫，又改數字。又修楚辭一段。午後大瀉，隨入宅室，自是不復能出樓下書院矣。

勉齋行狀止載改大學誠意章為朱子最後絕筆，後人乃不復知有繼改楚辭一段之故實矣。勉齋行狀，舉其大而略其細，其所以告示後人者，固無可議。至蔡沈之夢奠記，乃直記當時實況，亦學者所當知也。

朱子又嘗自言之，曰：

某舊時亦要無所不學，禪、道、文章、楚辭、詩、兵法，事事要學。（一〇四）

此乃述其早年心事，及其歸向理學而一出於正則有之，然非謂歸向理學，遂盡擯諸務於不顧。晚年為韓集考異，又為楚辭集註，亦可證陽明晚年定論之無稽。蓋在朱子意，詩文與道，既已同歸一致，復何有彼此之別。至其最後絕筆，乃是修了楚辭集註中一段，與其改大學誠意章，實亦同時自其心中流出也。讀朱子之書，誠當同時上窺朱子之心。故特為標出於此，以待學者之尋究而玩索焉。

朱子之校勘學

清儒治經，菲薄宋儒，自號曰漢學，以與宋學劃疆界，樹門戶。然余觀朱子治經，其識解之明通，意趣之宏深，既已遠超於清儒之上。清儒自負以校勘、訓詁、考據為能事，然朱子於此諸項，並多精詣，論其成績，亦決不出清儒下。此篇專以校勘為題，為好言漢、宋得失者作箴砭焉。

劉共父、張敬夫據胡文定家傳本刻二程集，朱子貽書辨難，一再往復，累數千言。主要皆論校勘。

文集卷三十七答劉共父有曰：

所論二先生集，愚意不能無疑。若此書是文定所著，即須依文定本為正。今此乃是二先生集，偶出文定家，文定當時亦只是據所傳錄之本，不能保其無訛。今別得善本，復加補綴。文定復生，亦無嫌間。此間所用二本，固不能盡善，但只是平氣虛心，看得義理通處，便當從之。如定性書及明道敍述、上富公與謝帥書中刪卻數十字，及辭官表倒卻次序，易傳改「沿」為

「泝」，祭文改「姪」為「猶子」之類，皆非本文，必是文定刪改。有無甚害者，但亦可惜改卻本文，蓋本文自不害義理故也。有曲為回互而反失事實害義理者。定性書首尾，雖非要切之辭，然明道謂橫渠實父表弟，聞道雖有先後，不應以聞道之故傲其父兄。語錄說二先生與學者語，有不合處，明道則曰更有商量，伊川則直云不是。明道氣象如此，與今所刪之書，氣象類乎不類乎？今如此刪去，不過是減得數十箇閑字，而壞卻一個從容和樂底大體氣象。恐文定亦是偶然一時意思，欲直截發明向上事，更不暇照管此等處，或是當時未見全本，今豈可曲意徇從。向見李先生本，出龜山家，猶雜以游察院之文。比訪得游集，乃知其誤，以白先生。先生歎息曰：「此書所自來，可謂端的，猶有此誤，況其他又可盡信耶？」只此便是虛己從善公平正大之心。本亦不是難事。但今人先着一箇私意橫在肚裏，便見此等事為難及耳。

又卷三十與張欽夫有云：

昨見共父家問，以為二先生集中誤字，老兄以為嘗經文定之手，更不可改。愚意未曉，已作共父書詳論之。

又與張欽夫論程集改字云：

伏蒙垂諭，向論程集之誤，定性書、辭官表兩處，已蒙收錄，其他亦多見納用。然所謂不必改不當改者，反復求之，未能不惑於心。輒復條陳，以丐指喻。所謂不必改者，豈以為文句之間，小小同異，無所繫於義理之得失耶？熹所論出於己意，則用此說可也。今此乃是集諸本而證之，按其舊文，然後刊正，雖或不能一一盡同，亦是類會數說而求其文勢語脈所趨之便。除所謂疑當作某一例之外，未嘗敢妄以意更定也。此其合於先生當日本文無疑。今若有尊敬重正而不敢忽易之心，則當一循其舊，不容復有豪髮苟且遷就於其間，乃為盡善。惟其不爾，故字義迂晦者，必承誤彊說而後通。如遵誤作尊，今便彊說為「尊其所聞」之類是也。語句刓闕者，須以意屬讀然後備。如「嘗食絮羹叱止之」無「皆」字，則不成文之類是也。此等不惟於文字有害，反求諸心，則隱微之間，得無未免於自欺耶？且如吾輩秉筆書事，惟務明白，其肯故舍所宜用之字而更用他字，使人彊說而後通耶？其肯故為刓闕之句，使人屬讀而後備耶？所謂不當改者，書中所喻，沿泝、猶子二說，又不當改之尤者耶？大抵熹之愚意，只是不欲專輒改易前賢文字，稍存謙退敬讓之心耳。若聖賢成書，稍有不愜己意處，便率情奮筆恣行塗改，恐此氣象亦自不佳。雖所改盡善，猶啟末流輕肆自大之弊，況未必盡善乎？伊川先生嘗語學者，病其於己之言有所不合，則置不復思，所以終不能合。今熹觀此等改字處，非特己不之思，又使後人不復得見先生之本文，雖欲思之亦不可得，此其為害，豈不甚哉？以言乎己，則失其恭敬退讓之心。以言乎人，則啟其輕肆妄作之弊。以言乎先生之意，則恐猶有未盡者，而絶人之思。姑無問其所改之得失，而以是三者論之，其不可已曉然矣。熹請復論沿泝、猶子之說以實前議。夫改沿為泝之說，熹亦竊聞之矣。如此曉破，不為無力。然所以不可改者，先生之言垂世已久，此字又無大害義理。若不以文辭害其指意，則只為「沿」字，而以因字、尋字、循字之屬訓之，於文似無所害，而意亦頗寬舒。必欲改為「泝」字，雖不無一至之得，然其氣象卻殊迫急，似有彊探力取之弊。疑先生所以不用此字之意，或出於此。不然，夫豈不知沿、泝之別而有此謬哉？蓋古書沿字，亦不皆為順流而下之字。荀子云「反鉛察之」，注云「鉛與沿同，循也」。惜乎當時莫或疑而扣之，以祛後人之惑。後之疑者又不能闕，而遽改之。是以先生之意終已不明，而舉世之人亦莫之思也。大抵古書有未安處，隨事論著，使人知之，可矣。若遽改之以沒其實，則安知其果無未盡之意耶？漢儒釋經，有欲改易處，但云某當作某，後世猶或非之，況遽改乎？愚竊以為此字決當從舊。若老兄必欲存泝字，則請正文只作沿字，而注其下云：某人云沿當作泝。不則云胡本沿作泝。如此兩存，使讀者知用力之方，改者無專輒之咎。而先生之微音餘韻，後世當有默而識之者。豈不兩全其適，而無所傷乎？「猶子」之稱，以書傳考之，爾雅云：「女子謂兄弟之子為姪」，注引左氏「姪其從姑」以釋之。反復考尋，終不言男子謂兄弟之子為何。以漢書考之，二疏乃今世所謂叔姪，而傳以父子稱之。則是古人直謂之子，雖漢人猶然也。蓋古人淳質，不以為嫌。降及後世，則心有以為不可不辨者，於是假其所以自名於姑者而稱焉。雖非古制，然亦得別嫌明微之意。而伯父叔父與夫所謂姑者，又皆吾父之同氣者，亦何害於親親之義哉！今若欲從古，則直稱子。若且從俗，則伊川、橫渠二先生者皆嘗稱之。伊川嘗言：「禮從宜，使從俗，有大害義理處則須改之」，其言如此，而猶稱姪云者，是必以為無大害於義理故也。若以稱姪為非，而改之為是，亦當存其舊文而附以新意。況本無害理而可遽改之乎？今所改者出於檀弓之文，而彼文止為喪服兄弟之子與己子同，故曰「兄弟之子猶子也」。猶即如也，其義繫於上文，不可殊絕，明矣。平居假借稱之，猶之可也。豈可指為親屬之定名乎？若必欲之，則請亦用前例，正文作姪，注云胡本作猶子，則亦可矣。

上所摘引，見朱子對校勘一事之鄭重。雖一字之異，一名之變，不惜旁稽博證，而其訓詁考據之學之沉深細密，亦即此可見。其由校勘推論及於義理之與心術，尤見大賢之學，本末一貫，宏纖無間，非後世以校勘之業專門名家者所能望其項背也。

語類有一條云：

或問：「姪字本非兄弟之子所當稱。」曰：「然。伊川嘗言之。胡文定家子弟稱猶子。禮，『兄弟之子猶子也』，亦不成稱呼。嘗見文定家將伊川語錄凡家書說姪處皆作猶子，私常怪之。後見他本只作姪字，乃知猶子字文定所改，以伊川嘗非之故也。殊不知伊川雖非之，然未有一字替得，亦且只得從俗。若改為猶子，豈不駭俗。據禮，兄弟之子，當稱從子為是。自曾祖而下三代稱從子。自高祖四世而上稱族子。」（八五）

此條沈僩錄，朱子年六十九、七十。在其晚年，始舉出從子二字為定。大賢之好學不倦，晚而彌進，有如此。朱子以胡文定家改稱猶子為駭俗，今則猶子已成俗稱，不見可駭矣。然必欲正名，則從子從俗可稱姪，不當稱猶子。朱子所持，要為正論。

文續集卷五答羅參議有云：

校書極難，共父刻程集於長沙，欽夫為校，比送得來，乃無板不錯字，方盡寫寄之，不知今改正未也。

朱子平日讀書逐行逐字不忽過之精神，即此可見。南軒朱子並世大儒，於校勘一事，似不如朱子之著意用心，亦見朱子為學精神於當時理學界中之皎然獨特處。

文集卷七十五有謝上蔡語錄後序，云：

熹初得友人括蒼吳任寫本一篇，題曰上蔡先生語錄。後得吳中板本一篇，題曰逍遙先生語錄。陳留江續之作序，云得之先生兄孫少卿伋及天隱之子希元者。二家之書，皆溫陵曾恬天隱所記。最後得胡文定公家寫本二篇於公從子籍溪先生，題曰謝子雅言。凡書四篇，以相參校，胡氏上篇五十五章，記文定公問答，皆他所無有。而提綱挈領，指示學者用力處，亦卓然非他書所及。下篇四十七章，與板本、吳氏本略同，然時有小異。蓋損益曾氏所記，而精約過之。輒因其舊，定著為二篇。且著曾氏本語及吳氏之異同者於其下，以備參考。獨板本所增多猶百餘章，然或失本指，雜他書。其尤者五十餘章，至詆程氏以助佛學。其辭亦不類答問記述之體。意近世學佛者私竊為之，偶出於曾氏雜記異聞之書，而傳者弗深考，遂附之於先生。竊不自知其固陋，輒放而絕之。其餘所謂失本指雜他書甚者，亦頗刊去。而得先生遺語三十餘章，別為一篇。然記錄不精，僅存彷彿，非復前篇比矣。

此則所校不僅字句異同，更有版本出入。其中吳中板本一種，確有來歷，而朱子斷其不可信。乃是校勘而侵入辨僞之範圍也。

文集卷七十七有謝上蔡語錄後記，謂：

熹頃年校定上蔡先生語錄三篇，未及脫稿，或者傳去鋟木於贛上，愚意每遺恨焉。比因閒暇，復為定著此本。因念往時削去板本五十餘章，特以理推，初未嘗有所左驗。後籍溪先生入都，於其學者呂祖謙得江民表辨道錄一篇讀之，則盡向所刪去五十餘章者，首尾次序無一字之差。然後知其為江公所著，而非謝氏之語，益以明白。

前文成於紹興己卯，後文成於乾道戊子，前後相去九年。朱子不以校勘為小事，於此三篇繼續再校，而前之所疑，至是乃得確證。其鑒別之精，固非曰比對異同而止。由校勘而轉入辨僞，此亦學問自有之條貫，固非可曰此為校勘，彼為辨僞，可分裂為不相干之兩事也。宋元學案震澤學案謂王信伯門人陳長方齊之著步里客談，知上蔡語錄中有江民表語，謂當時有鈔上蔡、民表語合為一帙，遂并以為上蔡之書，正與朱子所校相合。

文集卷四十二答胡廣仲，謂：

舊傳太極圖說，皆有謬誤。幸其失於此者，猶或有存於彼，是以向來得以參互考證，改而正之。凡所更改，皆有據依，非出於己意之私也。

此下備論廣仲必以舊圖為據之非，所辨皆涉義理深微，別詳朱子述濂溪篇。朱子之校二程集、上蔡語錄及濂溪太極圖說，工夫皆從精究理學來，而所貢獻於當時及後世之理學界者亦至深且鉅。然則治理學必輕視校勘，抑又何耶？

文集卷三十九答許順之有云：

向者程船來，求語錄本子去刊，因屬令送下邑中，委諸公分校。近得信，卻不送往，只令葉學古就城中獨校，如此成何文字。已再作書答之，再送下覆校，千萬與二丈三友子細校過。但說釋氏處不可上下其手，此是四海九州千年萬歲文字，非一己之私也。

又曰：

承上巳日書，知嘗到城中校書曲折，甚慰甚慰。但且據舊本為定。若顯然謬誤，商量改正，不妨。其有闕誤可疑，無可依據者，寧且存之，以俟後學。切不可以私意輒有更改。蓋前賢指意深遠，容易更改，或失本眞，以誤後來，其罪將有所歸。不可容易，千萬千萬。舊來亦好妄意有所增損，近來或得別本證之，或自思索看破，極有可見笑者。或得朋友指出。所幸當時只是附注其旁，不曾全然塗改耳。亦嘗為人校書，誤以意改一兩處，追之不及，至今以為恨也。

朱子教人校書，必鄭重其事。只由一人獨校，卻云「如此成何文字」，乃必囑五六人子細共校。又必依舊本，遇顯然謬誤處，乃可改正。又必經商量。其可疑而無據者，寧存不改。又獨指出「說釋氏處不可上下其手」者，因順之好佛學，至是始喫肉，朱子就其向來心之所偏而加以提撕警策也。

朱子不僅於當代性理諸書，如是精密用心。其讀古經籍，亦隨時精心校對，一字不苟。文集卷七十有記永嘉儀禮誤字篇，其文曰：

儀禮人所罕讀，難得善本。而鄭注賈疏之外，先儒舊說多不復見。陸氏釋文亦甚疏略。近世永嘉張淳忠甫校定印本，又為一書以識其誤，號為精密。然亦不能無舛謬。若其經首，冠以鄭氏目錄，而其開卷第一板，士冠禮篇中第三行，即云「主人玄冠朝服，則是於天子諸侯之士，朝服皮弁素積」。此「諸侯」二字，按賈疏所載，本在「天子」字上而為句絕。自釋文所引誤倒其文，而此本因之，遂無文理，不復可讀。蓋曰視朝之服，天子皮弁而諸侯朝服，君臣同之。故鄭氏之意，以為此主人玄冠朝服，則是諸侯之士。若天子之士，則當服皮弁素積，與此不同耳。今釋文既誤倒之，張本又襲其誤而不能正，則未知其讀之如何而為句，又如何而為說也。又少牢饋食禮，「日用丁巳」乃戊己之己。故注云：「取其令名，自丁寧，自變改。」蓋本說文「改」字從己從攴，為己有過，攴之則改之義。而下條之注又云：「不得丁亥則己亥亦可用」，其理甚明。而諸本或寫己為辰巳之巳，釋文遂以「祀」音，張氏亦不能覺其誤也。其尤甚者，則如鄉射篇「横而奉之」，「奉」或誤寫作「拳」，而釋文遂以「權」音，每讀令人不覺失笑，

> 張亦不能正而曲從之。推此而言，則其他舛謬計必尚多。病倦不暇細考，姑記此三條以告觀者耳。蜀中石本尤多誤，於此己字三四，乃鑱滅其上體，豈亦疑之而未知所決耶？

篇中列舉陸德明經典釋文之誤凡三，而據鄭注正釋文「丁巳」之巳為己一則，尤見精卓。北宋劉公是七經小傳，亦以此字為辰巳之巳。公是號淵博，尤邃於經，同時廬陵、南豐、臨川皆心折焉。於此不能正，有待朱子之起而改定，洵可謂一字千金矣。清儒盧文弨經典釋文考證亦曰：「此字音紀，舊譌祀，朱子始正之。」此謂釋文本音紀，而後始譌之歟？抑是當音紀，而釋文已誤之歟？謂「朱子始正之」者，謂其正釋文之譌，抑正釋文以下之譌乎？下語不析，似有意為釋文迴護。然終不得不下「朱子始正之」五字。則朱子對此一字之隻眼獨出，其功終不可掩。乃至胡培翬儀禮正義，博引清代諸家說，莫不從戊己之己，顧於朱子始正之功，則滅去不提。一若釋文本音紀而後始譌之，其去盧氏益遠。朱子為學，深博無涯涘，精鋭無不入，其精力之彌滿，興趣之橫溢，據此一字校勘，亦足供後人無窮驚嘆。在朱子並無釋文異本可校，特舉鄭注以正釋文，其事亦已出於一般校勘工夫之上。晚年作韓文考異，此類之例尤多。在韓文考異中又屢言石本不可盡信，此皆不足以驟語夫拘拘於本子異同以為校勘之學者。

元吳師道正傳先生集儀禮經注點校記異後題有云：

儀禮難讀，故讀者少而善本亦少。永嘉張淳忠甫校定，號為精密，朱子猶笑其不能正釋文之謬。故其輯經傳集解，考正文字，詳著條下，幸惠後學大矣。許君益之，點校是書，按據注疏，參以朱子所定，將使學者不患其難。

是元人亦尚知有此事。清人治經號稱精密，乃自蔽於漢宋門戶之見，因以演出此等掩耳盜鈴之伎倆，則誠可笑之尤也。

又文集同卷又有記鄉射疑誤篇，自謂始疑其有誤，而繼知其不然，因遂記之，乃曰：

昔邢子才不喜校書，而曰「日思其誤，更是一適。」劉斯立猶深病之。況此書不誤而人自誤，反謂書誤，而欲妄下雌黃於其間，其得罪於信古闕疑之君子，當如何耶？

從事校勘者，心習所至，每易於好覓書中誤處，此大害事。信古闕疑，乃從事校勘者所必具之心德。前引答許順之書可互看。此等皆諄諄而道，所道則全是理學家言。義理之學本徧及一切處，固當隨事而見。校勘一業，亦為義理所攝，必培養心德，乃始可以善其事。朱子平日格物窮理之教所以為廣大而精微也。

又文集卷三十三答呂伯恭有云：

小本易傳，尚多誤字，已令兒子具稟。大本校讎，不為不精，尚亦有闕誤。掃塵之喻信然。能喻使改之為幸。聞又刻春秋胡傳，更喻使精校為佳。大抵須兩人互讎乃審耳。兩人一誦一聽看，如此一過，又易置之。

東萊、南軒、朱子一時稱三先生。然東萊、南軒於校勘，似皆不能如朱子之重視。實則校勘特讀書不苟之餘事。後人乃有即以校勘為讀書者，此則斷非朱子重視校勘之意。兩人互讎正是古法。顧亭林讀書頗效用之。亭林亦善讀書不苟者也。

語類又曰：

婺州易傳，「聖」字亦誤用王氏說。「聖」字從「壬」，不當從「王」。（六七）

此則雖屬一字體筆劃之異，亦不忽過。

又文集卷四十九答滕德章有云：

熹衰病益侵，無足言者。鄉在彼刊得四經四子，當時校勘自謂甚子細，今觀其間乃猶有誤字。

今不能盡記，或因過目，遇有此類，幸令匠人隨手改正。

此書已在晚年，僞學呼聲已起，猶憾刊書有誤字，不忘叮嚀囑託，大賢用心如此。

又文集卷四十五答楊子直有云：

夏小正文已編入禮書，但所見數本，率多舛誤，所示未暇參考，少俟功夫，仔細校畢，即納還。

此書在朱子卒前十二日。可見朱子每讀一書，必同時數本參校，此種精神至老勿衰。校勘雖小業，然乃大賢心德一種敦篤表露也。

朱子讀書，不僅於當時理學新著及古經籍用心如此。即讀他書，亦在在見其一字不苟之精神。

文集卷三十七答程泰之有云：

病中得窺易老新書之祕，有以見立言之指，深遠奧博，非先儒思慮所及矣。尚以道中籃輿搖兀，神思昏憒，未容盡究底蘊。獨記舊讀「儼若容」，止作「容」字，而蘇黃門亦解為修容不惰之意。嘗疑此或非老子意。後見一相書引此，乃以「容」字為「客」字，於是釋然知老子此七句而三協韻，以「客」韻「釋」，脗若符契。又此凡言若某者，皆有事物之實。所謂「客」者，亦曰不敢為主而無與於事，故其容儼然耳。近見溫公注本亦作「容」字，竊意古本必更有可考者。

此辨老子書中一字異同。子由、溫公皆前世名儒，其本皆作「容」，而朱子獨疑其與老子本義有不合。乃取某一相書所引，謂宜作「客」。蓋儼然為容，則非老子尸居淵默之教矣。曰若客，則不為主之義，與老子之教為近。然此僅就義定，又必求為之證。一則老子本章皆用韻，客與釋為韻，一也。二則老子本章若字下皆用名字，賓客之客是一名，若容字解作修容，修容非一名，與本章文例不合，二也。得此二本證，則可以不煩更考古籍旁證。而朱子此處，乃得之行道籃輿之中。大賢用心精熟，無微不至，其為不可及，誠遠矣哉。

語類又云：

「天下有道，卻走馬以糞車」是一句，謂以走馬載糞車也。頃在江西，見有所謂糞車者，方曉此語。（一二五）

此條沈僩錄，乃朱子晚年語。有一附注云：

今本無「車」字，不知先生所見何本。

吳澄注老子「糞」下有「車」字，以張衡東京賦「卻走馬以糞車」為證。今老子諸本皆脫此「車」字，吳澄必見語類此條，乃又自證之以張衡之賦也。張賦中此語必本老子可知。此處為老子校補一字，亦可謂是古今獨出。

文集卷八十二有書楚辭協韻後一篇，其文曰：

始予得黃叔垕父所定楚辭協韻而愛之，以寄漳守傅景仁，為刻版置公帑。未幾，予來代景仁。景仁為予言：「大招昭、遽同韻，此謂遽當為遭，似矣。然嘗讀王岐公集銘詩中用遽字，正入昭韻，則大招之遽自不當改。然又疑其或反是承襲此篇之誤。因考漢書敘傳，則有符與昭韻者（高惠功臣侯表），區與驕韻者（西南夷兩粵傳）。乃知大招本文誠不為誤，而岐公用韻，其考之亦詳也。」予按諸書，信如景仁之言。蓋字之從豦聲者，噱臄醵平讀音皆為彊。然則大招之遽，當自彊而為喬，乃得其讀。於是即其版本復刊正之，使覽者無疑焉。

此文在紹熙庚戌十月，朱子年六十一。其夏四月至漳州。為校正一字之微，博采人善，又加追搜，其不苟之精神有如此。

同卷又有再跋楚辭叶韻一篇謂：

> 楚辭叶韻，九章所謂「將寓未詳」者，當時黃君蓋用古杭本及晁氏本讀之，故於此不得其說。近見閣皁道士甘夢淑說，「寓」乃「當」字之誤。因亟考之，則黃長睿、洪慶善本果皆作「當」。以文義音韻言之，二家之本為是。杭本未校，舛誤最多，宜不足怪。獨晁氏自謂深於騷者，顧亦因襲其謬，不能有所是正。若此類者，尚多有之。然則其所用力，不過更易序引，增廣篇帙，以飾其外。而於是書之實，初未嘗有所發明也。近世之言刪述者例如此，不但晁氏而已。予於此編，實嘗助其吟諷，今乃自媿其眩於名實而考之不詳也。

朱子日常吟諷楚辭，乃用晁補之本。晚年為楚辭後語，亦有取於晁書。乃因發見其校刊未精，遂謂其徒飾於外，而於楚辭之實未有發明。校勘工夫，則正是求之於實也。因於一字之異，偶聽一道士言，即偏繙他本，定其為是，亦可與讀相書而校老子一節媲美齊舉。

又有題屈原天問後謂：

> 此書多不可曉處，不可強通。亦有顯然謬誤，讀者不覺又從而妄為之說者。如「啟棘賓商，九

辨九歌」，此乃字以篆文相似而誤。「棘」當作「夢」，「商」當作「天」。言啟夢上賓於天，而得此二樂以歸。如列子、史記所載周穆王、秦穆公、趙簡子等事爾。若山海經云：「夏后上三嬪于天，得九辨九歌以下」，則是當時此書別本「賓」字亦誤作「嬪」，然「商」字猶作「天」字，則可驗矣。柳子厚「貿嬪」之云，乃為山海經所誤。

又曰：

嘗疑山海經與此書相出入處，皆是並緣此書而作。今說者反謂此書為出於彼，而引彼為說，誤矣。若淮南子則明是此書之訓傳亡疑。然未必有所傳聞，只是傅會說合耳。

「啟棘賓商」四字，自王逸至洪興祖諸本皆同，無異字可校。朱子乃旁證之於山海經，知「商」字應為「天」字。又博考之於列子、史記所載周穆王、秦穆公、趙簡子諸故事，又知山海經「嬪」字之訛。是乃所謂無本證而覓旁證，亦已由校勘逸入考據範圍。語類有林夔孫記一條（一三九），與此略同，不再引。夔孫記在丁巳朱子年六十八以後，可證朱子之怡情校勘，至老不衰。

林錄又云：

陶淵明詩，「形夭無千歲」，曾氏考山海經云：當作「形夭舞干戚」。看來是如此。（一三九）

又一條云：

「形夭無千歲」，改作「形夭舞干戚」，山海經分明如此。向薌林家藏邵康節親寫陶詩一冊，作「形夭無千歲」，周丞相跋尾，以康節手書為據。向家子弟携來求跋，某細看亦不是康節親筆，疑熙豐以後人寫，蓋贋本也。康節死在熙寧二、三年間，而詩中避「畜」字諱，則當是熙寧以後書。然筆畫嫩弱，非老人筆也。又不欲破其前說，遂還之。（一四〇）

此條吳雉記，應在紹熙三年壬子，朱子年六十三，在其引山海經校天問前，或是因彼以及此也。

語類又曰：

杜詩最多誤字，蔡興宗正異固好，而未盡。某嘗欲廣之，作杜詩考異，竟未暇也。如「風吹蒼江樹，雨洒石壁來」，「樹」字無意思，當作「去」字無疑。「去」字對「來」字。又如蜀有「漏天」，以其西北陰盛常雨，如天之漏也。故杜詩云：「鼓角漏天東。」後人不曉其義，遂改「漏」字為「滿」。似此類極多。（一四〇）

此條亦吳雉記，與跋方校韓文同時。朱子因方校而有意為韓文作考異，亦猶因蔡正而有意為杜詩考異也。此條所舉兩例，似皆未有他證，而特以意定之。韓集考異中類此例者不少。此皆治校勘者所忌，非如朱子之學養，不得到此境界。然朱子既為韓文考異，而杜詩則缺，此因事在晚年，無法兼成此兩業，亦以其平時用力於韓集者更深耳。校勘雖小節，亦豈易為。

語類又云：

退之送陳彤秀才序，多一「不」字，舊嘗疑之，只看過了。後見謝子暢家本，乃後山傳歐陽本，圈了此「不」字。（一三九）

此條詳見文集卷八十三跋方季申所校韓文篇中。朱子初見謝本，乃在紹興乙亥，年二十六。下距為考異當四十年前後，亦可見朱子於韓集之功深。

又曰：

孔明出師表，文選與三國志所載，字多不同，互有得失。（一三六）

此見朱子治文讀史，皆尚校勘。此皆讀書不苟，非以校勘為務也。

又論蘇東坡赤壁賦有云：

「『盈虛者如代』，『代』字今多誤作『彼』字，『而吾與子之所共食』，『食』字多誤作『樂』字。嘗見東坡手寫本，皆作代字、食字。頃年蘇季眞刻東坡文集，嘗見問食字之義，答之云：『如食邑之食，猶言享也。』今浙間陂塘之民，謂之食利民戶，亦此意。」又云：「碑本後赤壁賦『夢二道士』，二字當作『一』字，疑筆誤。」（一三〇）

此條沈僩記戊午以後所聞，已屬朱子六十九、七十時。雖北宋人文章，如東坡為人，乃為朱子所輕，而於其文一字不輕放過。其校韓文，亦屢舉碑文有不足信者，此處亦其一例。

語類又云：

「形民之力而無醉飽之心」，左傳作「形」字，解者胡說。今家語作「刑民」，注云：「傷也」，極分曉。蓋言傷民之力以為養，而無饜足之心也。又如禮記中說「耆欲將至，有開必先」。家語作「有物將至，其兆必先」為是。蓋有字似耆字，物字似欲字，其字似有字，兆字篆文似開字之門，必誤無疑。今欲作「有開」解亦可，但無意思爾。王肅所引證也有好處。後漢鄭玄與

王肅之學互相詆訾。王肅固多非是，然亦有考援得好處。（八三）

此條亦沈僴記。知朱子晚年，不忘校勘夙好。引家語校左傳、戴禮異字，而戴禮一則關係尤大。朱子殊推鄭君，於王肅不甚重視，於家語尤少稱揚。此條備見大賢用心持平，固無往而不見其卓絕。

問中庸第二十章。曰：「前輩多是逐段解去，某疑只是一章。後又讀家語，方知是孔子一時間所說。」（六四）

又曰：

中庸「哀公問政」章，舊時只零碎解。某自初讀時，只覺都接續說去，遂作一段看，始覺貫穿。後因看家語，乃知是本來只一段也。（六四）

此以家語校中庸之篇章。文集卷三十三答呂伯恭書中，亦引此意。卷三十一答張敬夫，亦論此事，謂：

所引家語，只是證明中庸章句，要見自「哀公問政」至「擇善固執」處，只是一時之語耳。於義理指歸初無所害，似不必如此力加排斥也。大率觀書，但當虛心平氣，以徐觀義理之所在。如其可取，雖世俗庸人之言有所不廢。如有可疑，雖或傳以為聖賢之言，亦須更加審擇。自然意味平和，道理明白。腳踏實地，動有據依。無籠罩自欺之患。且不知此章既不以家語為證，其章句之分，當復如何為定。家語固有駁雜處，然其間亦豈無一言之得耶？一概如此立論，深恐終啟學者好高自大之弊，願明者熟察之。

南軒來書，欲以明道為法，讀書戒泛濫，朱子復之如此。此乃朱子讀書法。北宋如明道，同時如南軒，皆所不然。象山則譏為支離。然讀書疎簡，高言義理，易入空談。此書謂雖世俗庸人之言有所不廢，雖聖賢之言亦須更加審擇，此其意度之寬，與夫其用心之密，為何如耶？此等處，正是朱子與當時一般理學家相異處。

語類又曰：

李善注文選，其中多有韓詩章句，常欲寫出。「易直子諒」，韓詩作「慈良」。（八〇）

此條又自校勘駸駸逸入輯逸之範圍。此乃李方子錄戊申朱子年五十九以後語，亦已入晚年境界。

朱子又為參同契考異，亦在晚年，用力亦甚勤。與修禮書，校韓文，注楚辭，約略為同時期工作。文集卷八十四有書周易參同契考異後一篇，文云：

魏伯陽，後漢人，篇題蓋放緯書之目。詞韻皆古，奥雅難通。讀者淺聞，妄輒更改。故比他書尤多舛誤。今合諸本更相讎正，其間尚多疑晦，未能盡祛。姑據所知，寫成定本。其諸同異，因悉存之，以備參訂云。

文續集答蔡伯靜諸書，屢及參同契考異工作，其一書云：

參同契考異，方寫得了，亦未暇再看過。今納去，幷附此中寫本一册，袁本一册，濟本二册，煩逐一對過。有合改處，並貼出，子細批註寄來。容再看修定，方可寫白刊行。丘本不甚佳，然豈相類，篇首卻得删了四字，遂可讀。改得一字，遂叶韻。亦不為無助。可試檢看。以此知讀書不可不博考也。

又一書云：

參同契考異，今已附納，其間合改定處，各已標注其上矣。鼎器歌中七聚，聚一作竅，恐合改竅為正，而以聚為一作，不知如何，可更審之。

朱子於此等著作，必覓助手，如韓文考異有方伯謨，此書有蔡伯靜是也。文集卷六十一答曾景建有云：

參同舊本，深荷錄示，已令蔡伯靜點對，附刻新本之後矣。但龍虎經卻是取法參同，亦有不曉其本語而妄為模倣處，如論乾坤二用，周流六虛處，可見疎脫。

是朱子考參同契，亦是合諸本更相讎正，新本之後又有附刻，審細不苟，眞是獅子搏繡球，亦用全力也。至以參同契與龍虎經相校，而知後者之僞，是又從校勘遂入辨僞之一例。

至其晚年韓文考異之撰著，則為朱子平生從事校勘最大之成績，實開出後來校勘學上無窮法門，堪稱超前絕後。文集卷八十三跋方季申所校韓文云：

余自少喜讀韓文，常病世無善本，每欲精校一通以廣流布，而未暇也。今觀方季申此本，讎正精密，辨訂詳博，其用力勤矣。但舉正之篇所立四例，頗有自相矛盾者。又不盡著諸本同異，為未盡善。此等書，前人為之已有成例。若大書本文於上，而用顏監漢書法悉注眾本之同異於其下，因考其是非以見定從今本之意。則讀者有以曉然知眾本之得失，而益信吾書之取舍不誣矣。萬一考訂或有未盡，取舍不無小差，亦得尚存他本別字，不遂泯沒，以待後之君子，尤久遠之慮也。又季申所謂謝本，則紹興甲戌乙亥之間，余官溫陵，謝公弟如晦之子景英為舶司屬官，嘗於其几間見之。蓋用天臺印本，剪裂粘綴，依陳后山本別為次序，而卷首款以「建炎奉使」之印。因讀其送陳秀才序一篇「則何不信之有」句內，輒用丹筆圍去不字。初甚駭之，再加尋繹，乃知必去此字，然後一篇首見始復貫通。蓋傳襲之誤久矣。讀者雖亦微覺其硋，而未暇深究也。常竊識之，以驗他本，皆不其然。此本雖精，亦復不見，豈季申讀時，便文縱口，尚不免小有遺脫？將所見者非其眞本先傳，校者已失此字也耶？

此文上半，乃論校勘學之主要規矩。下半尤值注意。此文成在紹熙壬子，朱子年六十三，下距慶元丁巳考異成書尚五年。而謂初見謝本在紹興甲戌、乙亥間，時朱子年二十五六，官同安主簿。文集卷七十七泉州同安縣學官書後記，謂：

紹興二十五年春正月，熹以檄書白事大都督府廷中，因得撫府所有書以歸。

其見謝本韓集，正在此時。下距跋方校韓文，前後已三十六、七年。距其考異成書，則四十二年矣。為見謝本韓集一字之差，往來在心，徧驗凡所能見之本，皆較謝本多此一字，而方校亦復如此，故於此特加提及。及為考異，乃不顧眾本之皆同，獨取一本之孤異。非具甚深識力，豈敢出此。而朱子之為韓文考異，其發心積意，遠自四十年以前，亦豈一旦乘興之所能遽成乎？此尤學者所宜體玩也。

又文續集卷四答劉晦伯有云：

所喻南安韓文，久已得之，舛訛殊甚。蓋方季申尊信閣本及舊本，反將後來諸家所校定者妄行改易。世俗傳訛，競稱善本，誤人多矣。昨為考異一書，專為此本發也。近日潮州取去，隱其名以鏤板，異時自當見之。今不必寄來，但細讀數篇，便見紕繆矣。

是朱子為韓文考異，特因方本激發，非僅就方本加潤飾也。然訂其謬，不沒其善，跋文終稱其「讎正精密，辨訂詳博」。後人讀考異，乃必連想及於方本。此亦大賢著書虛己從善，公平正大之心德，及其謙退敬讓之意之無所往而不在，亦無往而不得其自然之流露。從事校勘者，尤必深明此旨，庶可希冀於心術隱微之少病也。

文集卷四十四與方伯謨：

韓文考異，以國子監版本為主。而注其同異，如云某本某作某。辨其是非，如云今按云云。斷其取舍，從監本者已定，則云某本非是。諸別本各異，則云皆非是。未定，則各加疑字。別本者已定，則云定當從某本。未定，則云且當從某本。或監本別本皆可疑，則云當闕，或云未詳。其不足辨者，略注而已，不必辨而斷也。考異須如此方有條理，幸更詳之。

此朱子以最先欲為考異之體例告伯謨，囑伯謨任其最先初稿之工作也。

又一書云：

韓文考異已寫成未？如無人寫，可懇元善轉借一二筆吏速寫以來，只有此一事，稍稍趨時，不可緩也。

又一書云：

韓考煩早為幷手寫來，便付此人尤幸。

又一書云：

韓考已領，今早遣去者，更煩詳閲籤示。

據此，知伯謨於韓考實任其最先之初稿。

又一書云：

韓考所訂皆甚善。比亦別修得一例，稍分明。五夫人到日，能略過此少款一二日爲幸。勿以徒御爲憂，白飰青芻不難辦。兼更欲有所叩耳。

又一書云：

韓考已從頭整頓一過，今且附去十卷，更煩爲看，籤出疑誤處，附來換下卷。但鄙意更欲俟審定所當從之正字後，卻修過，以今定本爲主，而注諸本之得失於下，則方本自在其間。亦不妨有所辨論，而體面正當，不見排抵顯然之迹。但今未暇，緣其間有未甚定處，須更子細爲難也。

此知伯謨繕其初稿，再經朱子之整頓。

又一書云：

> 韓文欲并外集及順錄作考異，能為圓滿此功德否耶？

是欲加外集及順錄，仍煩伯謨先為初稿也。朱子著述，有與人合成者，如近思錄之與呂東萊。有指示大意，囑付一人為之者，如書集傳之付蔡沈。有總其綱領，而分與眾手成之者，如通鑑綱目之與儀禮經傳通解。有親任其要，而由他人先寫初稿者，如韓文考異之有方伯謨。至如論孟集注、學庸章句之類，則所謂游夏之徒不能贊一辭也。

方伯謨見宋元學案滄洲諸儒。又見王梓材、馮雲濠補遺。既見朱子，即棄舉子業。紹熙間，朱子門人有至行在者，公卿延致恐後，伯謨聞之，曰：「異時必為學者禍。」未幾，偽禁果作。又嘗勸朱子少著書，以朱子教人讀集注為未然。朱子與黃勉齋書曰：「伯謨不幸，未去時亦安靜明了，但可惜後來廢學，身後但有詩數篇耳。」其廢學殆亦有感於偽禁，然亦不過一二年間事耳。王應麟困學紀聞云：「方伯謨，文公高弟，其言曰：『老子之言，蓋有所激，生於衰周，不得不然。』又曰：『釋氏固夷，至於立志堅決，吾亦有取焉。』」似皆為偽禁發。其集曰遠菴，其卒在慶元五年己未，見渭南文集。先朱子卒一年。伯謨事可考者大略如是。伯謨與朱子居相近，從遊亦久。文集朱子與書凡二十四通，而語類不見其姓氏。余因其於韓集考異實有初步纂繕之功，故略考其言行附此。

文集卷七十六有韓文考異序及書韓文考異前兩文，其序曰：

韓子之為文，雖以力去陳言為務，而又必以文從字順各識其職為貴。讀者或未得此權度，則其文理意義，正自有未易言者。

其書考異前云：

悉考眾本之同異，而一以文勢義理及他書之可驗者決之。苟是矣，則雖民間近出小本不敢違。有所未安，則雖官本、古本、石本不敢信。

此可見朱子為韓文考異之大略經過，及其用力所在。至考異內容，當另篇別見。

又文集卷七十五有禘正書序，文曰：

禘正書三卷，唐陳昌晦撰，凡四十九篇。熹所校定，可繕寫。書雜晚唐偶儷之體，而時出奇澀，殆難以句讀。相傳寖久，又多譌謬。無善本可相參校，特以意私定其一二，而其不可知者蓋闕焉。

此在同安時，實朱子早年從事校勘之第一書。無別本參校，以意私定，此若犯校勘之大忌，然亦見校勘之能事。今未見其書，無可細論。然此下朱子校勘，無他本相校而自出私意之例亦屢見，大賢開手，即已不凡，此亦不可不識。

復有廣義之校勘，所當附此闡說者。文集卷七十一考歐陽文忠公事蹟，謂：

余讀廬陵歐文新本，觀其附錄，所載行狀、謚議二刻四傳，皆以先後為次，而此事蹟者獨居其後。豈以公諸子之所為，而不敢以先於韓、吳諸公及一二史臣之作耶？此其用意已精而為法亦嚴矣。然綜其實，則事蹟云者，正行狀之底本，而碑志四傳所由出也。向使直指先後之次，而以冠於附錄之篇，則彼數書者，皆可見其因革損益之次第矣。間又從鄉人李氏得書一篇，凡十六條，皆記公事，大略與此篇相出入，疑即其初定之草稿。顧其標題，乃謂公所自記，而凡公字皆以丹筆圈之，此則雖未必然，然於此本亦有可相發明者。因略考其異同有無之互見者，具列於左方。

此下列十六事，一一詳論。又綜述之曰：

右凡十六條。其十二條，定本有之，而詳略先後或不同。其四條，則定本所無，而李本有之。其中三事，尤非小補。蓋公平生學問根源，出處大致，言行本末，皆已略見於此而無遺矣。獨晚年守青州時，論執青苗一事，尤足以見其剛毅大節，始終一致，不以既老而少衰。而公之諸子，乃有所避而不敢書。（此下詳列各書對此事之有無詳略。）蓋此一事，凡更六人之手，而三書闕焉。幸其有肯書者，然猶歷三手，越百餘年，而後首末得以粗備。然則士之制行，不苟合於當時，而有待於後世者，豈不難哉！抑公之言曰：「後世苟不公，至今無聖賢。」蓋俗情之愛惡，雖有短長，而公論之光明，終不泯沒。此古之君子，所以未能以此而易彼也歟！

朱子於歐陽文忠，兼擅經史文章之學，約略相彷。而其興趣之寬博，亦復近似。故朱子於北宋諸賢，尤於歐陽文忠致拳拳也。此篇就原史料排比先後，考覈異同，尤於其詳略隱顯之間，推論各項史料後面之心理背景以及時代情態，而綜合以見其平生學問根源，出處大致，言行本末諸大節。觀此篇，可以想見朱子史學造詣之淵深。若使秉筆為史，亦必為一代大史家，如歐陽、司馬之比。而其所從用力處，實為一種考據，而亦仍有一套校勘工夫作底。其所校勘，乃以求史實，而主要更在發揮義理。然則校勘雖小業，於義理、經術、史學、文章靡不有其相關互涉之處。後人僅知從事校勘，又何能望其津涯，而窺其底蘊。故知為學必務本原，必通大體。若僅以校勘為校勘，考據為考據，而謂朱子亦復從事於此矣，則既非朱子重視校勘考據之本意，亦非余草此文之用心所在也。

又按文集卷七十六再定太極通書後序，亦是參校各本異同，會合各家所為墓誌事狀，而考定濂溪之行事及其學術思想之淵源與要旨者，可與此篇互讀。

今讀其文集，如卷三十八答周益公，論范、歐二公心事。卷四十一答程允夫，論程、蘇學行。卷七十讀兩陳諫議遺墨，論荊公之為人與其行政之得失，又辨熙寧日錄之實出荊公之手。與考歐陽文忠事蹟篇，皆屬煌煌巨製。北宋一代人物學術、政事世運，鑑涵犀照，鬚眉畢現，體無遁形。非史識之朗澈閎通，無以臻此。而此諸篇，亦均在校勘考據之間。豈後世學者，徒於故紙堆中，為一字一句，為區區一小節，糜精勞力以為之者之所與知耶？

又文集卷八十三跋王荊公進鄴侯遺事奏稿，謂「先君子少喜學荊公書，晚得此稿，以校集本，小有不同。」朱子乃據熙寧奏對日錄而推論其意。此亦一小節，要見大賢興趣之無不貫注，識議之無不創卓。謂道學不當留情校勘者固非，謂校勘考據即可自成一業以與道學相抗衡，則又非之尤非也。

朱子注意於古籍之校勘考據、訓詁解釋，既已分別散見。茲復摘錄其關於論古書中音韻方面者。語類有曰：

凡彖辭、象辭皆押韻。（六七）

禮記、荀、莊，有韻處多。龔實之云：「嘗官於泉，一日問陳宜中云：『古詩有平仄否？』陳

云：『無平仄。』辨之久不決，遂共往決之於李漢老。李云：『古詩無平仄，只是有音韻。』龔大然之。」（八七）

此見朱子平日博采時人衆說，如涓流之匯歸大海，拳石之積成崇嶺也。

又曰：

曲禮必須別有一書協韻，如弟子職之類。如今篇首「若思」、「定辭」、「民哉」，及「上堂聲必揚」、「入户視必下」，皆是韻。今上下二篇，卻是後人補湊而成，不是全篇做底。「若夫」等處文意都不接。（八七）

此因注意音韻，而連帶及於鏡別源流考覈眞僞也。

問：「詩叶韻有何所據？」曰：「叶韻乃吴才老所作，某又續添減之。」（八〇）

或問：「吴氏叶韻何據？」曰：「他皆有據，泉州有其書，每一字多者引十餘證，少者亦兩三證。他說元初更多，後刪去，姑存此爾。然猶有未盡。」因言：「商頌：『天命降監，下民有嚴。不僭不濫，不敢怠遑。』吴氏云：『嚴字恐是莊字，漢人避諱改作嚴字。』某後來因讀楚辭天問，見嚴字都押入剛字、方字去。又此間鄉音，嚴作戶剛反，乃知嚴字自與皇字叶。又如『兄弟鬩于牆，外禦其侮，每有良朋，烝也無戎。』吳氏復疑侮當作雺以叶戎字，某卻疑古人訓戎為汝，如『以佐戎辟』，『戎雖小子』，則戎、女音或通。後來讀常武詩，有云：『南仲太祖，太師皇父，整我六師，以修我戎。』則與汝叶明矣。」因言：「古之謠諺皆押韻，如夏諺之類。散文亦有押韻者，如曲禮『安民哉』，叶音兹，則與上面思、辭二字叶矣。又如『將上堂，聲必揚，將入戶，視必下』，下叶音護。禮運、孔子閒居亦多押韻。莊子中尤多。至於易彖辭，皆韻語也。」（八〇）

朱子注意古書音韻，乃由吳氏啟發，而其事又與校勘辨僞等工作相通。此等工夫，只及其一，自可相連而及也。

又曰：

吳才老協韻甚詳，然亦有推不去者，某煞尋得，當時不曾記，今皆忘之矣。（八〇）

是朱子之注意古音韻，為時甚早，殆在同安時，已見吳氏書而好之矣。

又曰：

叶韻多用吴才老本，或自以意補入。（八〇）

「古人文章，亦多是叶韻。」因舉王制及老子叶韻處數段。又曰：「周頌多不叶韻，疑自有和底篇相叶。『清廟之瑟，朱絃而疏越，一唱而三歎』，歎即和聲也。」（八〇）

晉人詩惟謝靈運用古韻，如「祐」字協「燭」字之類。唐人惟韓退之、柳子厚、白居易用古韻，如毛穎傳「牙」字、「資」字、「毛」字皆協魚字韻是也。（一四〇）

文集卷六十四答鞏仲至有云：

此嘗編得音考一卷。音謂集古今正音協韻通而為一，考謂考諸本同異幷附其間。只欲別為一卷，附之書後，不必攙入正文之下，礙人眼目，妨人吟諷。但亦未甚詳密。正文有異同，但擇一穩者為定可也。

此因欲校楚辭，而得古田一士人所著補音一卷，朱子謂其亦甚有功，乃又自編此音考，集古今正音協韻通而為一，為此後古音研究之肇始。所考由音韻而旁及校勘，別為一卷附書後，不攙入正文，礙人眼目，妨人吟諷，此則不欲以校勘考訂礙及玩味文學本身之興趣也。

此前一書有云：

大明詩「林」與「興」叶，古韻有此例。然在今日，卻恐不無訛謬之嫌。林與興叶亦是秦語，以興為韻，乃其方言，終非音韻之正。今蜀人語猶如此，蓋多用鼻音也。

此則以古韻推論及於方言，謂其終非音韻之正，尤為通方之見。非比惟古是泥也。

語類有云：

詩之音韻，是自然如此，這箇與天通。古人音韻寬，後人分得密後，隔開了。離騷注中發兩箇例在前：「朕皇考曰伯庸」，「庚寅吾以降（洪）」；「又重之以修能（耐）」，「紉秋蘭以為佩」。後人不曉，卻謂只此兩韻如此。某有楚詞叶韻，作子厚名字，刻在漳州。（八〇）

朱子古音韻之學，啟自吳才老，而所獲已遠超才老之上。如此條「古人音韻寬，後人分得密後隔開了」兩語，實開此下門戶。自顧亭林音學五書下逮乾嘉，音韻之學，蔚為大國。亭林治學上承朱子，是朱子音韻之學雖於其當身未有絕大發展，而其影響後世者亦至巨矣。漳州刻楚辭協韻，上見校勘篇。因朱子論音韻，與其論校勘者關繫較密，故又以論音韻者附此。

附朱子韓文考異

朱子曠代巨儒，其學所涉，博大精深，古今無匹儔。以理學名高，其餘遂為所掩。即其詩文，亦巍然一世宗匠。其整理文學古籍，平生有三書。四十四歲成詩集傳，六十八歲成韓文考異，七十歲成楚辭集注。即就文學史言，三書成績，已可卓然不朽。惟其詩與楚辭兩種，既已膾炙人口，傳誦迄今弗衰。而韓文考異獨少為人稱道。然自有韓文，歷四百年，考異出而始勒成為定本。自有考異，迄今又近八百年，誦習韓文者莫不遵用，更少重定。蓋後儒於朱子詩、楚辭尚有諍辯，獨考異無間然。既羣相遵守，遂乃視若固然，而聲光轉闇也。茲篇特於考異獨加發揮，俾前儒用心，重此展顯，而承學之士，亦有所取法焉。

清儒標漢學之名，與宋樹異，存心爭雄長。其於訓詁考訂校勘，最號擅場。淺見謏聞者，羣目宋儒為空疏。不悟即論讀書精密，朱子實亦逴然遠越，非清儒可比。校勘雖治學末節，欲精其事，亦非兼深於訓詁考訂者不辦。朱子韓文考異成於晚年，學詣既邃，偶出緒餘，莫非精圓絕倫。雖若僅為校勘之末務，而訓釋之精，考據之密，清儒能事，此書實已兼備。本篇特就校勘一事粗為籀述，指示大例。庶尊宋學者，勿鄙此為玩物喪志，謂為不足厝懷。尚漢學者，亦破其壁壘，闢其戶牖，擴心胸而泯聲氣。知訓詁考訂校勘之業，亦復各有本源。其所得之淺深高下，將胥視其本原以為定。於以通漢宋之囿，袪義理考據門戶之蔽，而兼通並包，一以貫之。此固朱子格物窮理之教之一端。則本篇之作，亦非僅為朱子考異一書作揄揚備鼓吹而已也。

朱子韓文考異乃就方崧卿韓集舉正重加覈訂。崧卿，莆田人，南宋孝宗時，嘗知台州軍事，與朱子同時。其書入四庫。提要稱其書：

所據碑本凡十有七，所據諸家之書，凡唐令狐澄本，南唐保大本，祕閣本，祥符杭本，嘉祐蜀本，謝克家本，李昞本，參以唐趙德文錄，宋白文苑英華，姚鉉唐文粹，參互鈎貫，用力亦勤。

又曰：

自朱子因崧卿是書作韓文考異，盛名所掩，原本遂微。越及元明，幾希泯滅。閻若璩號最博洽，亦未見此本，可稱罕覯之笈。

朱子所以據方本而別有作者，其意備見於考異之序文，其文曰：

此集今世本多不同，惟近歲南安軍所刊方氏校定本，號為精善。別有舉正十卷，論其所以去取之意，又它本之所無也。然其去取，多以祥符杭本、嘉祐蜀本，及李、謝所據館閣本為定。而尤尊館閣本，雖有謬誤，往往曲從。它本雖善，亦棄不錄。至於舉正，則又例多而詞寡，覽者或頗不能曉知。故今輒因其書更為校定。悉考衆本之同異，而一以文勢義理及它書之可證驗者決之。苟是矣，則雖民間近出小本不敢違。有所未安，則雖官本、古本、石本不敢信。又各詳著其所以然者，以為考異十卷。庶幾去取之未善者，覽者得以參伍而筆削焉。

考異亦收四庫，提要云：

其體例，本但摘正文一二字大書，而所考夾註於下，如陸德明經典釋文之例。於全集之外別行。至宋末，王伯大始取而散附句下，以其易於省覽，故流布至今，不復知有朱子之原本。其間譌脫竄亂，頗失本來。此本出自李光地家，乃從朱子門人張洽所校舊本飜雕，最為精善。光地沒後，其版旋佚，故傳本頗少。

此為朱子韓文考異之原本。章實齋校讎通義有朱子韓文考異原本書後一篇，謂：

朱子韓文考異十卷，自王留耕散入韓集正文之下，其原本久失傳矣。康熙中，安溪李厚菴相國得宋槧本於石門書家，重付之梓，校讐字畫，精密綦甚，計字十一萬七千九百有奇。諦審此書，乃知俗本增刪，失舊觀也。

又曰：

古人讀書，不憚委曲繁重，初不近取耳目之便。故傳注訓故，其先皆離經而別自為書。至馬鄭諸儒以傳附經，就經作注，觀覽雖便，而古法乃漸亡矣。至於校讐書籍，則自劉向、揚雄以還，類皆就書是正，未有辨論同異，離本文而別自為書者。郭京周易舉正，自為一書，不以入經，此尊經也，其餘則絕無其例。至宋人校正韓集，如方氏舉正，朱子考異，則用古傳注例，離文別自為書。是皆後人義例之密，過於古人。竊謂校書必當以是為法。刻古人書，亦當取善本校讐之，自為一書，附刻本書之後。俾後之人不憚先後檢閱之繁，而參互審諦，則心思易於精入。所謂一覽而無遺，不如反覆之覈核也。

李光地翻雕宋本韓文考異，今亦甚少流傳。惟商務印書館涵芬樓影印宋刻五百家註音辯韓昌黎先生集，並附考異十卷，亦宋本舊刻。有光緒二十二年丙申黃巖王棻跋一篇，謂：

右晦菴朱侍講先生韓文考異十卷，裝爲八册，皆有祁氏、朱氏、惠氏印。惟首册二卷係補鈔，止惠定宇名字二印。疑祁、朱二家所藏本全，至惠氏而失其首二卷，乃借他本，屬善書者倣鈔，而鈐以己印耳。其書當與五百家註同時所刊，惟每葉十八行，每行十七字，小注則十九字，與五百家註異。蓋本朱子原定行款也。今之學者，未窺許鄭藩籬，輒詆宋儒爲空疏；未入蕭選堂奧，輒呰八家爲塵腐。觀朱子於韓公之文，一字一句，不肯輕易放過，其服膺昌黎，詁訓不苟如此，豈東漢六朝所能駕二公而上之者耶！

又有無錫孫毓修跋云：

考異十卷，猶是朱子原本，未爲王伯大所亂，更是罕見閟籍。自明山陰祁氏後，轉入惠、丁諸氏。卷中亦有竹垞印記，然考曝書亭跋語，則竹垞藏本有論語筆解而無年譜考異，與此本不同。豈朱氏有兩本耶？抑此印爲後人所加耶？

今姑略此諸小節勿論，而涵芬樓此本與李光地翻雕之祖本不同，有可得而辨者。據四庫提要：

李氏翻雕本，乃從朱子門人張洽所校舊本，第一卷末有洽補注一條，稱陪杜侍御遊湘西兩寺詩，「長沙千里平」句，當作「十里」，言親至嶽麓寺見之，方氏及朱子皆未知。又第四卷末，洽補注一條，辨原性一篇唐人實作性原，引楊倞荀子注所載全篇，證方氏舉正不誤，朱子偶未及考。又第七卷末有洽補注一條，辨曹成王碑中「搏力句卒」之義，皆今本所未載。

今按：涵芬樓本首冊二卷係補鈔，卷一末有陪杜侍御遊湘西兩寺張洽補注一條云：

洽嘗至長沙，登嶽麓寺，見相識云：「長沙千里平」，「千」當作「十」，蓋後人誤增丿也。州城方十里，坦然而平。湘西嶽麓寺乃在高處，下視城中，故云：「長沙十里平，勝地猶在險。」寺中道鄉亭觀之信然。此朱先生及方氏所未及，漫誌於此，以備考訂。

卷四卷七無張洽補注。可知涵芬樓本非即張校本，一二兩卷已佚去，所從補鈔者，則是張校本也。又其書除一二卷外尚有殘缺。如卷六二十二頁，當韓集第二十二卷祭田橫墓文，即殘缺半頁。二十二頁之後面，乃二十三頁之後半移前，而二十三頁之後半，則係二十四頁前面重複。此殆書估欲求彌蓋其書篇頁殘缺之跡，乃另覓他本剪黏。而同卷十四頁後半亦與十五頁前半重複。原刻明注：「此篇重了，錯誤，當看後篇。」殆是刻書時原已誤，未加毁板改正，此則更可怪。書估牟利輕率如此，則古刻豈盡屬無誤可貴？即此已是治校勘者眼前一好例。然居今可見朱子當時考異原書者，亦僅此一本矣。

此影本又復多誤字，蓋原本有模糊漫滅處，商務取以影印時，以意妄加描寫，而重以致謁，當據考異別本細校。而今傳考異別本，亦屬影印本，其中仍多臨影描摹，而其謁更甚者。故必相互對校，庶可得考異原書之本眞。

王伯大考異別本亦入四庫，提要云：

伯大字幼學，號留耕，福州人。理宗朝官至端明殿學士，拜參知政事。伯大以朱子韓文考異於本集之外別為卷帙，不便尋覽，乃重為編次。離析考異之文，散入本集各句之下，刻於南劍州。又採洪興祖年譜辨證、樊汝霖年譜註、孫汝聽解、韓醇解、祝充解，為之音釋，附於各篇之末。厥後麻沙書坊以註釋綴於篇末，仍不便檢閲，亦取而散諸句下。蓋伯大改朱子之舊第，坊賈又改伯大之舊第，已全失其初。即卷首題朱文公校昌黎先生集凡例十二條者，亦伯大重編之凡例，非朱子考異之凡例。流俗相傳，執此為朱子之本，實一誤且再誤也。然註附句下，較與文集別行者究屬易觀。自宋以來，經典釋文、史記索隱，均於原書之外別本各行，而監本經史，仍兼行散入句下之本，是即其例矣。

商務四部叢刊用元刊本影行朱文公校韓昌黎先生集，是即四庫提要所謂麻沙坊本，改亂王伯大南劍州本之舊第，一誤而再誤者也。而商務於臨影時，遇字迹漫滅模糊處，又率為鈎摹，更滋譌誤，是為再誤而三誤矣。

章實齋校讐通義有朱崇沐校刊韓文考異書後一篇，謂：

明萬曆中，朱子裔孫崇沐，取王伯大劍本重刻。此本行世最廣，而標名仍稱朱子韓文考異。學者不察，遂以王氏之書為考異也。王氏此書，兼採樊、韓、孫、祝諸家之說，補綴考異之所不逮，良亦有功。其於考異全文，初無改竄，至字句小有異同，或為傳寫之訛。

此為朱子韓文考異之別本。此外復有東雅堂刊韓集所附之節本。四庫提要引陳景雲韓集點勘書後云：

近代吳中徐氏東雅堂刊韓集，用宋末廖瑩中世綵堂本。其註採建安魏仲舉五百家註本為多。復刪節朱子單行考異，散入各條下，皆出瑩中手也。

以上略述考異原本、别本、節本竟，以下略論考異校勘之用意。朱子又自有一長序，備述其所以著考異之意。其言曰：

南安韓文，出莆田方氏，近世號為佳本。予讀之，信然。然猶恨其不盡載諸本同異，而多折衷於三本也。原三本之見信，杭、蜀以舊，閣以官，其信之也則宜。然如歐陽公之言，韓文印本初未必誤，多為校讐者妄改。觀其自言為兒童時，得蜀本韓文於隨州李氏，計其歲月，當在天禧中年，且其書已故弊脱略，則其摹印之日，與祥符杭本蓋未知其孰先孰後，而嘉祐蜀本又其子孫，明矣。然而猶曰：三十年間聞人有善本者，必求而改正之。則固未嘗必以舊本為是而悉從之也。至於祕閣官書，則亦民間所獻，掌故令史所抄，而一時館職所校耳。其所傳者，豈眞作者之手藁？而是正之者，豈盡劉向、揚雄之倫哉？讀者正當擇其文理意義之善者而從之，不當但以地望形勢為重輕也。抑韓子之為文，雖以力去陳言為務，而又必以文從字順各識其職為貴。讀者或未得此權度，則其文理意義，正自有未易言者。是以予於此書，姑考諸本之同異而兼存之，以待覽者之自擇。區區妄意，雖或竊有所疑，而不敢偏有所廢也。

言校勘者首重版本，舊本如今言宋槧元刻之類是也。官本如今言殿版局刻之類是也。而朱子則謂舊本、官本不盡可恃，故必多據異本。此王應麟所謂「監本未必是，建本未必非」。清儒焦循亦云：

「漢學不必不非，宋版不必不誤。」段玉裁亦云：「宋本亦多沿舊，無以勝今本。」此為治校勘學者所不可不知之最先第一義，而朱子固先發之矣。

校勘既不能偏重一本，必多據異本，而校勘之業，亦非僅於羅列異文，便謂可盡其能事。諸本異同之間，必有是非得失。評判其是非得失，則其學已越出校勘之外。故其學非眞能越出於校勘之外者，決不能盡校勘之能事。顧炎武音論自言據詩經通古音之方法，曰：「列本證、旁證二條。本證者，詩自相證也。旁證者，采之他書也。二者俱無，則宛轉以審其音，參伍以諧其韻。」可見考據之學，亦有越出於證據之外者。朱子考異所重，尤重在韓集本文之內證。所謂「擇其文理意義之善者而從之」是也。文理者，字法、句法、章法皆是。字句章節之法變，而文之意義亦隨而變，衡平得失，主要在是。而猶有不盡於是者，則又必深識夫韓氏一集所獨具之風格與個性，乃庶可以憑此權度，而以剖辨其是非得失於微茫疑似之間。就韓氏所自言，則曰「陳言務去」，又曰「文從字順各識職」。此韓氏一集特出所在。故必二者兼盡，乃始可以得韓集之眞是也。抑猶不盡於此。夫曰文理，決非僅盡於文字之理而已。理見於文，由文見理，言文理者，必深入於文中之意義。孟子曰：「說詩者不以文害辭，不以辭害志，以意逆志，是為得之。」必至是而後始可謂能擇其文理意義之善者而從之矣。此又校勘之業之決不盡於校勘，而後始能盡校勘之能事也。

由此言之，校勘之學，固貴於客觀之與材，而尤貴乎主觀之鑒別。鑒別之深淺高下，則不盡憑乎外在之材料，而實更憑乎校者之心智。心智有深淺高下，則一視乎其學養所至，而其事固為學者所不易自知者。是則校勘之學，若有憑，而實無憑。故朱子考異有所主，無所廢，仍必兼存諸本異同，以待後之覽者之更有以自擇。此其至謹至慎，所以為至密至當，而為後之治校勘者所必守之矩矱也。故朱子之校韓集，不僅校勘、訓詁、考據一以貫之，抑考據、義理、文章亦一以貫之矣。此固巨儒之用心，無往而不見其全體之呈露。後之承學之士，當於此悉心而體玩焉者也。

茲試就考異原文，麄舉例證，以見一斑。

校勘必羅舉異文，又必辨其得失，而辨定得失，則多有待於他書之旁證，此易知也。然旁證亦有不可恃。如考異卷二赤藤杖歌，「浮光照手欲把疑」：

諸本同，方獨從蜀本作「照把欲手疑」。云：檀弓有手弓，列子有手劍，史記有手旗，義同此。諸本多誤。

考異云：今按：方說手義固為有據。然諸本云「照手欲把」，則是未把之時光已照手，故欲把而疑之也。今云「照把」，則是已把之矣，又欲手之，而復疑之，何耶？況公之詩衝口而出，自然奇偉，豈必崎嶇偪仄，假此一字而后為工乎？大抵方意專主奇澀，故其所取多類此。

此條方為「欲手」手字覓證，證則是矣，而不悟其不可從也。朱子則細辨於本書之文理意義，不煩覓旁證而是非定。又方意韓文陳言務去，故專從奇澀處求之。不悟雖曰陳言務去，又必文從字順各識職，而後始可得韓文之眞。清儒戴震有言：「學有三難：淹博難，識斷難，精審難。」朱子此條，可見其識斷，並見其精審。方氏一意覓證，是知有淹博，而不知有識斷也。

又如考異卷一赴江陵途中，「親逢道邊死」：

方云：閣本作「道邊死」，而從杭、蜀本作「道死者」。

考異云：今按：古人謂尸為死。左傳「生拘石乞而問白公之死」，漢書「何處求子死」。且古語又有「直如弦，死道邊」之說，韓公蓋兼用之。此乃閣本之善，而方反不從，殊不可曉也。

此條方從杭、蜀本，意謂「道死者」三字語義自明，故不須覓旁證。朱子卻轉覓旁證，定當從閣本。方氏尤尊閣本，雖有謬誤，往往曲從，此處獨否，乃轉失之。可見校勘之學，本於其人學養之深淺，識別之高下，固非僅覓異本，求旁證，即可勝任愉快也。

又仝上，「歸舍不能食，有如魚中鉤」：

「中」或作「挂」。方從蜀本作「出」。云：選文賦：「若遊魚銜鉤而出重淵之深」，公語原此。

（此條「方」字，東雅堂本改作「或」字，失其旨矣。）

考異云：今按：韓公未必用選語，況其語乃魚出淵，非魚出鉤也。不若作「挂」為近。然第五卷送劉師服詩有「魚中鉤」之語，則此「出」字乃是「中」字之誤，而尚存其彷彿耳。今定作「中」。

此條方覓文選旁證而誤其文理。就文當作中，亦可作挂，朱子即於韓集他篇覓本證，而定為中字，又解釋謁文為出之由來，則決然捨「挂」從「中」，更無疑義。

又如考異卷七祭竇司業文，「四十年餘，事如夢中」：

諸本皆如此。方從閣、杭、苑及南唐本作「事半如夢」。云：古夢音平、去聲通。石崇詩：「周公不足夢」，與「可以守至沖」叶。

考異云：今按：「事半如夢」，語意碎澀。不如諸本之渾全而快健。前人誤改，當以重押「中」字之故，不知公詩多不避也。

此條方覓旁證，朱子即就原文比對，又推論前人校者所以誤改之故，則更不須旁證而是非決。王念孫校淮南王書，曾謂：「典籍之誤，半由傳寫誤脫，半由憑意妄改」，是也。

又如考異卷八平淮西碑，「弘，汝其以節都統諸軍」：

「節」下或有「度」字。「諸」，方作「討」。

考異云：今按：前輩有引左傳「討其軍實」為「討軍」之證者，恐未必然。若必作「討」，則秦之罘刻石，自有「遂發討師」之語，而晉官有都督征討諸軍事，皆足為證。不必引左傳，卻不相似也。但公所作韓弘碑，但云「都統諸軍」，則作「討」者為誤矣。不可以偶有旁證，而強引以從之也。

此條見同是尋覓旁證，亦有高下，有貼切不貼切之辨。此等處，正貴學問淹博，識斷精審，而朱子此條，直從韓集他篇尋得本證，則他處縱有旁證，雖若貼切，亦不可從矣。

又如考異卷四游箴，「余少之時，將求多能，蚤夜以孜孜。余今之時，既飽而嬉，蚤夜以無為。嗚呼余乎！其無知乎！」

「余」，方從閣、杭、蜀本作「于」。云：左傳「于民生之不易，于勝之不可保」。杜注：于，曰也。

考異云：今按：方說不為無據，然與所證之文初不相似。況下文有「嗚呼余乎」，則此「于」字皆是「余」字明矣。

此條方氏仍是覓旁證而不貼切，朱子即就原文上下得内證而案定矣。又如考異卷四師說，「聖人無常師，孔子師郯子、萇弘、師襄、老聃。（句絕）郯子之徒，其賢不及孔子」：

方無「孔子師郯子」五字，而讀下六字連下句「郯子之徒」為句。方云：校本一云，郯子下當有「數子」二字，其上當存「孔子師」三字為是。

考異云：今按：孔子見郯子，在適周見萇弘、老聃之前。而「聖人無常師」，本杜氏注問官名語。故此上句既敍孔子所師四人，而再舉「郯子之徒」，則三子在其中矣。方氏知當存「孔子師」字，而不知當并存上郯子二字，乃以下郯子二字屬上句讀之，而疑郯子之下更有「數子」二字，誤矣。

韓氏師說，後世人人習誦，似乎此條所引，文義明白，絕無可疑者。不知在朱子前，其字數句讀無定，勞人如猜謎，有如是之紛紜也。其誤皆由文中郯子一名重出，而校者妄加臆測，奮筆塗竄，遂致莫衷一是。朱子據史事作旁證，定郯子必當列萇弘、師襄、老聃三人之上。又據上下文義，知下文郯子一名重出。而「郯子之徒」四字，實兼萇弘、師襄、老聃三人在内。則一切自定，不煩再有疑辨矣。從知治校勘，既必精熟文理，又須博涉兼通，始能勝任愉快。校勘之業，似易實難，即此一條已可見。然固非僅從字句異同間臆測，所能定其一是也。又知學問之事，眞是一出，則衆疑皆消。而眞是之明白曉暢，事若固然，往往使人忽於獨見此眞是者在當時非有甚深學養不辦。然則輕視校勘之業，謂其微末不足道者，觀於此節，亦可自見其為意氣之偏矣。

又如考異卷五，重答張籍書，「張而不弛，文武不能也」：

「能」字本皆作「為」。方云：考之記，實曰：「張而不弛，文武弗能也。弛而不張，文武不為也。」則此「為」字當作「能」字乃是。但李本云：論衡嘗引此以闢董仲舒不窺園事，正作「為」字。疑公自用論衡，非用戴禮也。

考異云：今按：作「為」無理，必有脫誤。不然，不應舍前漢有理之禮記，而信後漢無理之論衡也。況公明言「記曰」，而無論衡之云。且又安知論衡之不誤哉？今據公本語，依禮記，定作「能」字。

此條尤見校勘之不易。既各本盡作「為」字，又有論衡作旁證，而朱子獨奮改各本，定從「能」字。此非有眞知灼見不辦。今考朱子所定，首從文義論，「張而不弛」，必是不能，非不為。朱子認作不為是無理。識斷精審，實已越出文字義解之外，非僅從事於校勘文字異同者所能企。次則朱子認為本文既明云記曰，則必本戴記，不當轉據論衡，此即就本文得內證也。黃山谷曾言：「退之文，老杜詩，無一字無來處」，正當從此等處審細認取。當知古人名家成學，作文著書，一字不苟。後人讀書校文，亦必一字不苟，庶得古人之眞是。若以粗心浮氣臨之，先不認古人著書有一字不苟者，乃妄憑己臆，恣情騁說。遇己意不可通，遂妄疑古書之多誤。此則尤下於僅知校文字異同者不知幾等矣。朱子又云：且又安知論衡之不誤。此語似大膽。自近人言之，幾所謂蔑視證據，主觀之尤。然當知此等處，非有眞知灼見，萬萬不敢道，抑亦萬萬不宜道。學有高下深淺，此等非淺學所可驟企。清儒校書，往往好援他書，奮改本字。如喜據淮南改莊子，又如援引文選注、太平御覽諸書改所引原書之類，皆是。不知其所援引，豈便無誤？惟苟事校勘，即不免好尋異同。無異同，校勘亦無從下手。故一見他處作異字，校者常不免先存喜心，欣然躍然，若有所獲。此實治校勘者所當先戒之心病。然非學養之深，亦不足以語此。至如各本均作某字，而校者不顧，必為改定，此尤治校勘者首當力戒，不宜輕犯。朱子此條，顧獨以奮改為定，此戴震所謂「空所依傍」，錢大昕所謂「實事求是」，學者當心知其意，而未可輕率效之也。

又如考異卷五賀徐州張僕射白兔書，「四方其有逆亂之臣，未血斧鑕之屬，畏威崩析，歸我乎哉，其事兆矣」：

> 諸本多如此，嘉祐、杭本亦然。方本「之屬」作「其屬」，屬下句，「析」作「拆」，云：漢終軍傳：「野獸幷角，明同本也。眾支內附，示無外也。殆將有解編髮削左衽而蒙化者。」又

王褒講德論：「今南郡獲白虎，偃武興文之應也。獲之者張武，張而猛也。」公言蓋祖此。

考異云：今按：嘉祐諸本「之」、「析」二字，文理分明。方氏但據蜀本，而不復著諸本之同異，其所定又皆誤。蓋「其屬歸我」，事小不足言。不若逆亂之臣歸我之為大而可願也。「崩折」亦不成文。若用論語「分崩離析」之語，則當從木。若用史記「折而入於魏」之語，則當從手。二義皆通。然既有「崩」字，則似本用論語中字也。

此條捨「其」從「之」，就事理而判文理也。捨「拆」從「析」，遵用旁證。而旁證多端，復須取捨決奪。不旁證之於史記，而旁證之以論語。更要者，雖定一是，而仍必兼著諸本之異字，以明我取捨之意，以待讀者之自辨。故考異必先列方說，不掩其所從來，此不僅為治校勘者所必守之大例，亦凡治訓詁考據之學者所應同具之美德也。

又如考異卷六送幽州李端公序，「及郊，司徒公紅帓首，鞾袴，握刀，左右雜佩，弓韔服，矢插房，俯立迎道左」：

方從杭本，「刀」下有「在」字，而讀連下文左字為句。謝本又校作「在右」。

考異云：今按：若如方意，則當云「左握刀，右雜佩」矣。不應云握刀在左，亦不應唯右有佩也。「在」為衍字無疑，杭本誤也。禮疏云：「帶劍之法在左，右手抽之為便」，則刀不當在右，謝本亦非矣。左右雜佩，當自為一句，內則所謂左右佩用者也。

此條清儒姚鼐曾持異議，謂：

此當從杭本作「握刀在左」。蓋握刀者，其佩刀之名。若不連「在左」二字，則真為手持刀而見，無是理也。此雜佩止是戎事之用，如射決之類，與內則之雜佩不同。右有而左無，無害。弓矢亦在右，「右雜佩，弓韔服，矢插房」，九字相連。送鄭尚書序，「左握刀，右屬弓矢」，文正與此同。

姚氏此辨，細按仍不如考異所定為是。握刀佩刀名，此說殊無據。然若不曲說握刀為佩刀之名，則又無解於握刀在左之無此文理也。且握刀亦與持刀有辨。持刀而見，固無是理。若握刀，則握而未抽，不得即認為無理。故姚氏乃不期而曲說握刀為持刀也。姚氏所以於此持異議，為其據本集送鄭尚書序為本證，故疑朱子有誤。然考送鄭尚書序云：「府帥必戎服，左握刀，右屬弓矢，帕首袴韡，迎郊。」考異於此條云當作左握刀，不應云刀在左，實即同據送鄭尚書序文而云。若雜佩如姚說，只指戎事所用，則亦如鄭尚書序文所云，「左握刀，右屬弓矢」，七字已足，何煩添作十三字。今依考異所釋僅十二字，而又添敍出左右雜佩一事，故知姚氏之辨仍非矣。姚氏與朱子同據送鄭尚書序，而所定是非高下顯不同。校勘之事，僅憑異本旁證之未能勝任而愉快，豈不可見乎？

又如考異卷六送陸歙州詩序，「我衣之華兮，我佩之光。陸君之去兮，誰與翱翔」：

諸本如此，方從閣、杭本，光、翔下皆有「兮」字，去下無「兮」字。考異云：今按：古詩賦有句句用韻及語助者，賡歌是也。有隔句用韻及兮，而兮在上句之末，韻在下句之末者，騷經是也。有隔句用韻，而上句不韻不兮，下句押韻有兮者，橘頌之類是也。今此詩，方本若用賡歌之例，則華、光有兮而不韻，其去字一句，又并無也。若用騷經之例，則光、翔當用韻，而不當有兮。華雖可以有兮，而去復不可以無兮也。若用橘頌之例，則下三句為合，而首句不當有兮也。韓公深於騷者，不應如此。蓋方所從之本失之也。今定從諸本，以騷經及賈誼弔屈首章為例。若欲以橘頌為例，則止去方本首句一兮字，尤為簡便。但無此本，不敢以意創耳。

校勘之事，有苟無旁證，則絕不可定者，如此條之例是也。欲覓旁證，則書籍浩如烟海，有可引以證此，復有可他引以證彼者。證既多門，彼此兩歧，苟非本書確有近於某例之內證，則此多歧雜出之旁證，又何從為抉擇從違乎？朱子此條，謂既無此本，不敢以意創，此尤至慎至密，為治校勘者所必知也。

又如考異卷六送高閑上人序，「今閑師浮屠氏，一死生，解外膠」：

諸本作「膠」，方從杭、歐、謝本作「繆」。云：繆，莫侯切，猶綢繆也。莊子：「內韄者不可繆而捉」，義蓋同此。

考異云：今按：膠者黏著之物，而其力之潰敗不黏為解。今以下文「頹墮」、「潰敗」之語反之，當定作「膠」。

此條見旁證之不如內證。方旁證之於莊子。考異證之以本篇下文「頹墮委靡潰敗不可收拾」之語，而定為「膠」字。抑所勝於方者遠矣。

又如考異卷六祭田横墓文，「貞元十一年九月，愈如東京，道出田横墓下」：

「十一年」，諸本或作「十九年」。月下有「十一日」字。「如東京」，或作「東如京」。洪氏曰：東京，洛陽也。公以貞元十一年出長安，至河陽，而後如東都也。十九年秋，則公為御史，是冬即貶陽山，安得以九月出横墓下？唐都長安，亦不得云「東如京」也。方從閣、杭、蜀本作「東如京」，云：田横墓在偃師尸鄉，洛陽東三十里，今公自河陽道横墓下以入洛，故云「東如京」也。

考異云：今按：洪氏作「如東京」，及考歲月皆是。方氏亦以京為洛陽，但據三本必欲作「東如京」為誤耳。今且未須別考他書，只以其所引田橫墓在洛陽東者論之。則自墓下而走洛陽，乃是西向，安得言「東如京」乎？況唐都長安，謂洛陽為東京則可，直謂之京則不可，其理又甚明。若據元和郡國志，則河陽西南至河南府八十里，其大勢亦不得云「東如京」也。此又三本謬誤之一證，故復表而出之。

如方說，原文當作「自東如京」，非「東如京」也。既不當直呼洛陽為京，自河陽往，亦不得云自東往。此之謂不合文理，而方氏之錯斷然矣。校勘之事重內證，有不煩旁考而可定者，如此條之例是也。

又如考異卷八平淮西碑，「皇帝歷問於朝一二臣外」：

或作「外臣」，方從杭、苑無「外」字。（東雅堂本刪「方從」字。）

考異云：今按：此句若作「外臣」，則當時朝臣自以伐蔡為不可，非獨外臣也。若作「一二臣」，則當時舉朝之臣，曾以伐蔡為不可，又非獨一二人也。考之下文，所謂「一二臣同，不為無助」者，又正指武元衡、裴度一二人贊伐蔡之謀者而言。則此乃謂唯一二臣以為可，而其外羣臣，皆以為不可耳。諸本作「外臣」，及無「外」字，皆非是，惟作「臣外」者得之。

此亦不煩旁證，即本文自證而可定。

又如考異卷四伯夷頌，「若至於舉世非之，力行而不惑者，則千百年乃一人而已耳」：

方從杭、粹及范文正公寫本，無「力行」二字，千下有五字，云：自周初至唐貞元末幾二千年，公言千五百年，舉其成也。

考異云：今按：此篇自一家一國以至舉世非之而不惑者，汎說有此三等人，而伯夷之窮天地、亘萬世而不顧，又別是上一等人，不可以此三者論也。前三等人，皆非有所指名，故舉世非之而不顧者，亦難以年數之實論其有無，而且以「千百年」言之，蓋其大約如此耳。今方氏以伯夷當之，已失全篇之大指。至於計其年數，則又捨其幾二千年全數之多，而反促就千五百年奇數之少，其誤益甚矣。方說不通文理，大率類此，不可以不辨。

此條又是不煩再尋旁證，即就文理定之而可者。學者觀於朱子之必向外尋證處，可見朱子讀書之博。遇其不煩向外尋證處，可悟朱子讀書之精。必博與精兼到，而後始可盡校勘之能事，亦即此見矣。

又如考異卷六送李愿歸盤谷序，「隱者之所盤旋，友人李愿居之」：

諸本下皆有「旋」字。洪氏石本、杭本同。或作「桓」。方從樊氏石本、閣、蜀、苑刪去。

諸本及洪氏石本皆作「友」。方云：樊氏石本作「有」。

考異云：今按：校此書者，以印本之不同，而取正於石本。今石本乃又不同如此，則又未知其孰是也。然以理推之，則作「有」者為無理。故今特詳著之，以見所謂石本者之不足信也。

苦於印本多異，而取正於石本，此又從事校勘者所共遵之一術。朱子則謂即石本亦有不可信，貴於以理斷，此豈不如近人所譏，宋儒好言理，為喜憑主觀之確證乎？不悟取證雖多，仍須斷之以理。苟無理以通，而空取多證，則書籍浩瀚，何處不可以覓證？如朱子此等例，實為治校勘者所當細心研玩也。

又同篇，「盤之泉，可濯可沿」：

石、閣、杭本「沿」作「湘」。方從蜀本，云：洪氏以為作「湘」者，石本磨滅，以閣本意之也。然此文自「如往而復」以上，皆二語一韻。以稼叶土，此類固多；以容叶深，以詩七月、易恆卦小象考之，亦合古韻。獨湘不可與泉叶。按公論語筆解，以「浴于沂」作「沿於沂」，政與此沿同義。今只以沿為正。

考異云：今按：方以古韻為據，捨所信之石、杭、閣本，而去「湘」從「沿」，其說當矣。然必以筆解為說，又似太拘。今世所傳筆解，蓋未必韓公本眞也。又按：洪云：「石本在濟源張端家，皆缺裂不全，惟『可濯可湘』一句甚明」，又與方引洪氏磨滅之說不同，不知何故，姑記之以俟知者。然其大歸，只為從「湘」字耳。政使實然，亦不足取也。

校勘考據之學，固貴能得證，然亦有不煩證而可定者。復有多證轉失，反不如少證無證之得者。此非學養功深，於其所援以為證者先有一鑒別之精心，而徒恃多證為貴，則胥不失之矣。如方氏此條，以韓書證韓文，若為有力，而不知論語筆解之未必眞韓書也。朱子又謂正使石本實作「湘」字，亦不足取。此則更非有眞識力眞定見者，難與論此。苟是有眞識力眞定見，則自可不煩多尋外證，亦必不僅恃多證為貴矣。

東雅堂本於此條考異下又云：「或曰：湘字考之說文，云：亨也。詩采蘋：『于以湘之。』從湘為正。」此不知何人語，而列之考異之下，更不加以分別，使讀者誤會亦若考異原文。且詩「湘」訓亨，朱子寧不知？試問即不論韻，「可濯可亨」，成何文理？而淺人妄矜以為創獲。莊子云：「時雨降矣，而猶浸灌。日月出矣，而爝火不息。」學問之事，前人早有定論，而後世浮議横起，如此等者又何限。故終貴於讀者之自具識斷，自為別擇也。

又同篇，「嗟盤之樂兮，樂且無殃」：

「殃」，方從洪校石本作「央」。又云：樊本只作「殃」，然閣、杭、蜀本皆作「央」。王逸注離騷云：「央，盡也，已也。」方又云：此文如叢作蘩，俊作畯，時作旹，皆石本字也。

考異云：今按：作「殃」於義為得。又按：此篇諸校本多從石本，而樊、洪兩石已自不同，未知孰是。其有同者，亦或無理，未可盡信。按歐公集古跋尾云：「盤谷序石本，貞元中所刻，以集本校之，或小不同，疑刻石誤。然以其當時之物，姑存之以為佳玩，其小失，不足校也。」詳公此言，最為通論。近世論者，專以石本為正。如水門記、溪堂詩，予已論之。南海廟、劉統軍碑之類亦然。其繆可考而知也。

歐公、朱子，皆已發石本不可恃之論。直至近代，治校勘者，得一石本，總以為其價值必超刻本之上，則甚矣流俗之難與語也。

又如考異卷四汴州東西水門記，「維汴州，河水自中注。厥初距河為城，其不合者，誕寘聯鎖于河。宵浮晝湛，舟不潛通。然其襟抱虧疏，風氣宣洩，邑居弗寧」：

「湛」或作「沉」。「不」字，方從石本作「用」。

考異云：今按：上下文意，蓋言置鎖雖足以禁舟之潛通，然未免虧疏宣洩之患，故須作水門耳。諸本作「舟不潛通」者是也。今上文既言置鎖，而下文乃云「舟用潛通」，則是鎖為虛設，而其下句亦不應著「然」字矣。若以為誤，則石本乃當時所刻，不應有誤，然亦安知非其書者之誤、刻者之誤？況或非所親見，則又安知非傳者之誤耶？其説之未盡者，又見於溪堂、盤谷等篇，覽者詳之。

朱子校韓文，認為即石本亦有不可恃，此乃治校勘者一甚大議論，故特再三反復鄭重明白言之若是也。

又如考異卷五鄆州谿堂詩序，「惟鄆也，截然中居，四鄰望之，若防之制水，恃以無恐」：

閣、杭、蜀及諸本皆有「四鄰望之」一句，方從石本删去。

考異云：今按文勢及當時事實，皆當有此句。若其無之，則下文所謂「恃以無恐」者，為誰恃之耶？大凡為人作文，而身或在遠，無由親視摹刻，既有脱誤，又以毀之重勞，遂不能改。若此者，蓋親見之，亦非獨古為然也。方氏最信閣、杭、蜀本，雖有謬誤，往往曲從。今此三本，幸皆不誤，而反為石本脱句所奪，甚可笑也。

此條朱子指明石本亦有誤，不可盡從，情事宛然，又出親見，其理殆無可疑矣。朱子考異成書，距今又八百年，治校勘者，獲一石刻出土，必羣認為至寶，謂必可據，此非淺見，則是成心為病難療也。

又如考異卷七李元賓墓銘：「已虖元賓，竟何為哉！竟何為哉！」

考異云：「已虖元賓」，諸本無此再出四字，方從石本。今亦從之。但方又云：上「竟」字石本作「意」，而邵公濟嘗歎其句法之妙，謂「歐公而下，好韓氏學者，皆未之見」，遂從其說，定上字作志意之「意」，下字作究竟之「竟」，則予不識其何說也。竊意若非當時誤刻，即是後來字半磨滅，而讀者不審，遂傳此謬，好事者又從而夸大之，使世之愚而好怪者，遂為所惑，甚可笑也。

此見石本有可從，有不可從。即同在一石，亦當憑文理事理為取捨。而方氏此處之盲從石本，更為無理可笑。又按：上文已兩見「已虖元賓」四字，故此處四字謂是再出也。

又如考異卷四汴州東西水門記，「監軍是咨，司馬是謀」：

諸本及石本，皆有此二句，方從閣本刪去，云：閣本蓋公晚日所定，當從之。

考異云：今詳此二語，疑後人惡「監軍」二字而刪之耳。方氏直謂閣本為公晚年所定，不知何據而云然。以今觀之，其舛誤為最多，疑為初出未校之本，前已辨之詳矣。大抵館閣藏書，不過取之民間，而諸儒略以官課校之耳，豈能一一精善，過於私本？世俗但見其為官本，便尊信之，而不復問其文理之如何，已為可笑。今此乃復造為改定之說，以鉗衆口，則又可笑之甚也。

朱子謂官本未可盡信，未必勝於私本。如此處石本與諸本同，朱子捨官本，取石本，可見石本亦固當遵信，（此亦朱子語）石本仍有勝官本者。惟既諸本互異，則仍當一一斷之以理，不能謂何本之必勝於何本也。

又如考異卷七國子助教河東薛君墓誌銘，「曾祖贈大理卿，祖曰元暉，果州流溪縣丞，贈左散騎常侍」：

方云：此十六字閣、杭、蜀本皆闕，惟監本與石本同。

考異云：今按：方氏所校專據三本，而謂今本皆不足取。今此數字，乃三本所無而今有者，若非偶有石本，則必以為後人校增而不之信矣。故知今本與閣、杭、蜀、苑、粹不同者，未必皆無所自也。觀者詳之。

此條又是取石本，捨官本之一例。可見朱子並不謂石本盡不可信。然有兩石本相異，有官本與石本異，有諸本與官本石本異，此皆須平心考校，不得一憑成見，謂若者必是，若者必非。而八百年來治校勘者，豈不仍尊石刻，仍尊官本、古官本，奉為瑰寶，又爭斥宋儒治學憑主觀。主觀之獄，固誰當坐之耶？

又如考異卷五與孟東野書，「獨其心追古人而從之」：

「從」下方有「今」字。「之」下方有「人」字。云：謝以貞元本定。考異云：今按：上語「與世相濁」，即是「從今之人」，更著二字，則贅而不詞矣。舊書之不足據有如此者。故特詳著其語云。

韓公與東野此書，即作於貞元十六年，謝氏得此書之貞元本，眞可謂稀世奇遇。竊疑此當不指刻本，或是傳鈔本也。然雖舊鈔，而不可信有如此，故朱子特大書之，曰特詳著其語。此乃朱子鄭重教人語也。東雅堂本此條，乃刪去「舊書不足據」以下云云，則朱子校書精采，盡為泯滅矣。自此以來，治校勘者，亦率尊古籍舊書，若不可違，此皆朱子所謂「信本而不信理，好奇而不喜常」（此十二字，亦朱子評方本語）之過也。

又如考異卷一古意，「青壁無路難夤緣」：

方從唐本作「五月壁路難攀緣」，云：鮑溶集有陪公登華山詩，蓋五月也。「夤」或作「攀」。

考異云：今按：公此詩本以古意名篇，非登山紀事之詩也。且泰華之險，千古屹立，所謂「削成五千仞」者，豈獨五月然後難攀緣哉？若以句法言之，則「五月壁路」之與「青壁無路」，意象工拙，又大不侔，亦不待識者而知其得失矣。方氏泥於古本，牽於旁證，而不尋其文理，乃去此而取彼，其亦誤矣。原其所以，蓋緣「五月」本是「青」字，唐本誤分為二，而讀者不曉，因復删去「無」字，遂成此謬。今以諸本為正。

方氏此條，既據唐本，又得鮑溶詩為旁證，殆可謂鐵案如山，萬牛牽不動矣。而朱子專據本詩文理，寧取諸本，不從方校。治校勘者，遇此等別擇處，最當潛心深玩，乃可以悟讀書用心取捨之所當重也。

又如考異卷七曹成王碑，「兼州別駕，部告無事」：

「兼」，方作「處」。云：考舊傳合。

考異云：今按：成王本以溫州長史行刺史事，今兩奏功，而得處州別駕，又不行州事，則於地望事權，皆為左降矣。以事理推之，不應如此。疑方本誤，而諸本作「兼」者為是。蓋以舊官仍兼本州別駕以寵之爾。下文又云：「部告無事」，則謂溫州前此旱饑，而今始無事也。又云：「遷眞於衡」，則是自行刺史事而為眞刺史也。其間不應復有處州一節明矣。舊史亦承集誤，不足為據。

方氏此條，從唐史李皋本傳，校合韓集碑文，亦若證據明確，堪成定論矣。朱子獨謂推之事理，舊史亦襲韓文誤字，不足據。然試問所謂舊史亦襲韓文誤字者，其證何在？可見治考據者，非尋證之難，實定其證之可據之難。非文證之難，而理證之更難也。

又如考異卷六送陳秀才彤序，「如是而又問焉以質其學，策焉以考其文，則何信之有」：

諸本「何」下有「不」字，方本亦然。

考異云：舊讀此序，嘗怪「則何不信之有」以下，文意斷絶，不相承應，每竊疑之。後見謝氏手校眞本，卷首用「建炎奉使」之印。末有題字云：「用陳無己所傳歐公定本讐正」。乃删去此一「不」字。初亦未曉其意。徐而讀之，方覺此字之為礙，去之而後一篇之血脈始復通貫。因得釋去舊疑。嘗謂此於韓集最為有功。但諸本既皆不及，方據謝本為多，而亦獨遺此字，豈亦未嘗見其眞本耶？嘗以告之，又不見信。故今特删「不」字，而復詳著其說云。

此條各本皆同，似不須校，亦無可校，而朱子獨抱心疑。終於獲得孤證，删一「不」字，而全篇血脈始通。學者苟非細讀通篇，不易知朱子删此一字之妙。學者非從此等處細參，亦不易悟治校勘者所當用力用心之所在也。凡朱子考異特云「詳著其説」者，皆寓深意，所以鄭重教人，非苟爾縱筆而已，此尤學者所當深心潛玩也。

又如考異卷一八月十五夜贈張功曹，「君歌且休聽我歌，我歌今與君殊科」：

考異云：杭本如此，言張之歌詞酸苦，而己直歸之於命，蓋反騷之意。而其詞氣抑揚頓挫，正一篇轉換用力處也。方從諸本，「我」下去「歌」字，而君下著「豈」字，全失詩意，使一篇首尾不相運掉，無復精神。又不著杭本之異，豈考之亦未詳耶？

此條盡斥諸本，獨從杭本，而以本詩通體血脈精神加以判定，正可與上一條合看。讀者必當於此等處深心潛玩，乃可以見識斷精審之所指。

又如考異卷九進撰平淮西碑文表，「今詞學之英，所在麻列」：

「麻」，或作「成」，方從閣、杭、苑、李、謝本。

考異云：今按：作「麻」殊無理。疑此本是「森」字，誤轉作「麻」。後人見其誤而不得其説，乃改作「成」耳。且公答孟簡書，亦有「森列」之語，可考也。方氏固執舊本，定從「麻」字，舛謬無理，不成文章，固為可怪。然幸其如此，存得本字，使人得以因疑致察，遂得其眞。若使廢「麻」而直作「成」字，則人不復疑，而本字無由可得矣。然則方本雖誤，而亦不為無功。但不當便以為是，而直廢它本，不復思索參考耳。今以無本，亦未敢輕改，且作「麻」字，而著其說，使讀為「森」云。

此條見治校勘者，縱舊本作某字，而苟有他本異字，仍當兼存不廢，以備思索參考，一也。又無本可據，則不當輕改，惟當著其說以存疑，二也。此皆至謹至慎，為治校勘者所必遵之大例。陳景雲韓集點勘云：「麻，南宋初蜀人韓仲韶本作森，朱子說暗與舊本合，特偶未採及耳。然太白夢遊仙姥詩，『仙之人兮列如麻』，則作麻列，亦似有據」。今按：既有舊本作「森列」，又有韓公答孟簡書為本證，可成定讞矣。「麻列」縱有出處，可勿援以為據。陳氏點勘又誤將此條列入元和聖德詩。四庫提要特提此條，而亦未能指出其誤。昔人謂校勘如掃落葉，隨掃隨積，事有如此。亦從可知校勘之業之所以不為學者之首務，此又治校勘者所必當知也。

又如考異卷五與孟尙書書，「要自胸中無滯礙，以為難得」：

諸本皆如此，方從閣、杭、蜀本刪「胸中無滯礙」五字。「自」又或作「且」。

考異云：今按：此書稱許大顚之語，多為後人妄意隱避，刪節太過。故多脫落，失其正意。如上兩條，猶無大利害。若此語中刪去五字，則「要自以為難得」一句，不復成文理矣。蓋韓公之學，見於原道者，雖有以識夫大用之流行，而於本然之全體，則疑其有所未覩。且於日用之間，亦未見其有以存養省察而體之於身也。是以雖其所以自任者，不爲不重，而其平生用力深處，終不離乎文字言語之工。至其好樂之私，則又未能卓然有以自拔於流俗。所與遊者，不過一時之文士。其於僧道，則亦僅得毛干暢觀靈惠之流耳。是其身心內外，所立所資，不越乎此。亦何所據以爲息邪距詖之本，而充其所以自任之心乎？是以一旦放逐，憔悴亡聊之中，無復平日飲博過從之樂，方且鬱鬱不能自遣。而卒然見夫瘴海之濱，異端之學，乃有能以義理自勝，不爲事物侵亂之人。與之語，雖不盡解，亦豈不足以蕩滌情累，而暫空其滯礙之懷乎！然則凡此稱譽之言，自不必諱。而於公所謂不求其福，不畏其禍，不學其道者，初亦不相妨也。雖然，使公於此，能因彼稊稗之有秋，而悟我黍稷之未熟，一旦翻然反求諸身，以盡聖賢之蘊，則所謂以理自勝，不爲外物侵亂者，將無復羨於彼，而吾之所以自任者，益恢乎其有餘地矣。豈不偉哉？

此條就韓公與大顛交游事，申論及於韓公平日之學養，身心內外，所立所資，將五百言。清儒治校勘，斷無此等筆墨，此乃漢學、宋學精神相異處。東雅堂本於此書上文「實能外形骸，以理自勝，不爲事物侵亂」語下，添入司馬溫公書心經後一段，與朱子此條所論，深淺偏周，甚相懸隔。讀者既不易別出此一條之並非考異原文，又其前後評隲大異，多列異說，徒亂讀者之思理，亦使讀者昧失古人著書之精神。此所以徒務捃摭尚博之無當於學術也。章實齋有言，「浙東貴專家，浙西尚博雅」，又謂博雅之風淵源朱子。竊謂章氏此論，若專以辨清儒之學風則可。若誠以論朱子，則朱子雖博雅，亦何害其為專家？學者當從此處細參之，乃可知徒博之無當也。

又如考異卷一感二鳥賦序，「今是鳥也，惟以羽毛之異，非有道德智謀，承顧問，贊教化者，乃反得蒙採擢薦進，光耀如此」：

此下諸本有「可以人而不如鳥乎」一句，方從閣本、文粹刪去。考異云：今按：諸本所有之句，乃全用大學傳中語，而意則異矣。二本無之，豈公晚覺其陋而自削之歟？抑後之傳者，為賢者諱而刪之也。方從二本，意則厚矣。然凡讀書者，但當據其本文實事，考評得失，以自警戒，乃為有益。正不必曲為隱諱，以啟文過飾非之習也。今此一句恐或公所自刊，故且從方本云。

此條朱子謂讀書者但當據本文實事，考評得失，亦錢大昕所謂「實事求是」之義也。而考異於此處，終從方本刪去此句，謂「恐或公所自刊」，此又何從而證之？此等處，尤見朱子用心之厚。與孟東野書，論大顛「胸中無滯礙」五字不可刪，因刪去則害文理也。此處刪去「可以人而不如鳥乎」八字，於文理無妨，故刪之。而仍著其說，又特謂恐公之所自刊。此等處，可見朱子考異一書，用心精密，逐處不苟，眞可謂義理、文章、考據兼容并包，一以貫之，更無遺憾矣。東雅堂本於此條考異云云均删去，僅存方從閣本、文粹删去八字一語。不知此等處，正見朱子考異精神，不可删也。東雅堂本於孟尚書書中添入司馬光一條，此處又删去考異原文一條，讀者若僅窺東雅堂本，必於朱子考異原書精神多所漫失。故學者貴能誦原書，而刻書者尤不當於古人書妄有增删散亂。治校勘者，則尤當於此等大關節處着意用心也。

上所稱引，於朱子考異原書，殆如一臠一炙。學者當進就韓集，逐篇逐行逐句逐字，細細連考異並讀，乃可以見校勘之業雖曰小道，亦已包訓詁、考據、辭章、義理而兼通一貫之。而大儒之成學，其宏纖俱舉，細大賅備，必審必謹，不遺不苟，亦格物窮理精神之一種具體表現也。學者從此書入，庶可以有窺於昔人之用心，而豈高視闊步、血氣意見之所能想像企及哉！爰特不辭鈔摘之瑣瑣，以著於篇，聊備尊古媚學之士之潛心焉。②

---

② 編者案：本文原名朱子與校勘學，作於一九五六年二月，已收入學籥一書。先生後撰新學案，既專立朱子之校勘學一題，以其內容正相關涉，因將此文改題朱子韓文考異，以為附錄。

朱子之辨僞學

言朱子考據之學，有兩端當特加敘述者，一曰辨僞，一曰考禮。考禮之事，別詳禮學篇。言朱子之辨僞，最大膽，有系統，又關涉於學術最大者，厥為其對古經籍之辨僞。惟其對古經籍敢於指辨其僞，斯乃對古經說不得不重定新解。讀者當取朱子解經篇及詩、書、易、春秋各篇與本篇合看，此乃朱子治學精神極重要之一面。校勘訓詁，自與辨僞深結不解之緣。清儒於此，能者輩出。然求能通其全而得其大，則無堪與朱子相抗衡。

朱子對古經籍辨僞，其最大發現，有大貢獻於後代，而為後人所不斷稱述者，厥為其辨尚書之今古文。語類有曰：

孔壁所出尚書，如禹謨、五子之歌、胤征、泰誓、武成、冏命、微子之命、蔡仲之命、君牙等篇，皆平易。伏生所傳皆難讀。如何伏生偏記得難底，至於易底全記不得，此不可曉。（七八）

伏生書多艱澀難曉。孔安國壁中書卻平易易曉。或者謂伏生口受女子，故多錯誤，此不然。今

古書傳中所引書語，皆已如此。（七八）

蓋書有古文，有今文。今文乃伏生口傳，古文乃壁中之書。禹謨、說命、高宗肜日、西伯戡黎、泰誓等篇，凡易讀者皆古文。況又是科斗書，以伏生書字文考之，方讀得。豈有數百年壁中之物，安得不訛損一字？又卻是伏生記得者難讀，此尤可疑。今人作全書解，決不是。（七八）

蔡沈書集傳，乃己未冬朱子命作，翌年而朱子歿。今蔡傳於每篇下必注明今文古文皆有，或今文無古文有字樣。後儒發得古文之僞，皆朱子有以啟之。然朱子疑尚書，實不專在其今古文異同處啟疑，乃能直從尚書各篇文字中發出問題，不僅疑古文，並亦疑今文。此其識解之精卓，膽力之宏決，實超越此下明清兩代諸儒甚遠。

語類有曰：

舜典「玄德」難曉，書傳中亦無言「玄」者。（七八）

又曰：

玄字使用，特見於莊老之書。朱子提出舜典中有此「玄」字，謂之難曉，斯即舜典可疑也。

典謨中「百姓」，只是說民，如「罔咈百姓」之類。若是國語中說「百姓」，則多是指百官族姓。（七八）

此亦一可疑之點。就氏姓起源言，則國語乃古義，書中典謨諸篇，轉似後代義。

又曰：

書中可疑諸篇，若一齊不信，恐倒了六經。如金縢亦有非人情者。盤庚更沒道理。呂刑一篇，如何穆王說得散漫，直從苗民蚩尤為始作亂說起。（七九）

此條「恐倒了六經」一語，大堪咀嚼。故知朱子疑經，其深情密意，有遠出後人所能想像之外者。

又曰：

書中間亦極有難考處。只如禹貢說三江及荊揚間地理，是吾輩親目見者皆有疑，至北方即無疑。此無他，是不曾見耳。康誥以下三篇更難理會。如酒誥，卻是戒飲酒，乃曰「肇牽車牛遠

服貫」，何也？梓材又自是臣告君之辭，更不可曉。其他諸篇亦多可疑處。解將去固易，豈免有疑。（八三）

又曰：

「書中易曉處直易曉，其不可曉處且闕之。如盤庚之類，非特不可曉，便曉了，亦要何用。如周誥諸篇，周公不過是說周所以合代商之意，是他當時說話，其間多有不可解者，亦且觀其大意所在而已。」又曰：「有功夫時更宜觀史。」（七八）

後世都務解經，不敢疑經。若知經有可疑，則自將感到難解。語詳本書易、春秋、詩、書各篇。

此皆朱子直疑書之本文，不僅疑古文諸篇，抑亦疑今文諸篇。堯典、禹貢、盤庚、金滕、呂刑，皆今文也。因其疑，故曰有功夫更宜觀史。此其置史經上之見解，豈不當深切注意乎？而緩其辭曰「不可解」，則是不欲眞倒了六經也。

語類又曰：

「大抵古今文字，皆可考驗。古文自是莊重。」因舉「史記所載湯誥幷武王伐紂，言辭不典，

不知是甚底齊東野人之語。」(一三七)

史記稱引必有來歷，決非司馬遷自作僞。朱子直斥之曰「不知是甚底齊東野人之語」，則是尚書固有戰國時人僞造，朱子可謂已捉得了其眞贓實據，惟不曾追根究柢，盡情發掘。此乃朱子本不欲深入研尋，故勸人且觀其大意也。是則後人專辨尚書古文之僞，與朱子意見實是大有距離，此層不可不知。朱子疑尚書本文，亦疑及書序，文集卷五十四答孫季和書有曰：

小序決非孔門之舊，安國序亦決非西漢文章。向來語人，人多不解，惟陳同父聞之不疑。要是渠識得文字體製意度耳。

此乃朱子自道其辨僞工夫多由精熟文章來。語類亦曰：

某看得書小序不是孔子作，只是周秦間低手人作。(七八)

書大序亦疑不是孔安國文字。大抵西漢文章渾厚近古。讀書大序，便覺軟慢無氣。(八〇)

漢文麤枝大葉，書序細膩，只似六朝時文字。(七八)

尚書注幷序，某疑非孔安國所作。文字困善，不類西漢人文章，亦非後漢之文。漢武時文章豈如此？（七八＊）

恐是魏晉間人所作。（七八）

孔安國解經最亂道，看得只是孔叢子等做出來。（七八）

尚書小序不知何人作，大序亦不是孔安國作，怕只是撰孔叢子底人作。文字軟善。西漢文字卻麤大。（七八）

尚書序不似孔安國作，其文軟弱，不似西漢人文。西漢文麄豪。也不似東漢人文，東漢人文有骨肋。也不似東晉人文，東晉如孔坦疏，也自得。他文是大段弱，讀來卻宛順，是做孔叢子底一手做。看孔叢子撰許多說話，極是陋。看他文卑弱，說到後面，都無合殺。（一二五）

朱子辨僞工夫，多從文字方面着眼。以辨別文學之眼光來辨別書本之年代。如此條列數兩漢東晉文字各特點，非精熟文理，豈能道此。後人辨僞，則極少能深玩文理者，宜其遠較朱子為短遜。

朱子疑書不疑詩。然其辨詩序之僞，亦為後世治詩者引起一大公案，亦為治詩一大貢獻。語類有曰：

小序，漢儒所作，有可信處絶少。大序好處多，然亦有不滿人意處。（八〇）

大序其間亦自有鑿說處。如言「國史明乎得失之迹」。按周禮史官如大史、小史、内史、外史，其職不過掌書，無掌詩者。不知「明得失之迹」，卻干國史甚事。（八一）

詩大序亦只是後人作，其間有病句。（八〇）

詩小序不可信。（八〇）

大序亦有未盡。如「發乎情止乎禮義」，又只是說正詩，變風何嘗止乎禮義。（八〇）

大序只是檢好底說。（八〇）

小序亦間有說得好處，只是杜撰處多。（八〇）

詩本易明，只被前面序作梗。序出於漢儒，反亂詩本意。（八〇）

詩序作而觀詩者不知詩意。（八〇）

詩序，東漢儒林傳分明說是衞宏作。後來經意不明，都是被他壞了。某又看得亦不是衞宏一手作。多是兩三手合成一序，愈說愈疏。（八〇）

詩小序全不可信。如何定知是美刺那人。（八〇）

看來詩序當時只是箇山東學究等人做，不是箇老師宿儒之言。（八〇）

小序大故是後世陋儒所作。（八〇）

「如說賓之初筵，『衞武公刺時也』。韓詩說是衞武公自悔之詩，看來只是武公自悔。國語說：武公年九十，猶箴警于國，曰：『羣臣無以我老耄而舍我，必朝夕端恪以交戒我。』看這意思，只是悔過之詩。如抑之詩，序謂『衛武公刺厲王，亦以自警也』。後來又考見武公時厲王已死，又為之說是追刺。凡詩說美惡，是要那人知，如何追刺？以意度之，只是自警。他要篇篇有美刺，故如此說。又說道亦以自警。兼是說正雅變雅。看變雅中亦自煞有好詩，不消分變雅亦得。如楚茨、信南山、甫田、大田諸篇，不待看序，自見得是祭祀及稼穡田政分明。到序說出來，便道是傷今思古，陳古刺今，那裏見得？如卷阿，是說召康公戒成王，如何便到後面民勞、板、蕩刺厲王，中間一截是幾時，卻無一事係美刺。只緣他須要有美有刺，美便是成康時君，刺只是幽厲。所以其說皆有可疑。」問：「怕是聖人刪定，故中間一截無存者。」曰：「怕不會刪得許多。如太史公說古詩三千篇，孔子刪定三百，怕不會刪得如此多。」（二三）

此又因辨詩序而兼及於刪詩之說。

又曰：

行葦、賓之初筵、抑數篇詩序，與詩全不相似。行葦自是飲酒會賓之意，序者卻牽合作周家忠厚之詩。如云「酌以大斗，以祈黃耇」，亦是歡合之時祝壽之意，序者遂以為養老乞言。豈知「祈」字本是祝頌其高壽，無乞言意也。抑詩亦非刺厲王，如「於乎小子」，豈是以此指其君。國語以為武公自警，卻可信。大率古人作詩，與今人作詩一般，其間亦自有感物道情，吟詠情性，幾時盡是譏刺他人。詩序亦有一二有憑據，如清人、碩人、載馳諸詩是也。昊天有成命中說「成王不敢康」。成王只是成王，何須牽合作成王業之王。又幾曾是郊祀天地。被序者如此說，後來遂生一場事端，有南北郊之事。今人不以詩說詩，卻以序解詩，是以委曲牽合，必欲如序者之意，寧失詩人之本意，不恤也。此是序者大害處。（八〇）

朱子寧信左傳、國語，不信詩序。其間自有異同，豈可兼信。其他駁斥詩序語尚多，不備引。

朱子又辨左傳，如云：

左氏說禮，皆是周末衰亂不經之禮。（六三）

左氏定禮，皆當時鄙野之談，據不得。（六三）

左氏說禮處，多與禮經不同，恐是當時俗禮。（八五）

婦當日廟見非禮，溫公取左氏「先配後祖」之說，不知左氏之語何足憑？豈可取不足憑之左氏，而棄可信之儀禮。（八九）

此乃據儀禮駁左氏也。

又曰：

「某嘗言左氏不是儒者，只是箇曉事該博、會做文章之人。若公、穀二子，卻是箇不曉事底儒者。故其說道理及禮制處不甚差，下得語恁地鄭重。」又曰：「說得忒煞鄭重滯泥，正如世俗所謂山東學究。」（六三）

是信左氏，有時亦轉不如信公、穀也。

或云左氏是楚左史倚相之後，故載楚事較詳。左氏必不解是左丘明，如聖人所稱，煞是正直底人。如左傳之文，自有縱橫意思。史記卻說「左丘失明，厥有國語」，左傳自是左姓人作。又如秦始有臘祭，而左氏謂「虞不臘矣」，是秦時文字分明。（八三）

左傳是後來人做。為見陳氏有齊，所以言「八世之後莫之與京」。見三家分晉，所以言「公侯子孫必復其始」。（八三）

左傳有多少難信處。如趙盾一事，分明如司馬昭之弑高貴鄉公。後來三晉既得政，撰造掩覆，反有不得而掩者。（一三七）

後來清儒辨左氏諸要端，朱子幾乎皆已先及。

問：「左氏駒支之辨，劉侍讀以為無是事。」曰：「某亦疑之。既曰『言語衣服不與華同』，又卻能賦青蠅，何也。又太子申生伐東山皋落氏，擷掇申生之死，乃數公也。數公議論如此，便有逆詐億不信底意思。左氏一部書，都是這意思，文章浮艷，更無事實。蓋周衰時自有這一等迂闊人，觀國語之文可見。某嘗讀宣王欲藉千畝事，便心煩。戰國時人卻尚事實，公子成與趙武靈王爭胡服，甘龍與衛鞅爭變法，左氏安得有此。」（八三）

此又謂左氏有時轉不如戰國策也。

問季札觀樂。曰：「此是左氏粧點出來，亦自難信。」（八三）

朱子言左氏文多浮艷，出之粧點，無事實，乃是衰周時自有此一輩迂闊人，此意卻為後人辨左傳者所未及，實大可循此繼續推究。

朱子又疑爾雅。語類又曰：

爾雅是取傳注以作，後人卻以爾雅證傳注。（一三八）

又辨孝經，文集卷六十六有孝經刊誤，後有附記，曰：

熹舊見衡山胡侍郎論語說，疑孝經引詩非經本文，初甚駭焉。徐而察之，始悟胡公之言為信。而孝經之可疑者，不但此也。因以書質之沙隨程可久丈，程答書曰：「頃見玉山汪端明，亦以為此書多出後人附會。」於是乃知前輩讀書精審，其論固已及此。又竊自幸有所因述，而得免於鑿空妄言之罪也。

此文成於淳熙丙午八月，朱子年五十七，蓋已近入晚年矣。其言之謙謹如此，與好為陵駕摘發而務求能辨僞者意態實異。

語類亦曰：

孝經是後人綴輯。（八二）

疑是戰國時人鬬湊出者。（八二）

上一條黃士毅記，不審其年代。下一條黃畲記，在戊申，則猶在孝經刊誤成書之後。

又曰：

孝經亦是湊合之書。云廣至德、廣要道，都是湊合來演說前意。（八二）

又因孝經而附帶辨及孔叢子。亦見文集六十六孝經刊誤後。其文曰：

孔叢子亦僞書，而多用左氏語者。但孝經相傳已久，蓋出於漢初左氏未盛行之時，不知何世何人為之也。孔叢子敍事至東漢，然其詞氣甚卑近，亦非東漢人作。所載孔臧兄弟往還書疏，正類西京雜記中僞造漢人文章，皆甚可笑。所言不肯為三公等事，以前書考之，亦無其實。而通鑑皆誤信之。欲作一書論之而未暇。

朱子又辨禮記，曰：

禮記不可深信。（八六）

大抵齊魯之儒多質實，當時或傳誦師說，見理不明，故其言多不倫。禮記中亦然。（八三）

儒行、樂記，非聖人之書，乃戰國賢士為之。（八七）

「若夫坐如尸立如齊」，本大戴禮之文，記曲禮者撮其言，反帶「若夫」二字，不成文理。「子曰好學近乎智，力行近乎仁，知恥近乎勇」，家語答問甚詳，中庸刪削不及，反衍「子曰」兩字。（八七）

曲禮、玉藻諸篇，皆戰國士人及漢儒所裒集。（八四）

檀弓出於漢儒之雜記。（八七）

檀弓恐是子游門人作，其間多推尊子游。（八七）

胡明仲云：「禮運是子游作，樂記是子貢作。」計子游亦不至如此之淺。（八七）

禮運中「謀用是作而兵由此起」等語，便自有老聃意思。（一二五）

大戴保傅篇，必非古書，乃後人采賈誼策為之。（八八）

朱子又疑及儀禮。曰：

子思不使子上喪其出母，然則儀禮出妻之子為母齊衰杖期，必是後世沿情而制。（八七）

朱子遍疑諸經，惟於周禮則頗依違，有迴護之意。如曰：

後人皆以周禮非聖人書，其間細碎處雖可疑，其大體直是非聖人做不得。（八六）

宋儒自劉道原、蘇子由皆疑周官，蘇氏謂非周公完書，朱子意見，實與相近。

又曰：

今只有周禮、儀禮可全信。周禮只疑有行未盡處。看來周禮規模，皆是周公做，但其言語是他人做。（八六）

大抵說制度之書，惟周禮、儀禮可信。周禮畢竟出於一家，謂是周公親筆做成固不可，然大綱卻是周公意思。（八六）

朱子謂周官非周公親筆。又謂言語是他人做，只大綱是周公意思。因朱子特欣賞周官之規模，謂其「畢竟出於一家」。特不得其人，遂以歸之周公耳。厥後黃東發日鈔，仍不信朱子之意，謂「橫渠最尊敬周官，胡五峯最擯斥之，晦菴朱先生折衷其說，則意周公曾立下規模。竊意周官法度在尚書周官一篇，而未必在此書六典。」然東發亦不辨尚書周官篇乃古文僞書也。

朱子於說制度之書，雖謂儀禮、周官可信，然其於儀禮，已指出其出妻之子為母服一條，乃子思後人沿情而制。其評論周官文字，則更有甚深摯者。嘗曰：

漢書有秀才做底文章，有婦人做底文字，亦有載當時獄辭者。秀才文章便易曉，當時文字多碎句難讀。尚書便有如此底。周官只如今文字，太齊整了。（一三四）

又如：

朱子特長於以文字辨書眞僞，此條即可見周官之晚出。

論周稱「卿士」不同：「在周官六卿之屬言之，則卿士乃是六卿之士也。如『皇父卿士，番為司徒』，如『周人將畀虢公政』，亦卿士，『卿士惟月』、『衛武公為平王卿士』之類，則這般之職，不知如何。」（一三四）

此從制度辨異同，亦猶辨周官之晚出也。

問：「府史胥徒，不知皆民為之，抑別募游手為之？」曰：「不可曉。想只是民為之。然府史胥徒各自有祿以代耕，則又似別募游手矣。以周禮考之，人數極多，亦安得許多閑祿給之。某嘗疑周禮一書亦是起草，未曾得行。左氏所記當時官號職位甚詳，而未嘗及於府史胥徒，則疑其方出於周公草定之本，而未經施行也。使其有之，人數極多，何不略見於他書？如至沒要緊職事，亦破人甚多，不知何故。」（五八）

又曰：

孟子論三代制度，多與周禮不合。蓋孟子後出，不及見王制之詳，只是大綱約度而說。（五八）

此皆由制度上提出疑問，特惜其未更深究，而姑以周官乃周公起草而未及得行說之，然於其書之僞迹，則固未全忽略也。

朱子尊大學、論語、孟子、中庸為四子書，然文集卷八十二書臨漳所刊四子後有曰：

抑嘗妄謂中庸雖七篇之所自出，然讀者若不先於孟子而遽及之，則亦非所以為入道之漸也。

此乃朱子生平主張，亦是其一人之獨特主張也。就思想次第言，朱子固已悟及孟子當先中庸，惟未直指中庸為晚出書，猶其未及辨周禮之為僞書也。

語類又曰：

中庸一書，枝枝相對，葉葉相當，不知怎生做得一個文字齊整。（六二）

中庸三十三章，其次第甚密。古人著述，便是不可及。此只將別人語言鬬湊成篇，本末次第，終始總合，如此縝密。（六四）

此處指出中庸整篇文章之特點，在孟子前豈宜有此等文體。朱子於此亦自窺破，故雖未為中庸辨僞，然後人為中庸一書辨僞者，朱子意見仍多可作參考與根據。

語類又曰：

家語雖記得不純，卻是當時書，孔叢子是後來白撰出。（一三七）

家語只是王肅編古錄雜記，其書雖多疵，然非肅所作。孔叢子乃其所注之人僞作。（一三七）

此謂家語雖由王肅所編，然其書尚多有來歷也。

又曰：

管子之書雜，如弟子職全似曲禮，他篇有似莊老，其內政分鄉之制，國語載之卻詳。（一三七）

管子非仲所著。其書老莊說話亦有之。想只是戰國時人收拾仲當時行事言語之類著之，并附以他書。（一三七）

此乃辨管子之僞。

問：「老子云：『夫禮，忠信之薄而亂之首。』孔子又卻問禮於他，不知何故？」曰：「他曉得禮之曲折，只是他說這是箇無緊要底物事，不將為事。某初間疑有兩箇老聃，横渠亦意其如此，今看來不是如此。他曾為柱下史，故禮自是理會得。只是他又說這箇物事不用得亦可。」（一二五）

是始疑老子書而終又信之也。

因論韓文公，問：「如何用功了，方能辨古書之眞僞？」曰：「鶡冠子亦不曾辨得。柳子厚謂其書乃寫賈誼鵩賦之類，故只有此處好，其他皆不好。柳子厚看得文字精，以其人刻深，故如此。韓較有些王道意思，每事較含洪，便不能如此。」（一三九）

今不能謂朱子刻深不含洪，其辨僞亦不得謂無王道意思。然其論古人，皆恰如其分，則信乎大賢之難及。

又文集卷六十四答鞏仲至有云：

世本舊聞先人說，家間亦嘗有之，以兵火失去。然則世間亦須尚有本。但今見於諸經注疏者，恐亦或出附會假託，未必可憑據，正亦不必苦求耳。

此又辨及古代之雜史。朱子自稱性好考據，然教人則曰且勿為之。又曰不必苦求。皆無教人以考據辨僞為學之意，此層當識取。

以上皆辨古經籍，旁及百家雜史。

朱子於後儒極喜文中子，但亦辨其書之僞。語類有曰：

嘗考文中子世系，并看阮逸、龔鼎臣注，及南史、劉夢得集，四書不同，殊不可曉。（一三七）劉禹錫作歙池江州觀察王公墓碑，乃仲淹四代祖，碑中載祖諱多不同。及阮逸所注，并載關朗等事，亦多不實。王通大業中死，自不同時。如推說十七代祖，亦不應遼遠如此。唐李翶已自論中說可比太公家教，則其書之出亦已久矣。伊川謂文中子有些格言，被後人添入壞了。看來

必是阮逸諸公增益張大。（一三七）

文中子今之注本是阮逸注，龔鼎臣別有一本，注後面敍他祖，都與文中子所說不同。（一三七）

因言魏徵作隋史，更無一語及文中子，不可曉。（一三七）

文中子，看其書忒裝點。如說諸名卿大臣，都是隋末所未見。所以使人難信。（一三七）

如自敍許多說話，盡是誇張。考其年數，與唐煞遠。如何唐初諸名卿皆與說話，史傳中如何都不見說。（一三七）

諸人更無一語及其師，人以為王通與長孫無忌不足，故諸人懼無忌而不敢言，亦無此理。（一三七）

中說只是王氏子孫自記，亦不應當時開國文武大臣盡其學者，何故盡無一語言及其師。兼所記其家世事，考之傳記，無一合者。（一三七）

文中子之書，恐多是後來人添入，眞僞難見。然好處甚多，但一一似聖人，恐不應恰限有許多事相湊得好。如見甚荷蓧隱者之類，不知如何得恰限有這人。若道他都是粧點來，又恐粧點不得許多。（一三七）

中說一書，如子弟記他言行，也煞有好處。雖云其書是後人假託，不會假得許多。須眞有箇人坯模如此，方裝點得成。假使懸空白撰得一人如此，則能撰之人亦自大有見識，非凡人矣。（一三七）

朱子辨文中子書中有僞，而文中子本人與其見識則不可僞。若謂其人亦僞，其見識終不可僞。縱有裝點，須眞有箇人坯模如此。如今人辨老子書是僞，老子其人亦僞，然老子書中見識，則另是一事，必僞其書者自有此一番見識，當與其人其書之眞僞分別而論。文中子又不如老子之比。老子書中無粧點，文中子書中粧點多，則不可盡僞。此又朱子辨僞工夫中一番大見解，不可不細辨。

又曰：

七書所載唐太宗李衞公問答，乃阮逸僞書。逸建陽人，文中子元經、關子明易，皆逸所作。（一三八）

此又因辨文中子而兼及他書也。

語類又曰：

天下多少是僞書，開眼看得透，自無多書可讀。（八四）

今考文集，如：

卷七十一記尚書三義，辨孔傳并序及孔叢子。

卷七十一偶讀謾記，辨子華子，兼辨杵臼程嬰故事，又及麻衣易說。
卷三十七答李壽翁，辨麻衣易說。
卷八十一書麻衣心易後，再跋麻衣易說後。
卷七十六再定太極通書後序，辨濂溪易說之僞。
卷八十一書張氏所刻潛虛圖後，辨温公潛虛足本之僞。又及温公易說足本之僞。語類亦云：「潛虛後截是張行成續，不押韻，見得。」（六七）
卷八十四跋章國華所集注杜詩，辨東坡事實乃閩中鄭昂僞為。
同卷跋孔毅夫談苑，辨珩璜新論多有附益。
文別集卷七跋訛傳龜山列子解後，辨其後出跋語之僞妄。

大抵朱子辨僞工夫，在其讀書廣，索理精，書中僞迹，皆能燭照而無可隱藏。韓昌黎言「能識古書之正僞與雖正而未至焉者」，此乃從文章言。朱子精熟文理，所辨亦多得之文理正僞間。故每不煩密論細考而讞定，此乃辨僞學之最上乘也。

語類辨僞之語，亦隨處可見。如曰：

素問語言深，靈樞淺，較易。（一三八）

參同契蓋後漢之能文者為之。（一二五）

龍虎經蓋是後人見魏伯陽傳有「龍虎上經」一句，遂僞作此經。（一二五）

乃櫽括參同契之語而為之。（一二五）

陰符經恐皆唐李筌所為。（一二五）

握奇經乃唐李筌為之。（一二五）

清淨、消災二經，皆模學釋書而誤者。度人經生神章，皆杜光庭撰。最鄙俚是北斗經。（一二六）

柳文後龍城雜記，王銍性之所作。子厚敍事文字，多少筆力，此記衰弱之甚。（一三八）

警世競辰二圖僞。（一三八）

木蘭詩只似唐人作，其間「可汗」、「可汗」，前此未有。（一四〇）

凡其所辨，可謂細大不捐。又徧及於近代。語類云：

今之僞書甚多。又嘗見子華子，說天地陰陽，亦說義理人事，皆支離妄作。（一三七）

麻衣易，南康戴主簿撰。麻衣，五代時人，五代時文字多繁絮，此易說只是今人文字。（六七）

戴主簿某曾親見其人，甚稱此易得之隱者，問之不肯言其人。某適到其家，見有一冊雜錄，乃戴公自作，其言皆與麻衣易說大略相類。及戴簿死，子弟將所作易圖來看，乃知眞戴公所作

也。（六七）

麻衣易只是戴氏自做自解。（一二五）

問：「李壽翁最好麻衣易與關子明易，如何？」先生笑曰：「偶然兩書皆是僞書。關子明易是阮逸作，陳無己集中說得分明。」（六七）

阮逸撰元經、關朗易、李靖問對，見後山談叢。（一二九）

胡安定書解，未必是安定所注。專破古說，似不是胡平日意。又間引東坡說，東坡不及見安定，必是僞書。（七八）

省心錄乃沈道原作，非林和靖。（一三八）

指掌圖非東坡所為。（一三八）

明仲看節通鑑，文定問：「當是溫公節否？」明仲云：「豫讓好處是不以死生二其心，故簡子云：『眞義士也。』今節去之，是無見識，必非溫公節也。」（一三四）

溫公無自節通鑑，今所有者，乃僞本。序亦僞作。（一三四）

問：「明道行狀謂未及著書，而今有了翁所跋中庸，何如？」曰：「了翁初得此書，亦疑行狀未嘗載，後乃謂非明道不能為。了翁姪幾叟，龜山之壻，曰：『以某聞之龜山，乃與叔初年本也。』近日陸子靜力主以為眞明道之書。」（九七）

此又朱子對宋代人著作，凡所寓目，必辨其真僞不苟且放過之證。

朱子並好引當時人辨僞語，如辨孝經出後人綴緝，而曰程沙隨、汪端明皆嘗疑之。又曰：

春秋繁露，尤延之以為僞書，某看來不是董子書。（八三）

孟子疏，乃邵武士人假作，蔡季通識其人。當孔穎達時，未尚孟子，只尚論語、孝經爾。其書全不似疏樣，不曾解出名物制度，只繞纏趙岐之說。（一九）

「林黃中謂左傳『君子曰』是劉歆之辭。胡先生謂周禮是劉歆所作，不知是如何？左傳『君子曰』最無意思。」因舉「芟夷蘊崇之」一段，「是關上文甚事。」（八三）

左氏尤有淺陋處，如「君子曰」之類，病處甚多。林黃中嘗疑之，卻見得是。（八三）

朱子頗不喜林黃中，然亦稱道其言不廢。又曰：

周禮，胡氏父子以為是王莽令劉歆撰，此恐不然。（八六）

朱子辨僞精神最偉大不可及處，在其辨及古經籍，而毫不為諱。然於周禮、易傳皆仍信守，亦其思慮有疏也。其治學大本不在此，固不足為病。

問：「公、穀傳大概皆同。」曰：「所以林黃中說只是一人。只是看他文字，疑若非一手。」（八三）

又曰：

左丘是古有此姓，名明，自是一人。作傳者乃左氏，別自是一人。是撫州鄧大著（名世，字元亞。）如此說。他自作一書辯此。（二九）

詩序實不足信，向見鄭漁仲有詩辨妄，力詆詩序，其間言語太甚，以為皆是村野妄人所作，始亦疑之。後來仔細看一兩篇，因質之史記、國語，然後知詩序之果不足信。（八〇）

舊曾有一老儒鄭漁仲，更不信小序，只依古本與疊在後面，某今亦只如此。（八〇）

鄭漁仲謂詩小序只是後人將史傳去揀，幷看謚，卻附會作小序美刺。（八〇）

或云：「蘇子由卻不取小序。」曰：「他雖不取下面言語，留了上一句，便是病根。」（八〇）

亦有當時人以為是僞書，而朱子力證其非者。語類又云：

涑水紀聞，呂家子弟力辨以為非溫公書，某嘗見范太史之孫某說親收得溫公手寫稿本，安得為非溫公書。某編八朝言行錄，呂伯恭兄弟亦來辨。為子孫者只得分雪，然必欲天下之人從己，則不能也。（一三〇）

朱子與東萊兄弟私交甚密，然力辨呂家以涑水紀聞為非溫公書之不可信，是可謂守正不阿矣。

歐陽永叔說經多新義，朱子多取之，然於其辨十翼則不之信。語類有曰：

歐陽公所以疑十翼非孔子所作者，他童子問中說道，「仰以觀於天文，俯以察於地理」，又說「河出圖，洛出書，聖人則之」，只是說作易一事，如何有許多般樣。又疑後面有許多「子曰」，既云「子曰」，則非聖人自作。他所謂「子曰」者，往往是後來弟子旋添入，亦不可知。近來胡五峯將周子通書盡除去了篇名，卻去上面各添一箇「周子曰」，此亦可見其比。（六七）

廖氏論洪範篇，大段闢河圖、洛書之事，以此見知於歐陽公。蓋歐公有無祥瑞之論。歐公只見五代有僞作祥瑞，故併與古而不信。如河圖、洛書之事，論語自有此說。且如今世間，有石頭上出日月者，人取為石屏。又有一等石上，分明有如枯樹者，亦不足怪也。河圖、洛書亦何足怪。（六七）

文集卷三十八答袁機仲書，亦辨河圖、洛書之非僞。歐陽永叔以河圖、洛書為怪妄，而東坡非之，曰：「著於易，見於論語，不可誣也。」曾子固亦曰：「以非所習見，則果於以為不然，是以天地萬物之變為可盡於耳目之所及，亦可謂過矣。」蘇、曾皆歐陽門人，而議論不苟同如此。朱子說同蘇、曾，舉化石為説，則見其格物精神之一端。

又曰：

歐公說繫辭不是孔子作，所謂「書不盡言，言不盡意」者非。蓋他不曾看「立象以盡意」一句。惟其言不盡意，故立象以盡之。學者言上會得者淺，於象上會得者深。（六六）

王輔嗣、伊川皆不信象，如今卻不敢如此說。（六六）

歐公疑十翼，實是不刊之論。惟所舉例證，未能切中要害，朱子駁之亦是。抑朱子晚年，自有易序卦非孔子之筆之疑。文別集卷三答孫季和有云：

太史公商紀中所載湯誥，全非今孔氏書。雖其辭龐雜，未若今書之懿，然亦見遷書之體，或未必全是師法書序也。大抵古書多此體，如易序卦亦是此類。若便斷為孔子之筆，恐無此理。

書中有云：「歸來悲冗」，乃指紹熙辛亥長子塾卒，自臨漳歸治喪葬，時已六十二歲，上距易啟蒙成書已五年，易本義成書十四年。然則朱子後來，亦自疑十翼非盡孔子之筆也。

語類又曾辨韓愈與大顛書，曰：

退之與大顛書，歐公云實退之語，東坡卻罵以為退之家奴隸亦不肯如此說，但是陋儒為之，復假託歐公語以自蓋。然觀集古錄歐公自有一跋，說此書甚詳。東坡應是未見集古錄耳。看得來只是錯字多。歐公是見他好處，其中一兩段不可曉底都略過了。東坡只將他不好處來說。（一三七）

語類又一條云：

洪景盧隨筆中辨得數種僞書皆是，但首卷載歐帖事，卻恐非實。（一三八）

此見朱子對並時人辨僞語，皆極重視不忽。宋代印刷術發明，書本流傳日廣，僞書亦錯見雜出。辨僞之學，遂因此而驟盛。理學家輕視博覽，獨朱子兼主道問學，故能匯通諸儒，蔚此偉績也。

文集卷三十八答袁機仲有曰：

熹竊謂生於今世，而讀古人之書，所以能別其眞僞者，一則以其義理之所當否而知之，二則以其左驗之異同而質之，未有舍此兩塗，而能直以臆度懸斷之者也。

今觀朱子辨僞，固是循此兩途，而大體尤以質之左驗異同者為主。至其義理當否一端，則似有未盡其所至者。如曰「書中可疑諸篇，若一齊不信，恐倒了六經」。淸儒如莊方耕，不辨古文尚書之僞，亦欲存其義理而置其左驗。故朱子於易繫辭，於周官，於尚書，皆僅微示其意，微開其端而止，更不在眞僞上深入精求也。

朱子之考據學

清儒標榜考據之學，以與宋儒義理之學為敵對。校勘訓詁，皆考據也。而考據之事則不盡於校勘訓詁。朱子於考據，既精且博，勢難詳述，姑略記其要端如下。

文集卷五十四答孫季和有曰：

讀書玩理外，考證又是一種工夫，所得無幾，而費力不少。向來偶自好之，固是一病，然亦不可謂無助。

朱子未嘗不知學問中不可無考據，又己性好之，然在全體學問中，考據一項，自有其應占之地位。若昧夫大體，僅僅焉以此自喜，則亦淺見之甚矣。

同卷答王伯禮有曰：

錯綜自是兩事。錯者，雜而互之也。綜者，條而理之也。參伍錯綜，又各自是一事。參伍所以通之，其治之也簡而疏。錯綜所以極之，其治之也繁而密。

考據正貴能參伍錯綜。朱子好易，象數之學，必參伍錯綜以求之。朱子又好言格物窮理，亦必參伍錯綜以窮之。則朱子之有好於考據者固宜。

朱子用力考據之範圍，有涉及天文曆象者。如：

文集卷四十四答蔡季通論星經。

卷四十五答廖子晦論黃道日月合朔及日月蝕。

卷六十答曾無疑，謂：

曆象之學自是一家。若欲窮理，亦不可以不講。然亦須大者先立，然後及之，則亦不至難曉而無不通矣。

格物所以為窮理，求其能一旦豁然貫通，此與近代科學家分途作專門探討者微有辨。其論曆象，謂大者先立則不至難曉，大者自指義理。此如近人欲治哲學文史，亦不可不略知天文物理生物諸學之大概也。

有涉及古代三正問題者，如：

卷三十一答張敬夫。

卷四十二答吳晦叔。

卷四十三答林擇之。

又有涉及地理與水道問題者。其最大論點，厥為辨禹貢。如：

文集卷三十七答程泰之，論禹貢九江，謂：

頃在南康兩年，其地宜在彭蠡、九江、東陵、敷淺原之間，而考其山川形勢之實，殊不相應。

又曰：

著書者多是臆度，未必身到足歷，故其說亦難盡據，未必如今目見之親切著明耳。

又文集卷五十一答董叔重則曰：

恐當時地入三苗，禹亦不能細考。今人不敢說經文有誤，故如此多方回互耳。

又文集卷七十二九江彭蠡辨，反復辨證禹貢之不可信，文長凡三千言。而謂：

禹貢之文，古今讀者皆以為是既出於聖人之手，則固不容復有訛謬。萬世之下，但當尊信誦習，傳之無窮，亦無以覈其事實是否為也。

又曰：

凡此差舛，其類不一。讀而不思，思而不考者，既昏憒鹵莽而無足言矣。其間亦有心知其誤而口不敢言，乃反為之遷就穿鑿以蓋其失者，則其巧愈甚而其謬愈彰。使有識之士，讀之愈疑，而愈不敢信。

又曰：

禹貢所載者，九州之山川，吾之足迹未能遍乎荆揚，而見其所可疑者已如此。不知耳目見聞之所不及，所可疑者又當幾何，是固不可得而知矣。

朱子知南康軍，親履彭蠡、廬阜、九江一帶，目覩其山川形勢，以覈之禹貢原文，乃確知其有誤。反復抨擊，絕不作遷就迴護之辭，而直斥其為不通之妄說。於歷來説經者穿鑿強解，亦一一加以詰難。宋初胡旦及同時晁説之説，以洞庭為九江。語類亦言之，曰：

禹貢只載九江，無洞庭。今以其地驗之，有洞庭，無九江。則洞庭之為九江無疑矣。洞庭彭蠡冬月亦涸，只有數條江水在其中。（七九）

文中又辨及三江，曰：

問諸吳人，震澤下流實有三江以入於海，彼既以目驗之，恐其說之必可信，而於今尚可考也。

語類亦曰：

薛士龍說震澤下有三江入海，疑他曾見東南水勢，說得恐是。（七九）

此皆尊目驗，直破經文，不留餘地，而其辨「東匯澤為彭蠡」一語，尤為痛快。其言曰：

彭蠡之所以為彭蠡者，初非有所仰於江漢之匯而後成。衆流之積，日過日高，勢亦不復容江漢之來入。況漢水與江混而為一，至此已七百餘里，今謂其至此而後一先一後以入于彭蠡。既匯之後，又復循次而出，以為二江。其入也，何以識其為昔日之漢水而先行？何以識其為昔日之江水而後會？其出也，何以識其為昔日之漢水而今分以之北？何以識其為昔日之江水而今分以居中？湖口之東，今但見其為一江，而不見其分流。然則所謂「漢水匯為彭蠡而江水亦往會焉」者，亦不可通之妄說也。

文中又曰：

湖口橫渡之處，予常過之。但見舟北為大江之濁流，舟南為彭蠡之清漲而已。蓋彭蠡之水，雖限於江而不得洩，然及其既平，則亦因其可行之隙，而又未嘗不相持以東也。惡覩所謂中江、北江之別乎？此又可見其為不通之妄說也。

此所謂不通之妄說者，皆指禹貢本文言，不僅指後來解經者之妄說也。

語類亦言之，曰：

禹貢本文自有謬誤處。且如漢水自是從今漢陽軍入江，今言漢水「過三澨，至于大别，南入於江，東匯澤為彭蠡」，全然不合，又如何去強解釋得。蓋禹當時南方諸水皆不親見，恐只是得之傳聞，故多遺闕，又差誤如此。自古解釋者紛紛，終是與他地上水不合。（七九）

此條所辨，謂自古解釋紛紛，終自與地上水不合，可謂極直捷明快矣。實則不僅朱子以前強為解說之可笑，即此後清儒，考訂益密，解說益細，終多牽強曲解，不足以救禹貢原文之誤也。

於是又附帶辨及「味别」、「洲别」之論。其辨「味别」則曰：

不知凡禹之所為過門而不入，胼手胝足而不以為病者，為欲大濟天下昏墊之民，使得平土而居，以衣且食，而遂其生耶？抑如陸羽、張又新輩，但欲較計毫分於齒頰間，以為茗飲一時之快耶？嗚呼！彼以是而為說者，亦可謂童騃不思之甚矣。

茗飲之俗，其起甚後。則「味别」之說，決不足以解禹貢，亦甚明矣。其辨「洲别」則曰：

若果如此，則漢水入江之後，便須常有一洲介於其間，以為江漢之別。而湖口入匯之處，又當各分為二，以為出入之辨而後可也。今皆無之。

此皆附辨後人之曲說也。文中又旁考之以山海經，曰：

山海經云：「廬江出三天子都，入江，彭澤西。」漢志亦云：「廬江出陵陽東南，北入江。」今寧國府旌德縣有陵陽山，而三天子都乃在徽饒之境，疑與陵陽腹背相直。故廬江得出其東南而西流北折以為鄱餘二水，遂以會於彭蠡而入於江。及其入江，則廬山屹立乎其西南，而江之北岸即為郡之南境。疑江與山蓋相因以得名，而郡亦以其南直此江此山而名也。然則彭蠡安得為無原，而必待漢匯江會而成哉？

語類云：

問禹貢地理。曰：「禹貢『過』字有三義：有山過、水過、人過。如『過九江至於敷淺原』，只是禹過此處去也。若曰山過、水過，便不通。」（七九）

此又以考據旁及訓詁。亦有因考據而定訓詁者，如此處之例是也。朱子解經，極多以義理定訓詁。惟考據與義理皆不得背訓詁，如是而已。

文集卷七十一又有記山海經篇，論浙江、廬江源流。因曰：

右出山海經第十三卷。山海經惟此數卷所記，頗得古今山川形勢之實，而無荒誕譎怪之詞。然諸（儒）皆莫之考，而其他卷謬悠之說，則往往誦而傳之。

此亦根據目擊。轉有取於自古相傳號為荒怪不經之山海經，而於禹貢之列在尚書，後世羣尊以為經文者顧疑焉。此等精神，實堪重視。

九江彭蠡之辨，主要在辨禹貢之言水道，然亦兼及於禹貢之言山脈。其文曰：

經之凡例，本自明白，而諸儒乃有過為新奇之說以亂之者。若論導山而逾于河，而以為導岍、岐、荆山之脈，使之渡河以為壺口諸山之類，則亦不待聞見之及而知其謬矣。禹之治水，隨山刊木，其所表識諸山之名，必其高大可以辨疆域，廣博可以奠民居，故謹而書之，以見其施功之次第。初非有意推其脈絡之所自來，若今論葬法者之所言也。若必實以山脈言之，則河北諸山本根脊脈，皆自代北寰、武、嵐、憲諸州乘高而來。其脊以西之水，則西流以入龍門西河之上流。其脊以東之水，則東流而為桑乾，道幽、冀以入於海。其西一支為壺口、太岳，次一支包汾、晉之源，而南出以為析城、王屋，而又西折以為雷首。又次一支乃為太行。又次一支乃為常山。其間各隔沁、潞諸川，不相連屬。豈自岍、岐跨河東度而反為是諸山哉！若過九江至于敷淺原，亦有襲其謬者。以為衡山之脈東度而來，則以見聞所及，而知其必不然也。岷山之脈，其一支為衡山者，已盡於九江之西。其一支又南而東度桂嶺者，則包湘原而北徑潭、袁之境，以盡於廬阜。其一支又南而東度大庾者，則包彭蠡之原以北至乎建康。其一支則又東包浙江之原而北其首以盡于會稽，南其尾以盡乎閩越也。豈衡山之脈能度九江，而其度也，又直為敷淺原而已哉？

自鄭玄、王肅有三條四列之名，僞孔傳以為衡山之脈連延而為敷淺原，朱子闢之，豁如也。語類亦辨及此：

問味別、地脈之說。曰：「禹治水，不知是要水有所歸，不為民害，還是只要辨味點茶如陸羽之流，尋脈踏地如後世風水之流耶？且太行山自西北發脈，來為天下之脊，此是中國大形勢。其底柱、王屋等山，皆是太行山腳。今說者分陰陽列，言導岍及岐至于荊山，山脈逾河而過，

為壺口、雷首、底柱、析城、王屋、碣石，則是荆山地脈卻來做太行山腳。其所謂地脈尚說不通，況禹貢本非理會地脈耶？」（七九）

凡朱子辨禹貢，其猶可謂有遺憾者，乃在其未肯率直指出禹貢乃戰國晚出之僞書。而其剖擊禹貢本文，以及自宋以前諸儒之曲說，則可謂盡剝落之能事，而使其體無完膚矣。清儒窮經稽古，以禹貢專門名家者頗不乏人。惜乎漢宋門戶牢不可破，先横一偏私之見，未能直承朱子，進而益求其眞是之所在，而仍不脱於遷就穿鑿，所謂巧愈甚而謬愈彰，此則大可遺憾也。

語類又曰：

禹貢地理，不須大段用心。理會禹貢，不如理會如今地理。今人說中原山川者，亦是兒戲之說，不可見，無考處。舊鄭樵好說，後識中原者見之，云全不是。（七九）

地理考據，須重身歷目覩，不能僅憑書本。又貴問此項考據作用何在。故曰理會禹貢，不如理會如今地理，此誠大賢之達見。拘拘然一心以文字考據為業者，又何足以知此。

朱子因疑禹貢，兼疑及於大禹治水之說。嘗曰：

堯之水最可疑，禹治之，尤不可曉。胡安定說不可信。掘地注海之事，亦不知如何掘。必不是未有江河而然。常疑恐只是治黃河費許多力。（五五）

朱子意，堯禹洪水傳說，頗多可疑。恐只是指治河，不如今禹貢所云云。雖若推測，實近情理。可見從事考據，須先有一番識見。非如近人所想像，只有一堆材料，便能盡考據之能事也。

又文集卷七十一偶讀謾記，論孟子「決汝漢排淮泗而注之江」，謂：

此但作文取其字數以足對偶而云耳。若以水路之實論之，便有不通。說者見其不通，便欲強為之說。然亦徒為穿鑿，而卒不能使之通也。

文集卷五十二答吳伯豐亦論此事。語類亦云：

據今水路及禹貢所載，惟漢入江，汝泗自入淮，淮自入海，孟子說分明是誤。今人從而強為之解，終是可笑。（七九）

朱子言義理則尊孟子，若論考據，則云孟子說分明是誤。大賢之學，豈後儒徒知爭義理考據之門戶者所能知。

又文集卷三十八答李季章論禹迹圖有云：

禹迹圖，云是用長安舊本翻刻，然東南諸水例皆疎略。頃年又見一蜀士，說蜀中嘉州以西諸水，亦多不合。今其顯然者，如蜀江至瀘州東南，乃分派南流東折，逕二廣，自番禺以入海。以理勢度之，豈應有此。必是兩水南北分流，而摹刻者誤連合之，遂使其北入江者反為逆流耳。然柳子厚詩亦言，「牂柯南下水如湯」，則二廣之水源，計必距蜀江不遠，但不知的自何州而分為南北耳。又自瀘以南諸州，今皆不聞，必已廢併。幸為詢究，一一見喻。

此則雖非目擊身履，而推以理勢，知其不然。惟柳詩所言應是目擊，因託更加詢究。此其考索之無所不至，而多方考索之虛心，尤見格物精神之隨時隨處自然流露也。

又文集卷七十一記濰水集二事，其一因邢恕、李復辨黃河船運，因言：

禹貢雍州貢賦之路，亦曰「浮於積石，至於龍門西河，會於渭汭」，則古來此處河道固通舟楫如恕策，復之言乃如此，何也？

此事有關國防民生者至大。朱子南人，足跡未到北方，不能定李、邢說之是非，而姑述禹貢以存疑。此乃其關心之廣，無往而不見其實事求是之精神。而於李復潏水集中所述黃河此一段水流之深淺廣狹，以及石峽灘溜之詳，備錄不遺。大賢用心，當由此窺入。又豈泥古媚經，以務為考據者之所能比擬乎！

問薛常州九域圖。曰：「其書細碎，不是著書手段。『予決九川，距四海，濬畎澮，距川』，聖人做事，便有大綱領。學者亦先識箇大形勢。如江、河、淮先合識得，渭水入河，上面漆、沮、涇等又入渭，皆是第二重事。桑欽、酈道元水經亦細碎。」因言：「天下惟三水最大，江、河與混同江。混同江不知其所出，虜舊巢正臨此江，邪迤東南流入海，其下為遼海。遼東、遼西，指此水而分也。」（七九）

朱子論地理，首重大形勢，又必會通之於時務實用，此亦大儒治學精神之一面。至其誤混同江為遼河，則為一時見聞所限也。

語類又曰：

東南論都，必要都建康者，以建康正諸方水道所湊，一望則諸要害地都在面前，有相應處。臨安如入屋角房中，坐視外面，殊不相應。武昌亦不及建康。然今之武昌，非昔之武昌。吳都武昌，乃今武昌縣，地勢迫窄，只恃前一水為險耳。鄂州正昔之武昌，亦是好形勢。上可以通關陝，中可以向許洛，下可以通山東。若臨安，進只可通得山東及淮北而已。（一二七）

此條論形勢，論沿革。博古可以通今，論今必求鑑古。朱子所考據，乃可謂是活用的考據，亦可謂是真儒之考據也。

又曰：

關中秦時在渭水之北居，但作離宮之類於渭南。漢時宮闕在渭水之南，終南之北，背渭面終南。隋時此處水皆鹹，文帝遂移居西北，稍遠漢之都。唐都在隋一偏西北角。唐宮殿制度正當甚好。官街皆用牆，居民在牆內，民出入處皆有坊門，坊中甚安。故武元衡出坊門了始遇害。本朝宮殿街巷京城制度，皆仍五代，因陋就簡，所以不佳。舊東京、關中漢唐宮闕街巷之類圖，今衢州有碑本。（一三八）

此條歷述秦、漢、隋、唐關中建都之地形，乃及宮闕坊巷之制，皆有當時所存碑本為據。此亦是一種考據，而說來泥不見考據痕迹。歸結到本朝京城制度，皆仍五代，因陋就簡，所以不佳。如是考據，始有意義，始見作用。朱子以一大儒通考據，事固無難。後人欲以考據成大儒，則誠難之又難也。

因說詩中關洛風土習俗不同。曰：「某觀諸處習俗不同，見得山川之氣甚牢。且如建州七縣，縣縣人物各自是一般。一州又是一般。生得長短大小清濁皆不同，都改變不得。豈不是山川之氣甚牢。」（一三八）

此因詩而推論及於當前，因山川之氣而推論及於人物習俗，是亦一種活考據也。司馬遷遍歷中國，所貢獻於其史學之成就者實大。蘇子由乃謂其身遊名山大川，故為文得長其奇氣，則淺見而已。

又曰：

榷場中有文字賣，說中原所在山川地理州縣邸店甚詳。中亦雜以虜人官制。某以為是中原有忠義之人做出來，欲朝廷知其要害處也。（一三八）

此所推想，確否不可知。然知即是當時榷場中所賣文字，朱子亦經過目。只經朱子過目，便有一種考據，便有一番作用。學者必先有朱子之心胸，乃可與語朱子之見識。無此心胸，則此等見識終於談不上，又何論於考據。又曰：

黃河今由梁山泊入清河楚州。（五五）

此條因論堯禹治水必是指治河，而連帶言之。朱子生平足迹未履中原，而於黃河行道亦所注意。又特提到梁山泊，想見朱子胸中丘壑，決不拘泥文字書本以專為治考據作資料也。

語類有一條云：

莊子去孟子不遠，其說不及孟子者，亦是不相聞。今亳州明道宮，乃老子所生之地。莊子生於蒙，在淮西間。孟子只往來齊、宋、鄒、魯，以至於梁而止，不至於南。當時南方多是異端，如孟子所謂「陳良楚產，北學於中國」，又如說「南蠻鴂舌之人」。（一二五）

此條因地理而兼考其學術同異，其通其囿，瞭如指掌。此等皆朱子隨時隨口告人，固不嫥嫥為考據，更不斤斤為考地。活潑宏通，精光四射。誠為專知治考據者所不易企及之境界也。

其涉及歷史記載之考訂，如文集卷四十四答曹子野論史、漢異同，及史記、通鑑異同，其言曰：

史記功臣表與漢史功臣表，其戶數先後及姓名多有不同。二史各有是非，當以傳實證之，不當全以史記所傳為非眞也。如淮陰侯為連敖典客，漢史作票客，顔師古謂其票疾，而以賓客之禮禮之。夫淮陰之亡，以其不見禮於漢也。蕭何追之而薦於漢王，始為大將。若已以賓禮禮之，淮陰何為而亡哉？此則史記之所載為是。三代表是其疏謬處，無可疑者。若以為堯舜俱出黃帝，是為同姓之人。堯固不當以二女嬪于虞，舜亦豈容受堯二女，而安於同姓之無別。又以為湯與王季同世，由湯至紂凡十六傳，王季至武王纔再世，豈不甚繆戾耶？田和遷康公，通鑑載於安王十一年，是因時而紀之也。史記載於安王十六年，是因事而見之也。只有伐燕一節，史記以為湣王，通鑑以為宣王，史記卻是考他源流來。通鑑只是憑信孟子。溫公平日不喜孟子，到此又卻信之，不知其意如何。

此書對校史、漢、孟子、通鑑異同而覈其得失，已開清儒考史如廿二史考異及史記志疑諸書之先河。言義理，朱子尊孟子，輕司馬遷。但論史實，寧取後起之史記，不從先有之孟子。其衡鑒明允又如此。

又文集卷五十九答吳斗南有云：

頃見東漢討羌檄日辰，與通鑑長歷不同。

此雖小節，亦所不忽。見朱子之考據精神，眞如水銀瀉地，無空不入也。又如文集卷三十七答程可久辨阡陌二字，謂：

其立名取義，正以夫畝之數得之，而其字為道路之類，當從𠂤而不當從人。史記其本字，而漢志則因假借而亂之，恐不當引以為據也。

此雖一字體之微，亦不憚比較考論。而文集卷七十二開阡陌辨一文，尤為立論創闢，自戰國以至秦漢古代田制變遷，得此一文，始有正確途徑可尋。如此大文章，求之清儒二百四十年一意考據之所得，殊亦少其比偶。朱子於此番辨論，亦甚自重視。語類有云：

井田阡陌，已前人都錯看了，某嘗考來。（一三四）

此條有黃義剛、林夔孫、沈僩三人所錄，乃是朱子六十八、九以後告其門弟子者。則朱子晚年甚自重視此一發見可知。

語類又曰：

君舉說井田，道是周禮、王制、孟子三處說皆通，說出亦自好看。今考來乃不然。周禮鄭氏自於匠人注內說得極仔細。前面正說處卻未見，卻於後面僻處說。先儒這般極子細。君舉於周禮甚熟，不是不知。只是做箇新樣好話謾人。（八六）

又曰：

周禮有井田之制，有溝洫之制。今永嘉諸儒論田制，乃欲混井田溝洫為一，則不可行。鄭氏注解分作兩項，卻是。（八六）

是朱子考井田，亦效經生樸簌專家之所為，根據注疏，確循正軌。研經即以證史，自東漢鄭康成以下，蓋少能兼此二者而一之也。

文集中尚多其他博雜之考辨，如：

文集卷四十四答蔡季通論樂圖，又一書論易象數與鍾律。

同卷答方伯謨論易數。

卷四十五答廖子晦論律呂，又論河圖、洛書。

又卷八十四書河圖洛書後，引大戴禮明堂篇鄭注以證九數為洛書之說。

卷三十七答鄭景望，卷四十二答吳晦叔，論古五刑。

卷六十答王南卿論車乘兵數，及陣法。語類有一條提及郭先生論弓弩及馬甚精云云，是朱子於軍事諸項亦甚注意也。

卷三十七答程可久論黍尺制度。

又如：

卷七十一偶讀謾記考辨韋應物詩論及唐刺史借服。

同卷考韓文公與大顛書，辨論歐、蘇兩家意見得失，而為此三書考其同異訂其謬誤，確定其為韓公之作。

同卷記潏水集二事，考論鯀廟為黃熊之像，及禹像為豕首。因以漢書注禹亦變熊之說為證。

卷五十九答吳斗南云：

草木疏用力多矣，然其說蘭蕙殊不分明。蓋古人所說似澤蘭者非今之蘭（澤蘭尖葉方莖紫節，正如洪慶善說。），自劉次莊以下所說，乃今之蘭也。古之蕙，恐當如陳藏器說。若山谷說，乃今之蕙也。茶恐是蓼屬（見詩疏載芰），故詩人與堇並稱。堇乃烏頭，非先苦後甘也。又云茶毒，今人用以藥溪取魚，不得為苦荁。熹讀書最少，然見此類，不能無疑者尚多。若論為學，考證已是末流，況此又考證之末流，恐自此不須更留意，卻且收拾身心向裏做些工夫。

是雖一草一木之微，亦不憚詳考細辨。而猶曰讀書最少，更曰考證是為學末流，考及草木，則又是考證之末流，而勸人且收拾身心向裏做工夫，此亦猶如孔子曰「君子多乎，不多也」。朱子此等小考據，及於一草一木之微者，亦尚多見於語類。如曰：

杜詩：「萬里戎王子，何年別月支？」後說花云云，今人只說道戎王子自月支帶得花來。此中嘗有一人在都下，見一蜀人遍鋪買戎王子皆無，曰：「是蜀中一藥，為本草不曾收，今遂無人蓄。」方曉杜詩所言。（一四〇）

問：「『如松柏之茂，無不爾或承』，承是繼承相接續之謂，如何？」曰：「松柏非是葉不凋，但舊葉凋時，新葉已生。木犀亦然。」（八一）

此其博物多聞，而訓詁精妙亦可見。

問社主。曰：「向來沙隨說以所宜木刻而為主。某嘗辨之，後來覺得卻是。但以所宜木為主，如今世俗神樹模樣，非是將木來截作主也。以木名社，如櫟社、枌榆社之類。」又問社稷神。曰：「說得不同。或云稷是山林原隰之神，或云是穀神，看來穀神較是。社是土神。」（九〇）

此見每一小節，必經斟酌反復而後定也。

問：「『釃酒』云縮酌用茅，恐茅乃以酵？」曰：「古人芻狗，乃酵酒之物。茅之縮酒，乃今以醡酒也。想古人不肯用絹帛，故以茅縮酒。」（八一）

又曰：

古說關雎為王雎，「摯而有別」，居水中，善捕魚，說得來可畏。某見人說淮上有一般水禽，名王雎，雖兩兩相隨，然相離每遠。此說卻與列女傳所引義合。（八一）

又曰：

蟻封，蟻垤也，北方謂之蟻樓。如小山子，乃蟻穴地，其泥墳起如丘垤。中間屈曲如小巷道。

古語云：「乘馬折旋於蟻封之間」，言蟻封之間巷路屈曲狹小，而能乘馬折旋於其間，不失其馳驟之節，所以為難。「鸛鳴於垤」，垤即蟻封也。天陰雨下則蟻出，故鸛鳴於垤，以俟而啄食之也。王荊公初解垤為自然之丘，不信蟻封之說。後過北方，親見有之，遂改其說。（一〇五）

又曰：

曾皙嗜羊棗，只是北邊小棗如羊矢大者。（六一）

凡其好學多聞率如是。然又曰：

公今且收拾這心下，勿為事物所勝。若不先去理會得這本領，只要去就事上理會，雖是理會得許多骨董，只是添得許多雜亂，只是添得許多驕吝。某這說的，定是恁地。雖孔子復生，不能易其說。（八四）

又曰：

雜亂與驕吝二病，為學博雜者每易犯。清儒不識宋儒，正亦犯此二病。

學問不考古，固不得。若一向去採摭故事，零碎湊合，說來也無甚益。孟子慨然以天下自任，曰：「當今之世，舍我其誰。」到說制度處，只說「諸侯之禮吾未之學，嘗聞其略也」。（八六）

則朱子教人所重，在彼不在此，抑可見。

又文集卷八十一跋李少膺脞說，歷辨書中所論未當處，而曰：

大抵今人讀書不廣，索理未精，乃不能致疑，而先務立說，此所以徒勞苦而少進益也。

讀書貴廣，索理貴精，然後乃能疑。所謂能疑，不專在疑前人之說，尤貴能疑己說之自有未安也。一意索理，不務讀書，此為朱子所不許。然僅知讀書，而不務於索理，尤為朱子所深斥。必待讀書之廣，索理之精，而至於能疑，能疑而後能有見，有見而後可以自立說，此則朱子之學風也。

語類中亦多疑辨考據，茲再雜引以見一斑。如曰：

分野之說，始見於春秋時，而是時未有所謂趙魏晉者。（二）

清儒本此以辨左氏之僞，朱子已先發之。又據孟子、詩、書辨文王之為人（五一）。又曰：

西伯戡黎，便是這箇事難判斷。觀戡黎大故逼近紂都，豈有諸侯而敢稱兵於天子之都乎？看來文王只是不伐紂耳，其他事亦都做了，如伐崇戡黎之類。韓退之拘幽操云：「臣罪當誅兮，天王聖明。」伊川以為此說出文王意中事。嘗疑這箇說得來太過。據當日事勢觀之，恐不如此。若文王終守臣節，何故伐崇？只是後人因孔子「以服事殷」一句，遂委曲迴護箇文王說教好看，殊不知孔子只是說文王不伐紂耳。（七九）

昌黎「臣罪當誅，天王聖明」一語，伊川取之。後人據以譏理學，乃此事朱子已先辨之。又曰：

看文王亦不是安坐不做事的人。如詩中言文王「既伐于崇，作邑于豐」，武功皆是文王做來。詩載武王武功卻少。觀文王一時氣勢如此，度必不終竟休了。（三五）

又曰：

書說「王季勤勞王家」，詩云太王翦商。都是他子孫自說。左傳云「泰伯不從」，是不從甚底事。（三五）

若紂之惡極，文王未死，也只得征伐救民。（三五）

而今都回互箇聖人，說得忒好，也不得。（三五）

此言商周之際之形勢，歷陳太王、王季、文王三世心事，直截透闢，絕不為聖人廻護。則朱子心中之聖人，似與世俗所欲廻護者不同。厥後清儒崔述為豐鎬考信錄，尊經傳，力斥史記，卻於孔子稱泰伯以至德者，強作辨解。崔氏乃本理學觀點考史，然較之朱子，迴不相侔。學者試取朱子辨古史，逐條與崔氏考信錄相比，當知眞理學自有在，不如崔氏之拘迂也。

問：「周公誅管蔡，孟子謂周公之過。」曰：「是。但他豈得已。本是怕武庚叛，故遣管、蔡、霍叔去監他，為其至親可恃。不知他反去與武庚同作一黨，做出這事來，騷動許多百姓，想見也怕人。『鴟鴞鴟鴞，既取我子，毋毀我室』，當時也是被他害得猛。如常棣一詩，是後來制禮作樂時作，這是先被他害，所以當天下平定後，更作此詩，故其辭獨哀切，不似諸詩和平。」（五四）

此論周公一如其論文王。發明古聖人心事於隱微之間，而又揆度義理，曉達情勢，絕無儒生論史之迂腐。至其指陳鴟鴞、常棣，妙會詩旨，抉發史微。根據文學闡說經史，實非博通大儒莫能逮。

又曰：

聖人隳三都，亦是季氏是時自不柰陪臣何，故假孔子之力以去之。及既墮三都，而三桓之勢遂衰，所以桓子甚悔。正如五代羅紹威不柰魏博牙軍何，假朱溫之勢以除之。既除牙軍，而魏博之勢大弱，紹威大悔，正此類也。（五八　八三）

問：「夾谷之會，孔子數語何以能卻萊人之兵？」曰：「畢竟齊常常欺魯，魯常常不能與之爭。卻忽然被一箇人來以禮問他，他如何不動。藺相如『秦王擊缶』，亦是秦常欺得趙過，忽然被一箇人恁地硬振，他如何不動。」（八三）

以戰國藺相如事說夾谷之會，以五代羅紹威事說隳三都，隨手拈來，情事委符。平實深微，兼盡其致。迂儒不通史，卻如何單獨能通得經。此所以大儒之為不可及也。

朱子又辨孔子誅少正卯事，見文集卷六十七舜典象刑說，其言曰：

少正卯之事，論語所不載，子思、孟子所不言，雖以左氏春秋內外傳之誣且駁，而猶不道也。乃獨荀況言之。是必齊魯陋儒，憤聖人之失職，故為此説以夸其權耳。

此等處，一依考據家法，絕不見理學家氣味，益為可貴。由朱子所推想，此事乃是齊魯陋儒，憤聖人之失職，故造此說以誇其權。崔述洙泗考信錄則謂乃申韓之徒言刑名者誣聖人以自飾。此皆同屬推測，而兩兩相較，高下得失自見。故知為考據者，決不僅限於考據，而可盡考據之能事也。

文集卷七十一偶讀謾記有云：

春秋上辛雩，季辛又雩，公羊為昭公聚眾以攻季氏，此說非是。昭公失民已久，安能聚眾，不過得游手聚觀之人耳，又安能逐季氏乎！昭公、季氏事見左氏傳，極有首尾。公羊子特傳聞想料之言爾，何足為據。或者乃信其說以解春秋，既為謬誤，又欲引之以解論語「樊遲從遊舞雩之下」一段問答，以為為昭公逐季氏而發者，則又誤之甚矣。此弊蓋原於蘇氏問社之說，而近世又增廣之也。嘗見徐端立文說，曾以蘇說問尹和靜，和靜正色久之，乃言曰：「解經而欲新奇，何所不至。」聞之令人悚然汗下。

此條據左傳，不信公羊，更不取引公羊以解論語。朱子辨古史極平實，又極精闢。其解經，尤審慎而極深至。謂公羊只得之傳聞，可謂平實矣。至論語樊遲問，考樊遲之年，當在哀公時孔子自衛返魯後始從遊，何忽追問昭公之事，其不經可知。朱子置此不論，只曰其誤之甚，蓋以理斷之，有可不待深考而知也。

又語類「子入太廟每事問」：

某嘗道是孔子初仕時如此。若初來問一番了，後番番來番番問，恐不如此。「孰謂鄹人之子知禮乎？」呼曰「鄹人之子」，是與孔子父相識者有此語，多應是孔子初年。（三八）

此條考訂係孔子初年事，則不應入鄉黨篇，若其時時如此。今集注鄉黨篇此語僅曰「重書」，是又朱子不欲處處以考據見長也。

又論春秋杞滕稱子云：

杞國最小，所以文獻不足。觀春秋所書，初稱侯，已而稱伯，已而稱子。蓋其朝覲貢賦之屬，率以子男之禮從事。聖人因其實而書之，非貶之也。如滕國亦小，隱十一年來朝書侯，桓二年來朝書子，解者以為桓公弒君之賊，滕不合朝之，故貶稱子。某嘗疑之，以為自此以後一向書子，使聖人實惡其黨惡來朝之罪，則當止貶其一身。其子孫何罪，一例貶之？後來因沙隨云：

「滕國至小，其朝覲貢賦不足以附諸侯之大國，故甘心自降為子，聖人因其實而書之耳。」故鄭子產嘗爭貢賦之次。春秋之世，朝覲往來，其禮極繁，小國侵削之餘，何從而辦之。其自降為子而一切從省者，亦何足怪。當時大國滅典禮，叛君父，務吞并者，常書公書侯。不貶此而獨責備於不能自存之小國，何聖人畏強陵弱，尊大抑小，其心不公之甚。故今解春秋者，某不敢信，正以此耳。（二五）

又曰：

吳楚會盟不書王，恐是吳楚當時雖自稱王於其國，至與諸侯盟會則未必稱也。（三八）

此辨亦甚有情理。又曰：

宣公十五年，「公孫歸父會楚子于宋。夏五月，宋人及楚人平。」春秋之責宋鄭，正以其叛中國而從夷狄爾。中間諱言此事，故學者不敢正言。今猶守之而不變，此不知時務之過也。罪其貳霸亦非是。春秋豈率天下諸侯以從三王之罪人哉！特罪其叛中國爾。（八三）

又曰：

季友為人亦多可疑。諸家多言季友來歸為聖人美之之辭，據某看，此一句正是聖人著季氏所以專國為禍之基。（八三）

凡如此類，考據正所以發明義理，而義理亦必證之於考據。此與當時學人輕視考據而空言義理，以及後代如清儒，專務考據而棄義理於不顧者皆不同。又如曰：

管仲是天下之大義，子文是一人之私行。譬如伏節死義之人，視坐亡而立化者，雖未必如他之翛然，然大義卻是。彼雖去得好，卻不足取。（二九）

此亦考校兩人行事而加以評論。往事非徒供後人作考據用，若非有關於義理，則又何煩作考據工夫乎？

又曰：

晉文公詭譎，如「侵曹」、「伐衛」。又書「楚人救衛」，書「救」皆是美意。中國之諸侯，晉

以私伐之，乃反使楚人來救，其辭皆聖人筆削，要來此處看義理。今人作春秋義，都只是論利害。（八三）

問：「齊侯侵蔡亦以私，如何？」曰：「齊謀伐楚已在前。本是伐楚，特因以侵蔡耳，非素謀也。」（八三）

是朱子論春秋，亦采筆削褒貶之説，惟根據史實而衡之以義理，故特為平穩，非強説曲説也。

又曰：

諸侯滅國，未嘗書名。「衛侯燬滅邢」，説者以為滅同姓之故。今經文只隔「夏四月癸酉」一句，便書衛侯燬卒，恐是因而傳寫之誤。（八三）

滅同姓固非，然春秋例滅國未嘗稱名，則此處不當獨書衛侯之名。朱子所疑，殊為有理。

又曰：

「遂以夫人姜氏至自齊」，恐是當時史官所書如此。蓋為如今魯史不存，無以知何者是舊文，何者是聖人筆削，怎見得聖人之意。（八三）

事有可說，有不可說。如晉文公譎而不正，見於論語，其侵曹伐衛，出於其私，事詳左傳，故朱子謂其辭皆聖人筆削。如不可詳說者，朱子便謂怎見得聖人之意。他人說春秋，皆空懸一義理而強認為出於聖人之意。朱子所論，則皆經考據，而又必歸之於義理之正。此亦可見朱子之治史精神。

如論里克，曰：

今左傳中卻不見其事，國語中所載甚詳。（八三）

春秋所書多有不可曉。如里克等事，只當時人已自不知孰是孰非，況後世乎？如蔡人殺陳佗，都不曾有陳佗弒君蹤跡。（八三）

此亦朱子論春秋褒貶必憑之史實之證。史實不可考，則孔子褒貶之意亦不可知。然非謂孔子作春秋更無褒貶，亦非謂治春秋說史傳者皆不許有褒貶。脫離史實，空肆褒貶，本於春秋之一辭而強作曲解，此則為朱子所不許也。其他論春秋者詳史學篇。

又辨古代姓氏之分，曰：

商姓子，其後有宋，宋又有華氏、魚氏、孔氏之類。周姓姬，其後魯、衞、毛、聃、晉、鄭之屬，各自以國為氏。而其國之子孫，又皆以字為氏。如魯國子展之後為展氏，展禽是也。三家以孟、仲、季為氏。左氏曰：「天子因生以賜姓，諸侯以字為謚，因以為族」，謚只是氏字傳寫之訛。以字為氏，如上文展氏、孟氏之類。杜預點「諸侯以字」四字為句斷，而「為謚因以為族」為一句，此亦是強解。（一三八）

此條分辨古代姓氏，而校正左傳一字之訛。大處考據既分明，小處可以不煩有證而自定。如此類者尚多，詳朱子校勘學篇。此乃以理推之，似若無據臆測，然乃無考據中之考據，淺學者固不當輕率援例，然亦不可不知也。

又曰：

自秦漢以來，奴僕主姓。今有一大姓，所在四邊有人同姓，不知所來者，皆是奴僕之類。（一三八）

此又大儒之博古通今，非具此等達識，則不足以治史入深處。事若小節，然可深玩。

又疑孟子論三代田制（五五）。疑孟子論封國大小（五五）。疑孟子、王制、周禮言古代封國，謂：

孟子時去周初已六七百年，既無載籍可考，見不端的。鄭玄只文字上說得好看，然甚不曉事情。（五九　九〇）

說「孟子之平陸」，考古代王都及廟寢陵寢之制，辨蔡邕講學不明。（五四）

釋孟子「市」字，而考古代國君都邑規模。（五三）

又辨「文王之囿七十里」，孟子曰「於傳有之」，想他須有據，然無是理。（五一）

說孟子「若合符節」，而考古代符節之制。（五七）

又因「外丙二年，仲壬四年」論古史年代，謂自共和以後方可紀，其前且當闕之，不必深考。（五八）

又引史記載孟軻勸齊伐燕，與孟子合參，而云孟子不曾教齊不伐，亦不曾教齊伐。（五四）

問：「公孫丑言孟子不見諸侯，何故千里來見梁惠王？」曰：「以史記考之，此是梁惠王招之而至。其曰『千里而來』者，亦是勞慰之辭耳。」（五五）

孟子之時，時君重士，為士者不得不自重，故必待時君致敬盡禮而後見。自是當時做得箇規模如此定了。如史記中列國之君擁篲先迎之類。卻非是當世輕士，而孟子有意於矯之以自高也。（五五）

當時浙東學者輕語孟，重史記，朱子力斥之。然其於語孟，闡其義理，亦必考其事實。每有所考，常引史記。大賢之學，必求通體朗徹，不使有偏蔽而獨炫孤明也。

語類論齊人伐燕有云：

「齊人伐燕，孟子以為齊宣，史記以為湣王。溫公生平不喜孟子，及作通鑑，卻不取史記而獨取孟子，皆不可曉。荀子亦云：『湣王伐燕』，然則非宣王明矣。」問：「孟子必不誤。」曰：「想得湣王後來做得不好，門人為孟子諱，故改為宣王爾。」問：「湣王若此之暴，豈能慚於孟子？」曰：「既做得不是，說得他底是，他亦豈不愧也。溫公通鑑中自移了十年，據史記湣王十年伐燕，今溫公信孟子，改為宣王，遂硬移進前十年。溫公硬拗如此。」又云：「史記魏惠王三十六年，惠王死，襄王立。襄王死，哀王立。今汲冢竹書不如此，以為魏惠王先未稱王時為侯，三十六年乃稱王，遂為後元年。又十六年而惠王卒，即無哀王，惠王三十六年（按此處應是十六年，誤衍一三字。）了便是襄王。史記誤以後元年為哀王立，故又多了一哀王。汲冢是魏安釐王冢，竹書記其本國事，必不會錯。溫公取竹書，不信史記，此一段卻是。」（五一）

此條沈僩記，朱子六十九、七十時語，尚復耽情考據。論孟子當身事，乃信史記，不信孟子本書，可謂卓識大膽。彙列齊魏兩國孟子、竹書、史記所載齊宣王、梁惠王兩君年代異同，衡評溫公通鑑得失，精闢之見，前所未有。此下惟顧亭林日知錄亦曾討論及此。清儒以考據自尊，然通經者未必研史，治史者未必通經。即就考史言，其所辨論於竹書、史記者，亦未有如朱子此處之一語破的。大儒心力，眞如水銀瀉地，無空不入，誠曠古所稀遘。而朱子此時，已不復從事綱目之修訂。特附於此，以見欲為溫公通鑑有獻替，自非朱子，亦難勝其任者。又按語類此條下附一註，云：「此條有誤，當從春秋解後序」，此註不知何人所附，俟考。

語類又曰：

樂毅莒、即墨之圍，乃用師之道適當如此，用速不得。又齊湣王人多叛之，及死，而其子立於莒，則人復惜之，不忍盡亡其國。即墨又有田單，故下之難。使毅得盡其策，必不失之。（一三四）

此條包揚錄，在朱子五四、五六三年間。又曰：

樂毅用兵，始常懼難，乃心謹畏，不敢忽易。故雖大國堅城，無不破者。及至勝則自驕膽大，而恃兵強，因去攻二城亦攻不下。（一三四）

此條吳壽昌錄，在朱子五十七歲時，適在包揚錄一條之後，而持論乃大不同。包錄乃考論當時齊人心理，吳錄則專論樂毅一人心理。包錄見其大，然非吳錄，亦無以見其事之全。大賢立論審慎有如此，非輕反前說也。

問：「樂毅伐齊，文中子以為善藏其用，東坡則責其不合妄效王者事業以取敗，二說孰是？」曰：「這只是他們愛去立說後，都不去考教子細。這只是那田單會守後，不奈他何。當時樂毅自是兼秦魏之師，又因人怨湣王之暴，故一旦下齊七十餘城。及既殺了湣王，則人心自是休了。他又怕那三國來分他底，連忙發遣了。他以燕之力量，也只做得恁地。更是那田單也忠義，盡死節守那二城。樂毅不是不要取它，也煞費氣力。被他善守後，不耐他何。樂毅也只是戰國之士，又何嘗是王者之師。他當時也恣意去鹵掠。政如孟子所謂『毀其宗廟，遷其重器』，豈是不要它底。」（一三四）

此條黃義剛錄，在朱子六十四歲後。較前兩條，相距殆將十年。夏侯玄樂毅論，裴駰全取之入史記集解，其為後人重視可知。王通之說即本之夏侯玄，蘇氏之辨亦然。惟朱子備考其事之本末，兼衡雙方之情勢，推究及於齊人及樂毅之心理。立論精確，敻乎出羣。然亦經十年思慮往復，乃益臻完密。可見朱子之考古論史，用心不苟，隨事窮格。因於學者之間，溥博淵泉而時出之。而其為學之有體有用，亦於此而見。

語類又曰：

「秦十五年不敢出兵窺山東」之類，何嘗有此等事，皆史之溢言。（一三四）

蘇秦激怒張儀如秦，只是蘇秦之徒粧點出此事來謾人。（一三四）

辨戰國縱橫，其卓識皆由考據來。

又曰：

古人以竹簡寫書，民間不能盡有，惟官司有之。如秦焚書，也只教天下焚之，他朝廷依舊留得。如說「非秦記及博士所掌者盡焚之」，六經之類，他依舊留得。但天下人無有。（一三八）

此考秦廷焚書，亦極精密。後人有見及此，朱子皆已先發之。

語類又曰：

老氏之學最忍，它閑時似箇虛無卑弱底人，莫教緊要處發出來，更教你支梧不住。如張子房是也。子房皆老氏之學，如嶢關之戰，與秦將連和了，忽乘其懈擊之。鴻溝之約，與項羽講解了，忽回軍殺之。這箇便是他柔弱之發處，可畏可畏。只消三兩次如此，高祖之業成矣。（一二五）

老子之學，只要退步柔伏，不與你爭。才有一豪主張計較思慮之心，這氣便麄了。他這工夫極難。常見畫本老子，便是這般氣象，笑嘻嘻地，便是箇退步占便宜底人。只是他放出無狀來，便不可當。如子房之術，全是如此。子房少年也任俠殺人，後來因黃石公教得來較細，只是都使人不疑他，此其所以乖也。（一二五）

老子說話，大抵只是欲得退步占姦，不要與事物接。如治人事天莫若嗇，迫之而後動，不得已而後起，皆是這樣意思。故為其學者多流於術數。兵家亦祖其說，如陰符經之類是也。他說「以正治國，以奇用兵，以無事取天下」，據他所謂無事者，乃是大奇耳。故後來如宋齊丘，遂欲以無事竊人之國。（一二五）

此處推闡老子之意而及張良、宋齊丘，拘儒論史，豈能及此。專治老子書者，務玄言虛論，亦豈能於此等處理會。誠哉通儒達見之難於企及也。

又曰：

申、韓、莊、老之說，以為聖人置許多仁義禮樂，都是殃禍人。淮南子有一段說，武王問太公曰：「寡人伐紂，天下謂臣殺主，下伐上，吾恐用兵不休，爭鬬不已，為之奈何？」太公善王之問，教之以繁文滋禮以持天下。如為三年之喪，令類不蓄，厚葬久喪以亶其家。其意大概說，使人行三年之喪，庶幾生子少，免得人多為亂。厚葬久喪，可以破產，免得人富以啟亂。都是這般無稽之語。（三五）

淮南此處蓋遠從墨家來。非禮非樂，乃墨老申韓所同。惟淮南託之於史事，更若娓娓動聽。朱子直以無稽斥之，非有卓識，烏能下此肯定語。後人為考據，辨史迹，每喜摘摭雜書小說，炫博標新，一若所說有據，而不自知其識趣之短淺也。

語類又曰：

某嘗說賈誼固有才，文章亦雄偉，只是言語急迫，失進言之序。看有甚事，都一齊說了，宜絳灌之徒不說，而文帝謙讓未遑也。且如一間破屋，教自家修，須有先後緩急之序，不成一齊拆下，雜然並修。看他會做事底人便別。如韓信、鄧禹、諸葛孔明輩，無不有一定之規模，漸漸做將去。所以所為皆卓然有成。這樣人方是有定力，會做事。如賈誼胸次終是鬧着，事不得有些子在心中，盡要迸出來，所以言語無序。易曰：「艮其輔，言有序，悔亡。」聖人之意可見

矣。（五八）

後人僅知考史，不能論史。如朱子論史，則是由考史之至精處來，此尤不可不知。

文集卷五十九答吳斗南有云：

漢書刊誤，固多熹所未講，然其暗合者亦多。但劉氏所斷句，如項羽傳「由此始為諸侯上將軍」，儒林傳「出入不悖所聞者」，此類甚多，皆與史記合，恐當表而出之，以見其非出臆斷。唯「為原廟渭北」一條，頃見一書，廟、渭之間有「於」字，亦其明證。但今不記此出處。偏檢史記漢書之屬皆無之，恐或記得，幸批喻。

又曰：

劉氏所疑，亦自有舛誤處。如溝洫志第二條，「於楚」字，本文自屬下句。下文「於吳」、「於齊」、「於蜀」字，皆是句首。而劉誤讀，屬之上文，乃不悟其非，而反疑本文之誤。補遺未之正也。

此等處，見朱子治史，亦不僅於世運盛衰、人物賢奸，窺其大節目所在而止。如所舉，雖句讀瑣碎，亦不略過，而博及他書，比對細密。故於大節目，自無逃其衡鑒也。

語類又曰：

咸陽在渭北，漢在渭南，秦建十月已久，通鑑不曾契勘。（一三四）

史記言孔子養弟子三千人，蘇子由古史遽信而取之，恐不然。（八四）

伊川言古者養士云云，未知何所據，恐不然。（八四）

又曰：

女樂事論語所載與史記異，若如論語所載，似太匆遽。此事未易輕議，當闕。（四八）

又曰：

楊惲坐上書怨謗腰斬，此法古無之。今觀其書，怨則有之，何謗之有。（一三五）

又曰：

豐、鎬皆在山谷之間；洛邑、伊闕之地，亦多是小溪澗。安得有箇「王畿千里」之地，將鄭康成圖安頓於上？（八六）

衡山恐在嵩山之南，若如此，則四岳相去甚近。（七八）

越棲會稽，本在平江。楚破越，其種散，故後號為百越。此間處處有之。山上多有小小城郭故壘，皆是諸越舊都邑也。今浙間是南越，地平曠，閩廣是東越，地狹多阻。南豐送李柳州，誤謂柳為南越。（一三四）

又曰：

結繩，今溪洞諸蠻猶有此俗。又有刻板者。凡年月日時，以至人馬糧草之數，皆刻板為記，都不相亂。（七六）

其他朱子雜考史迹者尚多，如謂：

漢祭河用御龍御馬，皆以木為之，此已是紙錢之漸。（一三八）

紙錢起於玄宗時王嶼。（一三八）

宋初遂作紙衣冠。（一三八）

唐殿廷間種花柳，故杜詩云：「香飄合殿春風轉，花覆千官淑景移。」又云：「退朝花底散。」國朝惟植槐楸，鬱然有嚴毅氣象。（一二八）

南渡以前士大夫，皆不甚用轎。如王荊公、伊川，皆云不以人代畜。朝士皆乘馬。或有老病，朝廷賜令乘轎，猶力辭後受。自南渡後至今，則無人不乘轎矣。（一二八）

本朝先未有祠祿，自王介甫更新法，慮天下士大夫議論不合，於是創為宮觀祠祿，以待新法異議之人。（一二八）

古人置官者，正以他絕人道後可入宮。今卻皆有妻妾，居大第，都與常人無異。（一二七）祖宗朝，百官都無屋住，雖宰執亦是賃屋。自神宗置東西府，宰相方有第。今卻宦者亦作大屋。（一二七）

凡此見朱子於當代典故，雖極瑣小事，亦有興趣關注。至於大節目處更所留意，如呂、范解仇事，文集卷三十八答周益公詳辨此事。語類一二九亦有一大段討論。又語類論李仁甫通鑑長編云：

近得周益公書，亦疑其間考訂未甚精密。某看他書，靖康間事最疏略。如姚平仲劫寨，以為出於李綱之謀。种師中赴敵而死，以為迫於許翰之令。此二事，蓋出於孫覿所記，故多失實。覿初間亦說好話，夷考其行，不為諸公所與。阿附耿南仲，主和議。後竄嶺表，尤銜諸公。見李伯紀輩，望風惡之。洪景盧在史館時，謂靖康諸臣，覿尚無恙，奏乞下覿具所見聞進呈。秉筆之際，遂因而誣其素所不樂之人，如此二事是也。仁甫不審，多采其說，作正文書之。其他紀載有可信者，反為小字以疏其下。遂令觀者信之不疑，極是害事。昔王允之殺蔡邕，謂「不可使佞臣執筆在幼主旁」。允之用心固自可誅，然佞臣不可執筆，則是不易之論。（一三〇）

此條因李燾長編而考及孫覿為人始末，及其奏上靖康事所由，謂佞臣執筆，極是害事。即此見朱子之史學考辨精神，眞如淵泉之溥博而時出。而其審曲折，詳異同，若使親為一代之史，必迥出恆流，亦即據此可見。文集卷七十一復有記孫覿事一篇，識其為人。

語類又一條云：

先生每得未見書，必窮日夜讀之。嘗云：「向時得徽宗實錄，連夜看，看得眼睛都疼。」一日得韓南澗集，一夜與文蔚同看。倦時令文蔚讀，聽至五更盡卷。曰：「一生做詩，只有許多。」（一〇四）

此條陳文蔚所錄戊申以後所聞，已在朱子五十九以後。大賢之讀書用心，至老不衰，固非常情所能想像。

語類又云：

今人呼墓地前為明堂，嘗見伊川集中書為券臺，不曉所以。南軒欲改之，某云不可，且留着。後見唐人文字中言某朝詔改為券臺。（九七）

又曰：

嘗見徐侍郎敦立書三字帖於主位前，云「磨兜堅」，竟不曉所謂。後究竟得來，乃是古人有銘，如「三緘口」之類。此書於腹，曰：「磨兜堅，謹勿言。」畏秦禍也。（一三八）

或云俗語「夜飯減一口，活到九十九」。曰：「此出古樂府三叟詩。」（一三八）

東坡云：「月未望則魚腦實，既望則虛。」蓋出淮南子。則食膾宜及未望也。（一三八）

盧山有淵明古迹處曰上京，淵明集作「京師」之京，今土人以為「荆楚」之荆。（一三八）

砥柱銘上說，禹掛冠莫顧，過門不入。掛冠是有箇文字上說，禹治水時，冠掛着樹，急於治

水，今記不得是甚文字。世間文字甚多，只後漢書注內有無限事。（一三八）

凡如上引，可見朱子之博覽多識，考據疑辨，無大無小，誠可謂是一種學不厭之精神。

年譜慶元三年丁巳，餞別蔡季通於淨安寺，語類有云：

先生往淨安寺侯蔡，蔡自府乘舟就貶，過淨安，先生出寺門接之，坐方丈，寒暄外，無嗟勞語。以連日所讀參同契所疑扣之，蔡應答灑然。少遲，諸人醼酒至，飲皆醉，先生閒行，列坐寺前橋上飲，回寺又飲，先生醉睡。（一〇七）

年譜云：

明日，獨與季通會宿寒泉，相與訂正參同契，終夕不寐。

文集卷四十四答蔡季通：

連日讀參同，頗有趣，知「千周萬遍」非虛言也。但恨前此不得面叩。又讀握機後語何也數條，尤奇。昔蓋未有此體，亦恨不得究其說。

此書已在季通貶後。大賢之考據無不至，而其奇情逸趣有如此。又文集卷六十七有參同契說，詳論書中用功火候之法，末有一短跋云：

此說欲與季通講之，未及寫寄，而季通死矣。偶閱舊稿，為之泫然。戊午臘月一十六日。

又文集卷八十四有書周易參同契考異後，自署空同道士鄒訢。居奇處困，情趣不減。餘詳校勘篇。

又文集卷八十四跋孔君家藏唐誥，因朱子友括蒼吳任授室於莆田孔家，朱子遂獲見其家所藏告身家諜世譜，皆唐世舊物，考之宋元豐版本孔氏襲封家譜，定闕里孔家始遷莆田者為孔子後第四十一世，因於紹興二十五年為請於莆之守令，更其版籍為「至聖文宣王第四十九世孫」。時朱子年二十六歲，在同安任上。跋文詳記其事，時在慶元丁巳，朱子年六十八。前年冬以僞學褫職，而尚帶階官，故此跋文猶載「朝奉大夫」字樣。因非關私家之事，故跋文獨載官階也。此一小節，自二十六至六十八歲，事隔四十二年。其留情考據，壯歲已然。其惓惓一小節，晚年遭阨，不變故常。即抹去其他一切學問不論，單就考據一端言，朱子豈不為古今來其中一榜樣人物乎！因以附之茲篇。

朱子格物游藝之學

朱子以一代性理大儒，其於經史文章之學，沉深淹貫，博而有統，本書已著其梗概。而朱子為學多方，橫軼旁出，有不盡於經史文章之範圍者。爰為重草此篇，題之曰朱子之雜學，亦可謂是格物游藝之學。亦所謂「以能問於不能，以多問於寡」，「夫子焉不學，而亦何常師之有」。然而其間亦有甚大發現，甚大貢獻，極值重視。讀者幸勿謂其僅是格物游藝之雜學而忽之。

陳同甫有跋晦庵送寫照郭秀才序後，曰：

廣漢張敬夫、東萊呂伯恭，於天下之義理，自謂極其精微，而世亦以是推之。其精深紆餘，若於物情無所不致其盡，而世所謂陰陽卜筮書畫伎術，及凡世間可動心娛目之事，皆斥去弗顧，若將浼我者。新安朱元晦論古聖賢之用心，平易簡直，直欲盡擺後世講師相授、流俗相傳、既已入於人心而未易解之說，以徑趣聖賢心地，而發揮其妙。其不得見於世，則聖賢之命脈猶在，而人心終有時而開明也。然而於陰陽卜筮書畫伎術，皆存而信之，豈悅物而不留於物者固若此乎？

同甫之譏朱子，可謂甚矣。不知凡其所譏，正是朱子學之特出見精神處。同甫固未足以語此。如曰「悅物而不留於物」，當時理學家有此意。至如朱子，乃主格物窮理以致其知，非為悅物，亦非留於物不留於物之謂。同甫實不知朱子為學用心之所在。抑孔子曰「游於藝」，游藝乃聖門為學一大類，惜乎後之儒者，乃多不瞭其中深意。然則茲篇所論格物游藝兩途，雖可目為朱子之雜學，然就朱子學之大全體而論，固未見其所謂雜。抑且朱子學之所為能獨出古今，無其匹儔者，此格物游藝之兩端，正是大該著眼。雖若為其餘情之所及，要之亦是其博通之所至也。

文集卷七十五有送黃子衡序，謂：

熹生十五年，當紹興之癸亥，始得與子衡遊於潭溪之上。自是幾二十年矣。其遊日以久，所居又為東西鄰，朝夕聚而語，六經百氏之奧，立身行事之方，與當世之得失，無不講以求其至。而及乎文章之趣，字畫伎藝之工否者，皆其餘也。

此文作於紹興三十二年十二月，朱子年三十三，可見其中年以前為學之博綜，與其興趣之廣泛。此後其學之所成就，不可不謂於此已建其基。

文別集卷三與孫季和書，謂：

此雖餘事，亦見游藝之不苟。

蓋朱子之為學，格物必精，游藝不苟，雖曰餘事，實皆一貫。本末精粗，兼而賅之。昔太宰問於子貢曰：「夫子聖者與？何其多能也。」子聞之，曰：「吾少也賤，故多能鄙事。君子多乎哉？不多也。」又云：「吾不試，故藝。」後世學者，惟朱子其庶幾焉。其曰餘事，乃謙言之，猶孔子之謂君子不多也。茲篇姑就同甫所舉，逐項略說之如次。

朱子極推崇濂溪之太極圖，又信康節之先天圖，好言陰陽，乃為探究宇宙本原，及其衍化大則，而迤邐旁及於一切陰陽家言，偶爾涉之，無足多怪。至於卜筮，朱子以為易本卜筮之書，故於易傳中之揲蓍法，特加探討。文集卷六十六有蓍卦考誤一篇，辨郭雍之說。雍父立之兼山，親問學於伊川，雍有傳家易說。朱子所駁，乃兼及於康節、橫渠、伊川三家為雍所誤說者，此皆在理學家本身學問範圍之內。而朱子原本注疏，考覈精詳，此亦其窮治經學之餘瀾流波所霑及也。今語類卷六十六專論卜筮，下及後代火珠林、金錢卜諸術，以及發課、卦影諸說，又推論及於龜卜及鑽龜法等，皆見朱子格物之審博精神。又朱子好以歷史演變探討事物本原，此皆其格物精神之大堪注意者。

宋代理學家好言易，好言天地陰陽造化，此皆與老莊以下道家言有關。濂溪太極圖，康節先天圖，迹其傳授淵源，皆當上溯之於陳希夷。朱子於此並不諱言。朱子又喜與道士往還，於是因治易而兼注意及於參同契，為之考異，自署空同道士，亦見朱子為學之興趣多方，及其意態之開明。文集卷八十四有題袁機仲所校參同契後云：

予頃年經行順昌，憩篔簹鋪，見有題「煌煌靈芝，一年三秀；予獨何為，有志不就」之語於壁間者。三復其詞而悲之，不知題者何人，適與予意會也。慶元丁巳八月七日，再過其處，舊題固不復見，而屈指歲月，忽忽餘四十年，此志眞不就矣。道間偶讀此書，并感前事，戲題絕句：「鼎鼎百年能幾時，靈芝三秀欲何為。金丹歲晚無消息，重歎篔簹壁上詩。」

慶元丁巳，朱子年六十八，在其戊午為參同契說前一年。而謂忽忽歲月四十餘年，知朱子當二十餘歲時，見此壁上題詩，即留心於長生之術，而此後遂注意及於參同契其書。文集卷三十八答袁機仲有曰：

參同之書，本不為明易，乃姑借此納甲之法以寓其行持進退之候。異時每欲學之，而不得其傳，無下手處。

此書尚在丁巳前，是朱子有意學其長生之術而無其傳也。書中又引沈存中筆談論參同契一書中之納甲，其留意如此。

又文集卷六十七有參同契說，詳辨後人之說無當魏書之原意，而曰：

竊意此書大要，在於坎離二字。若於此處得其綱領，則功夫之節度，魏君所不言者，自可以意為之。但使不失其早晚之期，進退之節，便可用功，不必一一拘舊說也。

此文下面有「又推得策數一法」，即所謂工夫之節度，有意欲告蔡季通與相講究，而季通已死於貶所矣。

參同契之外，又注意及於陰符經。文集卷八十二跋閭丘生陰符經說有云：

括蒼閭丘君之官臨賀，迂道千里，過予於漳水之上，示予以所釋陰符之篇。觀其意寄高遠，而文義精密，出入乎異端之說，而能折衷以義理之正。至論當世之為道術者，其所是非取舍，又皆不失其當。蓋今之學子，能若是者少矣。然予憂其知之過高，氣之太銳，而無以道乎中庸之實，或將反以喪失其所以為心者而不自知也。於其告別，書以遺之。

此文在紹熙庚戌，朱子年六十一。其所以告閭丘者，雖出入乎異端，而必折衷以義理，又於世俗之為道術者，求能有所是非取舍而得其當。以此治諸技術，固亦何害？然而猶深戒之，謂其無以道乎中庸，或將喪其所以為心而不自知。然則如同甫之所謂「存而信之」者，固豈僅止乎存而信之而已乎？又因閭丘進陰符經，而告以陰符經及握奇經等文字，皆唐李筌所為。（見語類卷一百二十五。）此又見朱子平日讀書之博涉而審細。其辨僞工夫之無所不用其極，亦豈好奇輕信之比？

參同、陰符之外，又有麻衣心易。文集卷八十一有書麻衣心易後一篇，謂必近年術數末流，道聽途說，掇拾老佛醫卜諸說之陋者成其書，而託名於此人。其文作於淳熙丁酉，朱子年四十八。又有再跋麻衣易說後一篇，謂成前文後兩年，假守南康，一老而躄者戴師愈來謁，後因親至其家，而確切發現此人即僞作麻衣心易者。張南軒不辨其僞，曾親為之跋，朱子於再跋中有云：

欲以其事馳報敬夫，則敬夫亦已下世，因以書語呂伯恭曰：「吾病廢有年，乃復為吏，然不為他郡而獨來此，豈天固疾此書之妄，而欲使我親究其實耶？」時當塗守李壽翁侍郎雅好此書，伯恭因以予言告之，李亟以書來，曰：「即如君言，斯人而能為此書，亦吾所願見也。幸為津致，使其一來。」

朱子以曠代大儒，於世間方伎雜術百家小書，既非一切鄙斥，亦不輕信苟從。其心力之磅礴，興趣之橫溢，縱非盡人所能，豈不大堪欣賞乎？其一時摯友如張南軒，亦喜麻衣心易而不能辨。呂東萊得朱子書，轉以告李壽翁，而壽翁仍執迷不返。如此等處，自今視之，若無足道。其在當時，豈得謂朱子所研討之徒費心力，更無影響可言乎？

語類有曰：

「老子云『載營魄』，是以魂守魄。蓋魂熱而魄冷，魂動而魄靜。能以魂守魄，則魂以所守而亦靜，魄以魂而有生意。魂之熱而生涼，魄之冷而生暖，惟二者不相離，故其陽不燥，其陰不滯，而得其和矣。不然，則魂愈動而魄愈靜，魂愈熱而魄愈冷，二者相離，則不得其和而死矣。」又云：「水一也，火二也，以魂載魄，以二守一，則水火固濟而不相離，所以能永年也。養生家說盡千言萬語，說龍說虎，說鉛說汞，說坎說離，其術止是如此而已。故云：『載魄抱魂，能勿離乎？專氣致柔，能如嬰兒乎？』今之道家，只是馳騖於外，安識所謂載魄守一能勿離乎？康節云：『老子得易之體，孟子得易之用。』康節之學，意思微似莊老。」或曰：「老子以其不能發用否？」曰：「老子只是要收藏不放散。」（八七）

此條以老子書旁通之於周易，自以平日所研尋於鬼神魂魄陰陽消長之理，就宇宙大自然中萬物之生死情狀而指出養生家言之主要宗旨所在。此亦所謂即凡天下之物而格，一旦達於豁然貫通之一種境界之隨處表露也。又安有所謂方外方內正統旁門之種種隔別乎？

又曰：

儉德極好。凡事儉則鮮失。老子言：「治人事天莫若嗇。夫惟嗇，是謂早服，早服是謂重積德。」被他說得曲盡。早服者，言能嗇則不遠而復，便在此也。重積德者，言先已有所積，復養以嗇，是又加積之也。如修養者，此身未有所損失，而又加以嗇養，是謂早服而重積。若待其已損而後養，則養之方足以補其所損，不得謂之重積矣。所以貴早服。早服者，早覺未損而嗇之也。如某此身已衰耗，如破屋相似，東扶西倒，雖欲修養，亦何能有益邪？今年得季通書，說近來深曉養生之理，盡得其法，只是城郭不完，無所施其功也。看來是如此。（一二五）

此條沈僩錄，乃朱子晚年語。因蔡季通書言養生，而聯想及於老子。若論心性道德修養，老子所言之卑，固不當與孔孟並論。然言身體健康修養，則老子此條確是中肯。朱子為學，無所不究心，故能兼觀博取。孔孟以外，又及老莊。既言心性道德，亦言養生強體。大小本末，各得其要領所在，而一以貫之，又豈得以博雜多歧輕之。

因論道家修養，曰：「某嘗考究他妙訣，只要神形全不撓動。老子曰：『心使氣則強。』纔使氣

便不是自然。只要養成嬰兒，如身在這裏坐，而外面行者是嬰兒。但無工夫做此。其導引法只如消息，皆是下策。」（一二五）

此條言道家修養，語極精至。文集卷八十五調息箴曰：

鼻端有白，我其觀之。隨時隨處，容與猗移。靜極而噓，如春沼魚。動極而翕，如百蟲蟄。氤氳開闢，其妙無窮。孰其尸之，不宰之功。雲臥天行，非予敢議。守一處和，千二百歲。

朱子初學禪，亦復學仙。其好奇倜儻之意，誠非如尋常人所想像之道學家也。又文集卷五十一答黃子耕有云：

病中不宜思慮，凡百可且一切放下，專以存心養氣為務。但加趺靜坐，目視鼻端，注心臍腹之下，久自溫暖，即漸見功效矣。

此書在臨漳歸後，築室考亭。其前一書云：「自春來無日不病，見苦腳氣，雖是舊病，亦如新證，未知能復得幾時。」知是在病中留心養生家言，從事靜坐調息，故以告子耕。此與程門教人靜坐之意不同。亦猶其每夜上牀與天明時必擦腳心（語類一六）之類也。

文集卷六十二答張元德有云：

> 明道教人靜坐，蓋為是時諸人相從，只在學中，無甚外事，故教之如此。今若無事，固是只得靜坐。若特地將靜坐做一件功夫，則卻是釋子坐禪矣。

此書亦在朱子晚年。朱子似乎並不贊成專以靜坐作為一項德性修養之功夫，卻認靜坐可助病中之養息。此一分辨，亦是格物窮理所得，非於儒釋道三者間持有畛域門戶之見者所能共喻。

朱子留情養生家言，亦注意及於醫術。語類有云：

> 先生語朋舊，無事時不妨將藥方看，欲知得養生之理也。（一〇七）

文集卷七十一偶讀謾記論附子熟即已疾，生則殺人，以淳于衍毒殺許后事為證。又言嘗中烏喙毒，因憶及漢質帝語連飲新水而愈。文續集卷八答李伯諫云：

欲煩為尋訪龐安常難經說，及聞別有論醫文字頗多，得并為訪問，傳得一本示及。

此皆其平日讀書，博覽強記，亦注意及於醫藥之證。

語類又云：

今醫者定魄藥多用虎睛，助魂藥多用龍骨。魄屬金，金西方，主肺與魄。虎是陰屬之最強者，故其魄最盛。魂屬木，木東方，主肝與魂。龍是陽屬之最盛者，故其魂最強。龍能駕雲飛騰，便是與氣合。虎嘯則風生，便是與魄合。雖是物之最強盛，然皆墮於一偏。惟人獨得其全，便無這般磊塊。（六三）

如此等言，自今觀之，可謂不合科學之甚。然亦藉見朱子為學，重傳統性，又重會通性。興趣廣泛，而想像豐富。醫理藥物，本非所究，然亦求保留舊傳，會通新義，其方法容無可言，其精神亦實可欣賞也。

語類又曰：

溫底是元，熱底是亨，涼底是利，寒底是貞。（六八）

又曾以元亨利貞配五臟，謂肝是元，心是亨，肺是利，腎是貞，此亦引述醫家附會之語，然如其以溫熱涼寒配易之四德，亦可謂淺譬而喻也。

又文集卷七十六有送夏醫序，其文曰：

予嘗病世之為論者，皆以為天下之事，宜於今者不必根於古，諧於俗者不必本於經。及觀夏君之醫，而有以知其決不然也。蓋夏君之醫，處方用藥，奇怪絕出，有若不近人情者，而其卒多驗。及問其所以然，則皆據經考古而未嘗無所自也。因書遺之，以信其術於當世，又以風吾黨之不師古而自用者。

此文在淳熙元年，朱子年四十五。雖若泛泛應酬之作，然其留情醫術，不厭探討之心，亦於此見。而其極不喜不師古而自用之意，則朱子論一切學問皆然，不僅於醫之一道也。

又文集卷八十三，有跋郭長陽醫書，前半敍述得此書之來歷，及謀為刊布之經過。後半討論關脈定位，特有取於世傳叔和脈訣五七言韻語之說，以為詞最鄙淺，非叔和本書明甚，然似得難經本指。而不取長陽書中所采密排三指之法。其文成於慶元元年，朱子年六十六。此亦見朱子格物精神，所謂「即凡天下之物，莫不因其已知之理而益窮之」者，固非虛為立說也。

語類有一條論運氣法，曰：

長孺說修養、般運事。曰：「只是屏氣減息，思慮自少，此前輩之論也。今之人傳得法時便授與人，更不問他人肥與瘠，怯與壯，但是一律教他，未有不敗、不成病痛者。」（一二五）

其評長陽醫書所取密排三指之法則曰：

竊意診者之指有肥瘠，病者之臂有長短。以是相求，或未得為定論。

論運氣，不能一律相教。論診脈，亦當依人而異。得失皆憑理判。此又見朱子論事之嚴密而明通。

問：「陸宣公既貶，避謗，闔戶不著書，祇為古今集驗方。」曰：「此亦未是。豈無聖經賢傳可以玩索，可以討論，終不成和這箇也不得理會。」（一三六）

朱子固自措心醫事驗方矣。然其砭陸氏，則尤見大賢用心論學之迥出尋常。

文集卷七十一偶讀謾記中有一則論以易言禍福，曰：

嚴州王君儀，能以易言禍福，其術略如徐復林瑀之說，以一卦值一年。嘗言紹興壬戌，太母當還，其後果然。人問其故，則曰：是年晉卦直事，有「受茲介福于其王母」之文也。予謂此亦小數之偶中耳。若遂以君儀為知易，則吾不知其說。

朱子力主易為卜筮書，然不為即信卜筮。其於世俗以易言禍福者，僅謂是小數偶中，並直斥其不知易，則又安見朱子之於世俗諸技術，皆「存而信之」，如同甫所譏乎？

朱子亦嘗與命相之士往還。語類有云：

先生說：「南軒論熹命云：『官多祿少』四字。」因云：「平日辭官文字甚多。」（一〇七）

是南軒亦嘗涉命學矣。文集卷七十五有贈徐端叔命序，又有贈李堯舉序，贈徐師表序，此三人，皆當時命士，善中多驗。然朱子為文，特舉平日所持儒家知命之說告人，非特有信於世俗流傳推命之術也。

又云：

某於相法，卻愛苦硬清癯底人，然須是做得那苦硬底事。若只要苦硬而不知為學，何貴之有。

（一二一）

元祐中，嘗有薦其校中祕道書者，范醇夫極言其不可。朱子此跋，辭語間若於范氏有微憾，亦可見其心胸之廣大，品量人物之持平，不如一般理學家，輕鄙深疾世俗方技，一概擯之也。

又文集卷八十三有跋道士陳景元詩一篇，頗贊景元讀書能詩文，又稱道及其注莊子與書相鶴經。是朱子平日亦嘗留心相法也。然其言相，亦豈與世俗之言相者相類似乎？

朱子又深通樂理樂律，文集卷七十六有律呂新書序，其文曰：

古樂之亡久矣。然秦漢之間，去周未遠，其器與聲猶有存者。故其為法，猶未容有異論也。逮於東漢之末，以接西晉之初，則已寖多說矣。歷魏、周、齊、隋、唐、五季，論者愈多，而法愈不定。爰及我朝，建隆、皇祐、元豐之間，蓋亦三致意焉。而和、胡、阮、李、范、馬、劉、楊諸賢之議，終不能以相一也。丁未南狩，今六十年，遂無復以鍾律為意者。吾友蔡君元定季通著書兩卷，其言雖多出於近世之所未講，而實無一字不本於古人已試之成法。若黃鍾圍徑之數，則漢斛之積分可考。寸以九分為法，則淮南、太史、小司馬之說可推。五聲二變之數，變律半聲之例，則杜氏之通典具焉。變宮變徵之不得為調，則孔氏之禮疏因亦可見。至於先求聲氣之元，而因律以生尺，則尤所謂卓然者，而亦班班雜見於兩漢之志，蔡邕之說，與夫國朝會要以及程子、張子之言。抑季通之為此書，詞約理明，初非難讀。而讀之者往往未及終篇，輒已欠伸思睡。獨以予之頑鈍不敏，乃能熟復數過。季通故屬予以序引，而予不得辭焉。

此文成於淳熙丁未，朱子年五十八。季通師事朱子，朱子稱之曰老友。嘗輯其問答之辭曰翁季錄，惜其書不傳。宋元學案引唐氏曰：

濂溪、明道、伊川講道盛矣，因數明理，復有一邵康節出焉。晦菴、南軒、東萊，講道盛矣，因數明理，復有一蔡西山出焉。孔孟教人，言理不言數。邵、蔡二子，欲發諸子之所未發，而使理與數燦然於天地之間，其功亦不細矣。

康節與二程交友，二程不喜其言數，而朱子極推之。蔡季通問學朱子之門，朱子獨友視之。及其歿於貶所，朱子哭之曰：「並遊之好，同志之樂，已矣已矣！哀哉哀哉！」蓋始終不以門人弟子視之也。朱子致書季通曰：「律書法度甚精，近世諸儒皆莫能及。但吹律未諧，歸來更須細尋討。」此亦朱子游藝之學必歸於格物精神之一例。

朱子既深通樂律，又亦善琴。當時道士多能琴者，朱子亦樂與往來。文集卷七十六有贈周道士序，曰：

清江道士周君，抱琴來訪。屬余有功衰之戚，不得聽其抑按。然視其貌，接其言，知其所志有深於是者。豈歐陽子所謂「理身如理琴，正聲不可干以邪」者耶？於其行，書此贈之。

自伊洛倡理學，一時士風丕變。獨朱子，乃再見有北宋前輩風流，若上追熙寧以上諸賢而相與揖讓周旋於一堂也。好琴雖一小節，亦可徵其平日之風範。此等所關實不小。若講理學者盡如朱子，亦不致為世所詬病。

朱子能琴，亦見語類云：

某舊學琴，且亂彈，謂待會了卻依法。原來不然。其後遂學不得。（五五）

文集卷六十六有琴律說，博考古今，分別雅俗，上自太史公書，下至沈括筆談，廣稽博辨，斷以己說，格物游藝，兼而盡之。非不世出之大儒，烏克有此。

又文集卷四十四答蔡季通兩書論琴，關於一絃五聲及一絃一聲又旋宮五降之說。謂：

大抵世間萬事，其間義理，精妙無窮，皆未易以一言斷其始終。須看得玲瓏透脫，不相妨礙，方是物格之驗。

又文集卷六十三答吳士元，本之琴以論樂律，文長三千餘言，而曰：

今之所謂琴者，非復古樂之全明矣。故東坡以為古之鄭衛，豈亦有見於此耶？

朱子素不喜東坡，顧亦有取於其論琴之說，此大賢通德之所以為不可及也。

文續集卷三答蔡季通有云：

鄭尚明琴史十餘卷，緊要處都不曾說着，只是閑話耳。其書亦是集古今人所說，乃止如此，是凡事不曾有人理會到底也。

朱子格物之教，所謂求至乎其極，即是要人理會到底。此種態度，要人凡事理會到底，實已遠超伊洛理學範圍。宜乎象山病其支離，而龍川則譏其悅物而留於物也。

又文集卷三十七答陳體仁辨詩樂先後，有曰：

以虞書考之，詩之作本為言志。方其詩，未有歌。及其歌，未有樂。樂乃為詩而作，非詩為樂而作也。三代之時，禮樂用於朝廷，而下達於閭巷。學者諷誦其言以求其志，詠其聲，執其器，舞蹈其節以涵養其心，則聲樂之所助於詩者為多。然猶曰「興於詩，成於樂」，其求之固有序矣。是以凡聖賢之言詩，主於聲者少，而發其義者多。仲尼所謂「思無邪」，孟子所謂「以意逆志」者，誠以詩之所以作，本乎其志之所存。得其志而不得其聲者有矣，未有不得其志而能通其聲者也。就使得之，止其鐘鼓之鏗鏘而已，豈聖人「樂云樂云」之意哉！況今古樂散亡，而欲以聲求詩，誠既得之，則所助於詩者多矣，然恐未得為詩之本也。末雖亡，不害本之存。患學者不能平心和氣，從容諷詠，以求之情性之中耳。

朱子論學，極重本末之辨，此亦其一端。朱子精熟文章，然不謂明道必求之於詩文。又精熟樂律，亦不謂治詩必求之於聲樂。然亦未嘗謂明道者不必通詩文，治詩者不必問聲樂也。捨本逐末固非，守本捨末，亦豈為得。能本末之俱盡始佳耳。自孔子以下，博學多能，無過於朱子。而朱子所造詣，則尚在博學多能之上。此固非龍川所能知，而亦豈先後理學諸儒之所能望其項背耶？

朱子又嗜書法。文集卷八十二有題曹操帖云：

余少時曾學此表，時劉共父方學顏書鹿脯帖。余以字畫古今誚之。共父謂予：「我所學者唐之忠臣，公所學者漢之篡賊耳。」予默然無以應。

又同卷題荊公帖，謂：

先君子自少好學荊公書。先友鄧公志宏嘗論之，以其學道於河洛，學文於元祐，而學書於荊舒，為不可曉者。

又卷八十三跋王荊公進鄴侯遺事奏稿云：

先君子少喜學荊公書，每訪其蹟，晚得此稿。熹獨愛其紙尾三行，語氣凌厲，筆勢低昂，尚有以見其跨越古今，斡旋宇宙之意。

又文集卷三十八與周益公有云：

熹先君子少喜學荊公書，收其墨蹟為多。其一紙乃進鄴侯家傳奏草，味其詞旨，玩其筆勢，直有跨越古今，開闔宇宙之氣。然與今版本文集不同。疑集中者乃删潤定本，而此紙乃其胸懷本趣也。嘗欲抄日錄李傳本語附其後而幷刻之，使後之君子得以考焉，而未暇也。今江西使者汪兄季路乃欲取而刻之臨川，妄意欲求相公一言以重其事，庶幾覽者有以知此幅紙數行之間，而其所關涉，乃有不可勝言之感，非獨為筆札玩好設也。

跋文即是兼文集與日錄而加以闡說。雖曰不獨為筆札玩好，而其於筆札玩好之情，則固自不可掩。

又文集卷八十四跋韓魏公與歐陽文忠公帖有云：

張敬夫嘗言：「平生所見王荆公書，皆如大忙中寫，不知公安得有如許忙事。」此雖戲言，然實切中其病。今觀此卷，因省平日得見韓公書蹟，雖與親戚卑幼，亦皆端嚴謹重，未嘗一筆作行草勢。蓋其胸中安静詳密，雍容和豫，故無頃刻忙時，亦無纖芥忙意。與荆公之躁擾急迫正相反。書札細事，而於人之德性，其相關有如此。

此又以書法而窺論及於人之德性也。

又文續集卷八跋韋齋書昆陽賦，謂年十一歲時，父韋齋先生罷官暇居，手書此賦以授，則朱子之愛好書法，乃傳自家風。然父子兩代皆濡染於理學，朱子益為大儒。而其父於書喜荆公，朱子於書喜曹孟德，其跋韓魏公書在晚年，明言書法與人德性相關，然不諱其夙所愛好。此亦可徵其心胸之寬闊，興趣之肫摯，而大賢風度之迥出尋常，尤足供後人之想慕。

文集卷八十一、八十二、八十三三卷，朱子跋古今各家書帖者特多。語類卷一百四十，亦有品隲古今諸家書法語。今再摘錄數條，以見大概。

文集卷八十二跋朱喻二公法帖有云：

> 書學莫盛於唐，然人各以其所長自見，而漢魏之楷法遂廢。入本朝來，名勝相傳，亦不過以唐人為法。至於黃米而欹傾側媚，狂怪怒張之勢極矣。

語類亦云：

> 本朝如蔡忠惠以前，皆有典則。及至米元章、黃魯直諸人出來，便不肯恁地。要之這便是世態衰下。（一四〇）

是朱子論書法，亦猶其論詩文，皆有崇古卑今之意。

又跋米元章帖云：

米老書如天馬脱銜，追風逐電，雖不可範以馳驅之節，要自不妨痛快，此卷尤為犇軼。

是朱子於今人，亦有極加讚賞者。如論文盛讚東坡，論詩盛讚放翁，論字亦盛讚米之奔放。此當兩面兼看，各不相妨也。語類又云：

字被蘇黄胡亂寫壞了，近見蔡君謨一帖，字字有法度，如端人正士，方是字。（一四〇）

又曰：

嘉祐前前輩如此厚重。胡安定於義理不分明，然是甚氣象。（一四〇）

朱子論學、論文、論詩、論字，皆不拘一格，而必參之以其人之品德，會之於一時之氣運，雖一藝之微，亦無不與道相通，是亦一種道藝合一論也。文集卷七十六有贈筆工蔡藻，卷八十四有跋蔡藻筆一篇，因愛書法，遂及筆工，其性情趣味之盈溢充實有如此。

朱子愛書法，亦愛古金石文字。此亦有家庭淵源。文集卷七十五有家藏石刻序，謂：

予少好古金石文字，家貧，不能有其書，獨時時取歐陽子所集錄，觀其序跋辨證之辭以為樂。遇適意時，恍然若手摩挲其金石而目了其文字也。既又悵然自恨，身貧賤，居處屏遠，弗能盡致所欲得，如公之為者。或寢食不怡竟日。來泉南，又得東武趙氏金石錄觀之，大略如歐陽子書，然詮序益條理，考證益精博，予心亦益好之。於是始胠其橐，得故先君子時所藏，與熹後所增益者，凡數十種。雖不多，要皆奇古可玩。悉加標飾，因其刻石大小，施橫軸，懸之壁間。坐對循行臥起，恆不去目前，不待披篋笥，卷舒把玩，而後為適也。蓋歐陽子書一千卷，趙氏書多倍之，而予欲以此數十種者追而與之並，則誠若不可冀。然安知積之久則不若是其富也耶？姑首是書以竢。

此文在紹興二十六年丙子秋八月，朱子年二十七。是年七月，同安簿秩滿，到泉州候批書，住客邸中。明年春還同安。朱子在二十四歲時已見李延平，然觀此文，朱子當時性好若是，則宜於延平默坐澄心之教一時有所未契。然於二十九歲春，重見延平而卒師事焉。讀者當於朱子早年之所喜好，及其中年後之師友，與其學術淵源，相互並觀，乃可以見朱子畢生之成就。竊嘗謂北宋諸賢中如歐陽公，淹貫經史，精擅詩文，學術寬廣，辭采斐亹，此下學者，朱子外殆少堪媲美。而朱子之潛心義理，集伊洛關濂之大成，為中國近古理學一最偉大之宗師，實歐陽所未逮。若使朱子生與歐公同時，恐亦未必有此成就。然則朱子雖博學多長，而其畢生崇推二程，豈無故而然哉！

又文別集卷一與劉德修有云：

> 向見焦山瘞鶴銘側有謫丹陽工曹掾王瓚題詩，詩詞甚佳，字亦絕類鶴銘，疑出一手。「瓚」字已闕，但據趙德夫金石錄云爾。而文選詩中亦有此人名姓，不知便是一人否。近年乃絕不見，不知今尚存否，暇日試為訪之，囑正則摹數本寄及為幸。

此書已在慶元元年乙卯乞致仕時。大賢平日為學之博涉強識，精力過絕人，已是不可及。而困阨之餘，尚是興趣橫溢，豪情逸致，非修養有素，又曷克臻此。

又文集卷八十四跋程沙隨帖有云：

> 余少嘗學書，而病於腕弱，不能立筆，遂絕去不復為。

此跋在慶元戊午，朱子年六十九，已值晚年。想見其少年所嗜好，如詩文，如書法，迄於中年以後，多所捐棄，一一刊落。而所造已深，腕弱云云，則婉言之，非誠為此而絕去不為也。明道嘗言：

凡學之雜者，終只是未有止，內自不足也。

又曰：

子弟輕俊者，不得令作文字。子弟凡百玩好皆奪志。至於書札，於儒者事最近，然一向好着，亦自喪志。如王虞顏柳輩，誠為好人則有之，曾見有善書者知道否？平生精力一用於此，非惟徒廢時日，於道便有妨處，只此喪志也。

朱子之有志於二程洛學者則深矣。然觀其愛文學，喜書法，並皆精擅。又所好有不止於此者。誠繩之以明道所言，則亦無怪乎龍川之致譏疑也。

朱子好書法，亦嘗留心繪事，並能親手作畫，又每致其欣賞之意焉。文集卷七十六有贈畫者張黃二生云：

鄉人新作聚星亭，欲畫荀陳遺事於屏間。而窮鄉僻陋，無從得本。或稱張、黃二生之能，因俾為之。果能考究車服制度，想像人物風采，觀者皆嘆其工。予以為二生更能遠遊以廣其見聞，精思以開其胸臆，則其所就當不止此。予老矣，尚能為生印之。

此文成於慶元庚申正月二十四日，下至三月初九日易簀，適半月。比乃朱子終生最後一篇文字也。

又文集卷八十五有聚星亭畫屏贊并序，有曰：

考亭陳氏，故有離榭，名以聚星，蓋取續陽秋語。中更廢壞，近始作新。適遹敝廬，因得相其役事。既又為之本原事迹，畫著屏上，并為之贊，以示來者。

此事詳見文集卷六十四答鞏仲至兩書中。其第二書關於畫面經營考慮周詳，因知贈張黃二生所謂「考究車服制度，想像人物風采」，實亦出於朱子之指點，非張、黃自能為此也。此尤可見朱子之格物游藝精神，實是畢生以之，至老弗衰。

自為聚星亭贊及贈張黃二生文後，至下三月屬纊前三日，乃改大學誠意章。研窮性理之學，安在其必排拒一切格物游藝之事於不為而始可乎？

問寡欲。曰：「未說到事，只是纔有意在上面，便是欲。便是動自家心。東坡云：『君子可以寓意於物，不可以留意於物』，這說得不是。纔說寓意便不得。人好寫字，見壁間有碑軸，便須要看，別是非。好畫，見掛畫軸，便須要識美惡。這都是欲，這皆足以為心病。某前日病中閑坐，無可看，偶中堂掛幾軸畫，才開眼，便要看他，心下便走出來在那上。因思與其將心在他上，何似閉着眼，坐得此心寧靜。」問：「如夏葛冬裘，渴飲飢食，此理所當然。才是葛必欲精細，食必求飽美，這便是欲。」曰：「孟子說寡欲，如今且要得寡，漸至於無。」（六一）

此條葉賀孫錄，殆是朱子晚年語。說寡欲，說不動心，說寓意於物尚不可，何論留意。可謂嚴格已極。則亦無怪同甫之致譏。然朱子每言心是動物，又屢斥人塊然兀坐。既不主離事求心，亦未嘗言離事窮理。此條乃言病中閑坐求靜，而開眼便要看畫。此非無欲，亦非主一。然並不謂欲求無欲之靜，主一之敬，即須屏棄百事，連壁間碑軸字畫也不許看。游藝格物皆有理，非即動心多欲。正須養得此心寧靜始能之。多能並不因多欲，主一非即要拒事。靜坐養心，只是事中一事。如坐，須主一在坐上，方能坐得靜，養得心。當時聽朱子說此條者，卻明得朱子之意，故以飢食渴飲與葛必欲精與食必求美為問。病中閑坐，正如飢食渴飲，卻非要從專一閉門靜坐中養出一聖人來。

文集卷四十四答蔡季通有云：

病中塊坐，又未能息心休養。方繙動冊子，便覺前人闊略病敗。欲以告人，而無可告者，又不免輒起著述之念。亦是閑中一大魔障，欲力去之而未能。

此書以起著述念為閑中一大魔障，正猶前書以見壁上畫軸要識美惡便即是欲之意。朱子曾留意養生之術，病中學坐，亦是其游藝之一端。若遂謂其有心著述與玩好書畫，皆為留意於物，皆非能悅物而不留於物者，則非陷溺老釋之深者將不會有此意。若又以此謂見朱子學坐工夫淺，不能如伊川之坐雪，則當知此等處正見朱子學脈從伊洛之轉嚮，不能單拈一小節以評雙方為人為學之深淺也。

文集卷七十六有送郭拱辰序，其文曰：

世之傳神寫照者，能稍得其形似，已得稱為良工。今郭君拱辰叔瞻，乃能并與其精神意趣而盡得之，斯亦奇矣。予頃見友人林擇之、游誠之稱其為人，而招之不至。今歲惠然來自昭武，里中士夫數人，欲觀其能，或一寫而肖，或稍稍損益，卒無不似。而風神氣韻妙得其天致，有可笑者。為予作大小二象，宛然麋鹿之姿，林野之性。持以示人，計雖相聞而不相識者，亦有以知其為予也。然予方將東遊雁蕩，窺龍湫，登玉霄，以望蓬萊。西歷麻源，經玉笥，據祝融之絕頂，以臨洞庭風濤之壯。北出九江，上廬阜，入虎溪，訪陶翁之遺迹。然後歸而思自休焉。彼當有隱君子者，世人所不得見，而予幸將見之。欲圖其形以歸，而郭君以歲晚思親，不能久從予遊矣。予於是有遺恨焉。因其告行，書以為贈。

此文成於淳熙元年九月，朱子年四十五。方當壯仕之歲，以屢辭官得主管台州崇道觀，遜避逾年，至六月始拜命。故曰「麋鹿之姿，林野之性」，又曰「方將東遊雁蕩」云云也。朱子此等文字，雖韓歐古文專家為之，亦何以遠勝。然尤在其從文字中所流出之心情與興會，所謂「吟風弄月」，「吾與點也」之意，豈不即在於是。謝山學案乃謂陳同甫譏朱子，多不中肯，獨其跋晦菴送寫照郭秀才序後一篇，則朱子難以自解。實則同甫識解無足論。而自宋史以道學、儒林分傳，後世學者乃更以窄狹之眼光視理學，此等胸懷意趣，皆謂非道學門中所宜有。甚至鄉曲俚人，亦認為惟有枯槁木強，不通人情世故，拘謹小節，僅知自好之徒，乃得稱為道學先生。又笑之謂如此乃有資格進孔廟喫冷猪頭肉。謝山之賢，似亦不能免此。道學之失真與誤解，有關於學術者匪細，誠不可以不辨也。

觀朱子送郭拱辰序，又見朱子之游興。且不論其生平踪跡所至與吟咏所及。其主南康，遊廬山，未及見三疊泉，常以為此後之遺恨。文別集卷六與黃商伯有云：

新泉之勝，聞之爽然自失。安得復理杖屨，扶此病軀，一至其下。仰觀俯濯，如昔年時。或有善畫者，得為使畫以來，幸甚。

又曰：五老新瀑，曾往觀否，夢寐不忘也。

又曰：瀑圖、韻譜，近方得之。圖張屋壁，坐起對之，恨不身到其下。

又與楊伯起有云：白鹿舊遊，恍然夢寐。但聞五老峯下新泉三疊，頗為奇勝。計此生無由得至其下。嘗託黃商伯、陳和成摹畫以來，摩莎素墨，徒以慨嘆。

此皆朱子晚年事也。朱子出則有山水之興，居復有卜築之趣。朋徒四集，講學不倦。初居崇安五夫，曰寒泉精舍。淳熙二年呂伯恭來共訂近思錄之所在也。是年秋七月，雲谷晦菴成。雲谷在建陽蘆峯之顛。文集卷七十八有雲谷記一篇描寫其勝，文長近三千字，是年朱子年四十六。文中有曰：

> 予常自念，自今以往，十年之外，嫁娶亦當粗畢。即斷家事，滅影此山。耕山釣水，養性讀書。彈琴鼓缶，以詠先王之風。亦足以樂而忘死。

文集卷六又有雲谷二十六詠，及雲谷雜詩十二首。盤桓唱嘆，若不能已。是誠所謂「麋鹿之姿，林野之性」。在其胸中，一若無世間塵俗之可攖。至淳熙九年夏四月，朱子年五十四，又為武夷精舍，結廬於溪之五曲，四方來者益眾。秋塘陳善之詩所謂：「聞說平生輔漢卿，武夷山下啜殘羹」也。文集卷九有武夷精舍雜詠十二首并序，又有武夷櫂歌十首，唱嘆淫佚，一如雲谷。及紹熙三年六十三歲，始築室於建陽之考亭。建精舍曰竹林，後更扁曰滄洲，自號滄洲病叟。最後則自號遯翁。綜觀朱子一生，出仕則志在邦國，著述則意存千古，而其徜徉山水，俛仰溪雲，則儼如一隱士。其視洙泗伊洛，又自成一風格。此亦可以窺朱子性情之一面。凡究心朱子多方面之學者，於此一番遯隱生活，亦深值潛玩也。

抑又有進者，游藝之學，乃古今學者通常之餘事。而格物之學，則為朱子獨特所唱導。並於其游藝學中隨時隨地無不以格物精神貫澈淪浹於其間，則尤為朱子治學一特徵。明儒莊定山有云：

屈原長於騷，賈、董長於策，揚雄、韓愈長於文，穆伯長、李挺之、邵堯夫長於數，遷、固、永叔、君實長於史，皆諸儒也。朱子以聖賢之學，有功於性命道德。凡四書、五經、綱目以及天文、地志、律呂、曆數之學，又皆與張敬夫、呂東萊、蔡季通者講明訂正，無一不至。所謂集諸儒之大成，此也，豈濂溪、二程子之大成哉！

竊謂朱子之學，實多越入子部之雜家，固猶不止集諸儒之大成也。茲再略述其格物之學如次。

文續集卷二答蔡季通有云：

歷法恐亦只可略論大概規模，蓋欲其詳，即須仰觀俯察乃可驗。今無其器，殆亦難盡究也。

此言欲論歷法，必藉觀測天文之儀器。語類卷二有詳論古今曆法諸家，在朱子恐亦只當是略論。若使朱子生今日，獲覩許多天文儀器，不知所當引撩其興趣者又如何。

又一書云：

樂說甚分明，前日附幅紙奉扣通典子聲之說，不能布算，無以見五聲損益與此廿四律同異如何。

此言欲究聲律，必明算法也。朱子嘗謂古樂之亡久矣，蔡季通著書兩卷，雖多出於近世所未講，無一字不本於古人已試之成法。重傳統，尚實證，並復注意闡新。此可想像朱子為學精神之所在。

又文集卷四十五答廖子晦有云：

樂記圖譜，甚荷錄示，但尚未曉用律次第。此間有人頗知俗樂，方欲問之，偶以事冗未暇。

此則求古音律，欲藉俗樂作參證，既不忽於傳統，又不忘於通今也。

語類云：

書坊印得六經前面纂圖子，也略可觀。如車圖，雖不甚詳，然大概也是。（一三八）

朱子教人為學，重讀書，亦尚儀器，又重圖。雖書坊所印，亦不忽略。雖古代車服細節，亦所留意。

又一條云：

太王畫像頭上有一片皮，直裹至頸上，此便是鈎領。（一三八）

此據畫像考說古人服裝。

又一條云：

山海經說禽獸之形，往往是記錄漢家宮室中所畫者。如說南向、北向，可知其為畫本也。（一三八）

此又因書而聯想及畫，山海經來歷，為之一語道破。

又一條云：

祕書省畫得唐五王及黃番綽明皇之類，恐是吳道子畫。李某跋之，有云：「畫當如蓴菜。」某初曉不得，不知他如何說得數句恁地好。後乃知他是李伯時外甥。蓋畫須如蓴菜樣滑方好。須是圓滑時方妙。（一三八）

朱子平日愛畫，為某一跋語，亦不輕放過，久而始曉其意。游藝格物一以貫之。無處非學，亦復無處無理可窮也。

又一條云：

問：「賈誼『五餌』之說如何？」曰：「伊川嘗言：『本朝正用此術。』契丹分明是被金帛買住了。今日金虜亦是如此。」又曰：「但恐金帛盡則復來。不為則已，為則五餌須並用。然以宗室之女妻之，則大不可。如烏孫公主之類，令人傷痛。然何必夷狄，『齊人歸女樂』，便是如此了。如阿骨打破遼國，勇銳無敵。及既下遼，席卷其子女而北，肆意蠱惑，行未至其國而死。」因笑曰：「頃年於某氏處見一畫卷，畫虜酋與一胡女並轡而語。某氏苦求詩，某勉為之賦。末兩句云：『卻是燕姬解迎敵，不教行到殺胡林。』正用阿骨打事也。」（一三五）

此論賈誼五餌策，推論古今，情理曲盡，而忽說上一幅畫來，生新四迸，興趣橫絕。

因說論語「素以為絢」曰：

古人繪事，未必有今人花巧，如「雲」字「雷」字，見筆談。（二五）

此因解經而考索古今畫風，見廣識博，而無一處不平實，又無一處不生新。使人渾忘其為游藝乎，格物乎，渺不見其蹤跡所礙。

朱子嘗為聚星亭贊，已引在前。其為此亭作畫，朱子亦極費心力。文集卷六十四答鞏仲至有云：

名畫想多有之，性甚愛此，而無由多見。他時經由，得盡攜以見顧，使獲與寓目焉，千萬幸也。彼中亦有畫手，能以意作古人事跡否？此間門前，衆人作一小亭，舊名聚星，今欲於照壁上畫陳太丘見荀朗陵事，而無可屬筆者，甚以為撓。幸試為尋訪能畫者，令作一草卷寄及為幸。但以兩幅紙為之，此間卻自可添展也。

又一書云：

聚星閣，此亦已令草草為之。市工俗筆，殊不能起人意。亦嘗輒為之贊，今謾錄去。余君之作竟能否？石林胡僧，頃亦見之，蓋葉公自有鑒賞，其所使臨摹者，必當時之善工也。要之年來事事漸低，此等人物亦自日少一日，為可歎耳。

又一書云：

所畫陳荀聚星事，若作兩段，即前段當畫太丘乘牛車在塗，而元方等侍行。後段當畫叔慈應門，朗陵對客，七龍侍食。又當畫太丘與朗陵相對，而二子一孫侍立。又叔慈本在門外迎客，客既入燕，則又不當久立門外。亦須畫其侍立於朗陵之側。此皆似涉重複。兩段之間，又須更作山石林麓分隔，前後皆費注解。若只畫作一段，則但為太丘乘車到門之象，而叔慈在門外迎客，七龍扶侍朗陵，出至庭中，而文若在其後，即免重複，亦有遺意。但卻不見對飲行食，及坐文若於膝前，事有未備耳。凡此未能自決，不知盛意如何，更望相度，及與畫者商量，取令穩當，乃佳耳。更考後漢處士冠服教之。

又一書云：

聚星圖此間已先令人畫。今詳所寄，大概不甚相遠。但此間者，車中堂上有兩太丘，心頗疑之。今得所示，卻差穩當，此必嘗經明者較量也。但閩中人不好事，畫筆幾絕，為可歎耳。

其時已值朱子晚年，荀陳家風，朱子向所不喜。而為此一畫，幾經籌度，往返商討，不厭不倦。其於游藝、格物雙方精神之兼暢並到，正可因此想見。

又文集卷三十八答李季章書云：

聞黃文叔頃年嘗作地理木圖以獻，其家必有元樣，欲煩爲尋訪，刻得一枚見寄。或恐太大難於寄遠，即依謝莊方丈木圖，以兩三路爲一圖，而旁設牝牡，使其犬牙相入。明刻表識，以相離合，則不過一大掩可貯矣。

河西爲一　陝西爲一　河東、河北、燕、雲爲一

京東西爲一　淮南爲一　兩浙、江東西爲一

湖南北爲一　西川爲一　二廣、福建爲一

大略如此，更詳闊狹裁之，相合處須令脗合，不留縫罅乃佳。

治地理必藉地圖，觀所規畫，一如其規畫聚星亭圖，用心細密，非空談心性埋首書冊者所能。又語類卷二，朱子有「欲自作地理圖三箇樣子」一條，其喜尚新創，不墨守舊格之意又可見。

文續集卷三答蔡伯靜有云：

天經之說，今日所論，乃中其病。然亦未盡。彼論之失，正坐以天形爲可低昂反覆耳。不知天形一定，其間隨人所望，固有少不同處，而南北高下自有定位。政使人能入於彈圓之下以望之，南極雖高，而北極之在北方，只有更高於南極，決不至反入地下而移過南方也。但入彈圓

下者，自不看見耳。蓋圖雖古所創，然終不似天體。孰若一大圓象，鑽穴為星，而虛其當隱之規以為甕口，乃設短軸於北極之外以綴而運之。又設短柱於南極之北以承甕口，遂自甕口設四柱小梯以入其中，而於梯末架空北入以為地平，使可仰窺而不失渾體耶？古人未有此法，杜撰可笑。試一思之，恐或為即著其說以示後人，亦不為無補也。

此論觀測天體，而欲自製新儀，其所規畫，較之作聚星亭圖，作地理圖，精深細密，又大過之。若非平日留心及此，決不易發出此番構想。而其凡事務實而又力求創新之用心，與近代科學精神實無二致。語類卷二有「渾儀可取，蓋天不可用」一條。

又一書云：

渾象之說，古人已慮及此，但不說如何運轉。今當作一小者粗見其形製，但難得車匠耳。

此處見朱子所創之新構想，亦自舊傳統中獲啟發。朱子自說杜撰，卻非憑空杜撰也。

又文集卷四十三答林擇之有云：

竹尺一枚，煩以夏至日依古法立表以測其日中之影，細度其長短示及。

此又欲於古傳立表測影之說作實驗也。語類卷八十六因周禮詳論「土圭求地中」，因言今人都不識土圭，鄭康成亦誤。又詳論地中及各家曆法，又博稽羣書論崑崙地望。其用心之無所不到如此。

又文集卷四十六答黃直卿有云：

所論士廟之制，雖未能深考，然所論堂上前為三間，後為二間者，似有證據。但假設尺寸大小，無以見其深廣之實。須稍展樣，以四五尺以上為一架，方可分劃許多地頭，安頓許多物色，而中間更容升降坐立拜起之處。淨掃一片空地，以灰劃定，而實周旋俯仰於其間，庶幾見得通與不通，有端的之驗耳。

此因考儀禮，欲仿叔孫通畫地演習以為證。考據、製作、實驗三者兼顧，厥後清儒如張稷若、張臯文，亦無如此着實周詳之設計。

文續集卷四答劉晦伯有云：

向承寄及沙隨古鐵尺，置之几上，忽然失之。彼中見有此樣否，幸為別造一枚，較令精審，勿令一頭長短，乃佳。仍不必鑿荀勗名字，可惡。只云溫公周漢尺可也。

此為偶失一古尺，囑人依樣重造。但惡荀勗名，囑勿鑿上。愛其尺，是格物精神。惡其人，是義理精神。兩可分別，不相妨害。大賢用心之迴不猶人，亦由此見矣。

又文集卷六十四答鞏仲至書有云：

嚮見聖泉寺有李邕碑，龜趺螭首，鐫刻甚精。六螭糾結，既異今製。而龜狀逼眞，雖稍破析，然猶有生意也。幸為尋一木工巧於雕鏤者，以木寫之，用寸折尺，不過高尺餘，便中寄示為望。

嗣又一書云：

龜趺恐須作全者。向見所隕之元，故亦在側也。吳生玄武信為奇筆。但龜背之文，正脊之甲五，應五行。次甲八，應八卦。又次甲二十四，應節氣。亦自然之理。此卻不足，亦欠子細。然九方皐之相馬，又不當以此論耳。

此兩書，見大賢之奇情逸趣，與其精細不苟，至老而弗衰。其平生游藝格物之兩具絕詣，乃其內心充實而無往不見其流露。此雖不可勉強學而至，然常存之胸懷間，必可於學術開新有大影響。而朱子義理之學不盡在故紙堆中，亦可由此窺見。

語類有一條云：

王丈云：「昔有道人云：筍生可以觀夜氣。嘗插竿以記之，自早至暮，長不分寸。曉而視之，已數寸矣。」後在玉山僧舍驗之，則日夜俱長，良不如道人之說。（一三八）

聞一新說，遇便輒加實驗。其格物興趣之多端而醲郁有如此。朱子論格物，本曰因其已知之理而益窮之。此處格竹子，乃因聞某一道人之說而益窮之也。陽明格庭前竹子，則是懸空格，並不曾先有一目標要格什麼，此與朱子教人格物大異，宜其無當矣。

又一條云：

一日請食荔子，因論：「興化軍陳紫，自蔡端明迄今，又二百來年，此種猶在。而甘美絶勝，獨無他本。天地間有不可曉處，率如此。要之它自有箇絲脈相通，但人自不知耳。聖人也只知得大綱。到不可知處，亦無可奈何。但此等不知亦無害。」（一三八）

雖一食品之微，遇異處，亦當有理可格。惟又云不知亦無害。朱子教人格物，雖曰即凡天下之物而格，然亦必有因。如聞或人說興化陳紫荔之所以然，果遇巧便，朱子亦自會有興趣試格，如在玉山僧舍之格竹子，決不放過。然僧舍格竹，究亦是偶然也。

又文集卷四十五答廖子晦有云：

所問葬法，大概得之。但後來講究，木槨瀝青似亦無益。但於穴底先鋪炭屑，築之厚一寸許。其上之中，即鋪沙灰。四旁即用炭屑，側厚寸許。下與先所鋪者相接。築之既平，然後安石槨於其上。四傍又下三物如前。槨底及棺四旁上面，復用沙灰實之。俟滿，加蓋，復布沙灰，而加炭屑於其上。然後以土築之，盈坎而止。蓋沙灰以隔螻蟻，愈厚愈佳。頃嘗見籍溪先生說，嘗見用灰葬者，後因遷葬，則見灰已化為石矣。炭屑則以隔木根之自外入者，亦里人改葬者所親見。故須令在沙灰之外，四面周密，都無縫罅，然後可以為固。但法中不許用石槨，故此不敢用全石，只以數片合成，庶幾不戾法意耳。

此關葬法，儒生媚學者往往不曉此等事。而朱子講究周詳如此。為此書時，胡籍溪似尚未卒。知朱子格物精神，自中歲以前已然。

語類有一條云：

先生說八陣圖法，曰：「今之戰者，只靠前列，後面人更着力不得。前列勝則勝，前列敗則敗。如八陣之法，每軍皆有用處。天衡地軸，龍飛虎翼，蛇鳥風雲之類，各為一陣。有專於戰鬥者，有專於衝突者，又有纏繞之者。然未知如何用之。」（一三六）

又曰：

八陣圖中有奇正。前面雖未整，猝然遇敵，次列便已成正軍矣。（一三六）

朱子於兵法行陣亦所研討。此處論八陣圖，可謂妙得其意。然又曰未知如何用之。則所謂必求至乎其極者，亦有不可拘。事有大小，學有精專，固非可以一人之精力而盡窮天下之理，朱子已言之明盡。學者死於句下，又豈得以病朱子之設教。

又文集卷四十六答黃商伯有云：

示喻向來喪服制度，私固疑之。幞頭四脚，所喻得之矣。但後來報狀中有幞頭，又有四脚，各為一物，不知當日都下百官如何奉行。至於直領襴衫，上領不盤，此間無人曉得。竊疑直領者古禮，檢三禮圖可見。襴衫者今禮，如公服之狀乃有横襴。而今遂合為一，既矛盾而不合。更以報中第一項證之，既有斜巾，又有帽，又有四脚，又有冠，此亦弁合古今之誤。蓋斜巾本未成服之冠，如古之免帽，卻與四褑衫為稱。四脚即與襴衫為稱。冠即見三禮圖者，當與直領衫裙為稱。今則弁加四者，而下服有襴有裙，亦是重複。而真直領之衣遂廢。只此一事，便令人氣悶。今幸有討論之命，然亦未見訪尋士大夫之好古知禮者，次第又只是茅纏紙裹，不成頭緒。

此書論服制中冠衫一節，校之以禮圖，別之以古今之異，亦彌見明確。語類有一條云：

王彥輔麈史載幞頭之說甚詳。（一三八）

則不僅上檢之三禮圖，近證之時下之公服，又旁參之於雜書筆記，如王彥輔麈史之類。又見讀書亦格物之一端。若求格物而廢了讀書，此又淺人妄見，不足以疑朱子也。

今當一述朱子有關自然科學方面之探究。朱子言格物，涵義深廣，決非專指自然科學。但自然科學方面之探究，亦在朱子所言格物範圍之內，則無疑義。朱子在此方面興趣亦濃，收穫亦巨。論朱子之時代，尚遠在近代自然科學發生以前數百年。當時中國學術界留心此方面者並不多，專門分科之業亦未盛。朱子以理學大儒，上承經學傳緒，又潛心文史，旁及百家，猶能於此方面多方研尋。雖所獲不得以近代成就相準繩，作衡量。然亦有創獲，開世界科學史之先河。曠觀深識，得未曾有，為此項發現之最早第一人者，如其推論化石而及於地質演變之一端，最足為其著例。

語類有云：

> 常見高山有螺蚌殼，或生石中。此石即舊日之土，螺蚌即水中之物。下者變而為高，柔者變而為剛。此事思之至深，有可驗者。（九四）

又曰：

> 今高山上多有石上蠣殼之類，是低處成高。又蠣須生於泥沙中，今乃在石上，則是柔化為剛。天地變遷，何常之有。（九四）

此因闡述濂溪太極圖而申論至此。本諸自然現象，發明當時理學界之宇宙論，而揭出近代科學地質學上之基本觀點。其觀察力之鋭敏，想像力之活潑，會通力之細緻，廓開心胸，擺脱文字，遊神冥會於宇宙大自然之廣大悠久中。即據眼前小物，推及洪荒邃古以來之地質變遷，山水改形。為其所謂格物窮理具體示例，實非尋常所能到。又此兩條，前一條周謨所録，後一條鄭可學所録，當在光宗紹熙二年辛亥，朱子年六十二，當西曆紀元一一九一年，在十二世紀之末。西方人據化石言地質變動，蓋未有能超越其前者。

語類又曰：

今世間有石頭上出日月者，人取為石屏。又有一等石上分明有如枯樹者，亦不足怪也。河圖、洛書，亦何足怪。（六七）

此因注意化石，而推論及於河圖、洛書，蓋亦古人所見之一種化石也。此亦朱子創論，前人無為此説。

語類又曰：

山河大地初生時，尚須軟在。（一）

此又因上引論化石兩條而益加推測，以及於此。窮而益深，在當時可謂匪夷所思。

又曰：

天地始初，混沌未分時，想只有水火二者。水之滓脚便成地。今登高而望，羣山皆為波浪之狀，便是水泛如此。只不知因甚麼時凝了。初間極軟，後來方凝得硬。（一）

此條更是推論到地形最先形成之原始狀態，較上論化石兩條，引伸益遠，推闡益進。此條沈僴錄，朱子年六十九、七十，距其論化石兩條相距又七八年。是朱子之尋究物理，拈到一題目，繼續推尋，積久不倦，至老不衰，而所得亦更超邁。若使朱子生近代，專一作科學研究，其所發現，必有驚人之成就，亦可推知。

語類又曰：

天地初間，只是陰陽之氣。這一箇氣運行，磨來磨去，磨得急了，便拶出許多渣滓。裏面無處出，便結成箇地在中央。氣之清者，便為天，為日月，為星辰，只在外，常周環運轉。地便只在中央，不動，不是在下。（一）

此條陳淳錄，在朱子七十時，當與上引沈僴一條相先後。此條從地質學推論到天文學，繩以近代科學之所發現，固是有得有失。然大體得處，如論地在中不是在下，其想像之偉大，誠屬可驚。

又曰：

天運不息，晝夜輥轉，故地搉在中間。使天有一息之停，則地須陷下。惟天運轉之急，故凝結得許多渣滓在中間。地者，氣之渣滓也。所以道「輕清者為天，重濁者為地」。（一）

此條楊道夫錄，亦當在晚年。舊說輕清者為天，重濁者為地，乃言天在上，地在下。今轉言地在天中。又言天常運轉，推論出運轉之急，凝結得許多渣滓之說。此與以後西方人天文學之發現，亦有極大相似處。

又曰：

「造化之運如磨，上面常轉而不止。萬物之生，似磨中撒出。有粗有細，自是不齊。」又曰：「天地之形，如人以兩盌相合，貯水於內，以手常常掉開，則水在內不出。稍住手，則水漏矣。」（一）

此條王過所錄，在甲寅朱子年六十五以後，亦與上引諸條同屬晚年語。推言地在天中，而地及地上萬物何以不墜不陷之故，以急掉其盌，盌中水不漏不潑說之，亦可謂精思異想，罕譬而喻矣。

又曰：

地卻是有空闕處，天卻四方上下都周匝無空闕，逼塞滿，皆是天。地之四向，底下卻靠着那天。天包地，其氣無不通。恁地看來，渾只是天了。（一）

此條晏淵錄，朱子年六十四。其時已明白認定地在天中。至於運轉得急，凝結出許多渣滓，以及掉盌則水不漏等諸想法，當尚在後。今據語類諸家所錄，分年細看，亦可約略推見朱子晚年在此方面思想見解之逐步進展處。

又曰：

天運於外，地隨天轉。今坐於此，但知地之不動耳。安知天運於外，而地不隨之轉耶？（八六）

此論曆法而推論及於地隨天轉。又云地形如饅頭，雖未明白指出地圓之說，然不認其為一大平塊可知。

問：「康節論六合之外，恐無外否？」曰：「理無內外，六合之形須有內外。日從東畔升，西畔沉。明日又從東畔升。這上面許多，下面亦許多，豈不是六合之內。曆家算氣，只算得到日月星辰運行處，上去更算不得，安得是無內外。」（一）

此條陳淳錄，亦是晚年語。言理可無內外，形則必有內外，因言六合有外。今日言天體，亦逃不出此理無內外，形有內外之兩語。

又曰：

天只是一箇大底物，須是大着心腸看它始得。以天運言之，一日固是轉一匝，然又有大轉底時候，不可如此偏滯求也。（一）

此條亦沈僩錄。上條言宇宙之空間，此條言宇宙之時間。依朱子想法，日月星辰都只是天中一物，與天之大小周偏，不可相擬。小轉可以曆法推，大轉則無法求。細看其理氣論，可以約略窺測朱子當時所想像。

問：「濂溪遺事載邵伯溫記康節論天地萬物之理，以及六合之外，而伊川稱歎。東見錄云：『人多言天地外，不知天地如何說內外？外面畢竟是箇甚？』此說如何？」曰：「六合之外，莊周亦云『聖人存而不論』，以其難說故也。舊嘗見漁樵對問：『問：「天何依？」曰：「依乎地。」「地何附？」曰：「附乎天。」「天地何所依附？」曰：「自相依附。天依形，地附氣。其形也有涯，其氣也無涯。」』意者當時所言不過如此。某嘗欲注此語於遺事之下，欽夫苦不許，細思無有出是說者。」因問：「或者以為此書非康節所著。」先生曰：「其間儘有好處，非康節不能著也。」（一一五）

六合有外，朱子殆取之康節。云「當時所言不過如此」，乃朱子熟玩康節書，除此數語外，更不見如伯溫所記云云也。此等處朱子寧捨伊川而取康節，此見其別擇。朱子欲以漁樵對問注濂溪遺事，而南軒苦不許。南軒亦知重濂溪，而不甚許康節也。此見當時理學家討論宇宙大自然，遠有來歷，亦皆有軼出二程處。而朱子之博大閎通，傑出輩流之上，亦於此可見。

問：「自開闢以來，至今未萬年，不知已前如何？」曰：「已前亦須如此一番明白來。」又問：「天地會壞否？」曰：「不會壞。只是相將人無道極了，便一齊打合，混沌一番，人物都盡，又重新起。」問：「生第一箇人時如何？」曰：「以氣化。二五之精合而成形，釋家謂之化生。

如今物之化生者甚多，如虱然。」（一）

此條包揚錄，朱子年五十四至五十六。乃將宇宙界與人生界分別開。宇宙自然無盡，人生界則可有盡。又推論人類生命開始，乃由化生，代替了古人天降下民之舊觀念。此等看法，實與近代科學中生物學家之看法甚相接近。朱子闢佛，卻采其化生之說，皆其善為別擇處。

或問：「太極圖下二圈，固是『乾道成男，坤道成女』，是各有一太極也。如曰乾道成男、坤道成女，方始萬物化生。易中卻云有天地然後有萬物，有萬物然後有男女，是如何？」曰：「太極所說乃生物之初，陰陽之精，自凝結成兩箇，後來方漸漸生去。萬物皆然。如牛羊草木皆有牝牡，一為陽，一為陰。萬物有生之初，亦各自有兩箇。」（九四）

此謂一陰一陽，萬物有生之初亦各有牝牡，乃專據太極圖為說。又一條云：

天地之初，如何討箇人種。自是氣蒸結成兩箇人後，方生許多萬物。所以先說「乾道成男，坤道成女」後，方說化生萬物。當初若無那兩箇人，如今如何有許多人。那兩箇人，便似而今人身上虱，是自然變化出來。楞嚴經後面說，大劫之後，世上人都死了，無復人類。卻生一般禾穀，長一尺餘。天上有仙人下來喫，見好後只管來喫，喫得身重，遂上去不得，世間方又有人種。此說固好笑。但某因此知得世間卻是其初有箇人種，如他樣說。（九四）

此兩條，上條葉賀孫録，下條黄義剛録，皆在朱子年六十二以後。但黄録一條，謂先生人後生萬物，顯不如葉録一條之諦當。或是黄録筆記有誤，或是葉録在後，朱子意見又有轉變，則不可知。

明儒王浚川深非朱子理先氣後之説，有曰：

萬物巨細柔剛，各異其材，聲色臭味，各殊其性，閲千古而不變者，氣種之有定也。人不肖其父則肖其母，數世之後，必有與祖同其體貌者，氣種之復其本也。若曰氣根於理而生，不知理是何物，有何種子，便能生氣。

是浚川僅認有種生，不認種生以前又有化生也。物之化生固在氣，然氣中必有理，人乃可憑此理自造化生，自培新種，浚川似猶未及此。

語類又一條云：

氣化是當初一箇人無種後自生出來底。形生卻是有此一箇人後乃生生不窮底。（九四）

問「氣化」、「形化」。曰：「此是揔言物物自有牝牡，只是人不能察耳。」（九四）

朱子先言化生，又分言氣化、形化，至有形化，始是種生也。語類又曰：

畢竟古人推究事物，似亦不甚子細。（二）

朱子言格物窮理，必推致乎其極。不子細，即是未到極處。此處朱子自所推究，亦復不甚子細，未能推究到極處。此乃限於時代，限於智力。即如近代自然科學突飛猛進，又何嘗能一一推究得子細到極處乎？

上引朱子推究宇宙原始以及生命原始，皆有關人類大理論大知識所在，而朱子皆已措心及之，見解明通，無大乖謬，可謂難得。

朱子推究宇宙生命，特提出一變字為之總綱。語類有曰：

天運流行，本無一息間斷。且如木之黃落時，萌芽已生了。不特如此，木之冬青者，必先萌芽，而後舊葉方落。若論變時，天地無時不變。如楞嚴經第二卷首段所載，非惟一歲有變，月

亦有之。非惟月有變，日亦有之。非惟日有變，時亦有之。但人不知耳。此說亦是。（七一）

此條朱子論易，而推引及於楞嚴經。左右采獲，曲暢旁通。

又曰：

莊子之徒說道：「造化密移，疇覺之哉？」又曰：「一氣不頓進，一形不頓虧。」蓋見此理。陰陽消長亦然。如包胎時，十月方成箇兒子。（七一）

亦不覺其成，不覺其虧。蓋陰陽浸消浸盛。人之一身，自少至老，亦莫不然。（七一）

此兩條引莊列。朱子於易傳、周、邵之說以外，又引釋氏、道家言。因關宇宙自然方面，語孟、伊洛涉及不多，故乃旁闡之於道釋。至於說宇宙自然而常連帶及於生命與人生而幷說之，則不失儒家大傳統所在。

朱子論宇宙自然以及生命，略如上引。其他論及日月星辰，風霜雨露，天地方位，鬼神變怪處尚多。茲再略引數節如次。語類云：

月體常圓無闕。但常受日光為明。初三、四是日在下照月西邊明，人在這邊望，只見左弦光。

十五、六則日在地下，其光由地四邊而射出，月被其光而明，月中是地影。月，古今人皆言有闕，惟沈存中云無闕。（二）

此條見朱子之博覽而善擇。朱子嘗勸呂東萊，不可因輕沈存中之為人而幷輕其書。沈氏筆談，惟朱子獨能欣賞。後人疑朱子以讀書為格物，不知格物不能廢讀書，語類卷七十九問尚書生明生魄條，引沈氏筆談詳論月之弦望晦朔，而斥步里客談為非，如此等處，乃以讀書助格物，非即以讀書為格物也。

問：「星受日光否？」曰：「星恐自有光。」（二）

此條廖德明錄。上引論尚書生明生魄條乃黃義剛錄。卻云：

星亦受日光，凡天地之光皆日光也。（七九）

此兩條顯相背。今不能確定其先後。但廖錄乃疑辭，黃錄乃決辭，豈朱子先疑其如此，後又決其不然；抑先決謂其如此，而後又疑之乎？今無以定。

語類又曰：

橫渠言：日月五星亦隨天轉，如二十八宿，隨天而定，皆有光芒。五星逆行而動，無光芒。（二）

此條包揚錄，在朱子五四至五六三年間，僅引橫渠言，不自下己意，則以橫渠言為是也。

問：「經星左旋，緯星與日月右旋，是否？」曰：「今諸家是如此説。橫渠説天左旋，日月亦左旋，看來橫渠之説極是。只恐人不曉，所以詩傳只載舊説。」或曰：「此亦易見。如以一大輪在外，一小輪載日月在内，大輪轉急，小輪轉慢，雖都是左轉，只有急有慢，便覺日月似右轉了。」曰：「然。但如此，則曆家逆字皆着改做順字，退字皆着改做進字。」（二）

此條沈僩錄，在晚年。不顧諸家，獨采橫渠，亦猶其論月體無闕，獨采沈括也。又有一條云：

天道左旋，日月星並左旋。星不是貼天。天是陰陽之氣在上面，下人看見星隨天去耳。（二）

此條徐寓錄庚戌以後所聞，亦在晚年。日月星左旋，朱子取之橫渠。謂星不貼天，則前人未發，乃朱子之新悟也。

然又有一條云：

緯星是陰中之陽，經星是陽中之陰。蓋五星皆是地上木火土金水之氣上結而成，卻受日光。經星卻是陽氣之餘凝結者，疑得也受日光。但經星則閃爍開闔，其光不定。緯星則不然，縱有芒角，其本體之光亦自不動，細視之可見。（二）

此條亦沈僩記。既獨采横渠日月亦左旋之說，而上引横渠另一條諸星皆有光芒之說顧反不取。惟轉黃義剛錄之決辭又為此條之疑辭。但又分別經星緯星發光有不同。則朱子對此事，猶有存疑，未見定說。此亦是時代所限，智力所限，雖大賢亦不能盡之也。

語類又曰：

霜只是露結成，雪只是雨結成。（二）

「高山無霜露，卻有雪。」或問：「其理如何？」曰：「上面氣漸清，風漸緊，雖微有霧氣，都吹散了，所以不結。若雪則是雨遇寒而凝，故高寒處雪先結也。」（二）

古語云：「露結為霜」，今觀之誠然。伊川云不然，不知何故。蓋露與霜之氣不同。露能滋物，霜能殺物也。又雪霜亦有異。霜則殺物，雪不能殺物也。雨與露亦不同。雨氣昏，露氣清。氣蒸而為雨，如飯甑蓋之，其氣蒸鬱，而汗下淋漓。氣蒸而為霧，如飯甑不蓋，其氣散而不收。霧與露亦微有異，露氣肅而霧氣昏也。（一一一）

此諸條，於雨露霜雪霧等諸現象，皆經觀察而加推究。其興趣之廣泛，注意力之不苟，如其觀飯甑蒸氣而悟雨霧成因，皆無往而不見其格物精神也。

問龍行雨之說。曰：「尋常雨自是陰陽氣蒸鬱而成，非必龍之為也。『密雲不雨，尚往也。』蓋止是下氣上升，所以未能雨。必是上氣蔽蓋無發洩處，方能有雨。橫渠正蒙論風雷雲雨之說最分曉。」（二）

朱子言自然，上采周易，旁及老釋，同時多稱濂溪、康節、橫渠三家。即如沈括夢溪筆談，亦所采納。如云：

潮之遲速大小自有常。舊見明州人說月加子午則潮長，自有此理。沈存中筆談說亦如此。（二）陸子靜謂潮是子午月長，沈存中續筆談之說亦如此。謂月在地子午之方。初一卯，十五酉。（二）

是采沈括，兼采象山也。北宋理學諸家，似二程究及自然者較少，伊川稍多有言，亦未見深致。故朱子在此方面，於二程獨少稱述。格物之教，雖本之伊川，而其格物之學，實多汲取於周、邵、張三家。總觀朱子之推究自然，既能自創新見，亦能勇於從善。苟非眞知，則即對習俗傳說亦多曲保，不輕疑辨。如或問龍化雨，朱子解說成雨之因已甚妥愜，但亦於龍化之說不肆詰難，是亦其愼而不苟之一種表現也。

語類又云：

> 論陰陽五行，曰：「康節說得法密，橫渠說得理透。邵伯溫載伊川言曰：『向惟見周茂叔語及此，然不及先生之有條理也。』欽夫以為伊川未必有此語，蓋伯溫妄載。某則以為此語恐誠有之。」（一）

據此條，見朱子對濂溪、康節、橫渠三家關於自然探討之重視，二程較非其倫。故朱子於二程與康節同居洛陽，而於數理之學不向康節請益，每以為憾。南軒智不及此，故於朱子此等處亦不能相契也。

語類又曰：

康節說形而上者，不能出老莊，形而下者，則盡之矣。二先生說下者不盡，亦不甚說。關子明說形而上者亦莊老。（一四〇）

朱子在格物方面，所以常引康節，因其能說形而下者盡也。極少引二程，因二程於此方面本不甚說及。格物只是形而下者，待其貫通而達於形上之一境，則謂康節所說不能出老莊，於此則主在濂溪、橫渠，而亦及二程。此皆見朱子之斟酌別擇處。

語類又有一條論蜥蜴造雹事，有曰：

邵言蜥蜴造雹，程言：「雹有大者，彼豈能為之。」（三）

朱子亦自曰：

此理不知如何。造化若用此物為雹，則造化亦小矣。（三）

又曰：

非是雹必要此物為之。（三）

此則雖疑邵說，仍不決然捨棄。

又一條云：

伊川說：「世間人說雹是蜥蜴做，初恐無是理。」看來亦有之，只謂之全是蜥蜴做則不可耳。（二）

此與上條大意相似，疑是一時語而記者不同。朱子能作明決之判斷，然亦富審慎之保留。有時把事與理分別看，謂事雖有之，而理不可知。其治學立言，每具此明斷與愼守之兩意態。故每經長時期反覆考慮，而始獲得一結論，並亦仍多依違兩可之說，此亦學者所當知。

朱子於天文氣象之推究，已略引如上。其於地理山水方面，亦多潛心。語類：

問：「先生前日言水隨山行，何以驗之？」曰：「外面底水在山下，中間底水在脊上行。」因以指為喻，曰：「外面底水在指縫中行，中間底水在指頭上行。」又曰：「山下有水，今浚井底人亦看山脈。」（二）

此據世俗浚井，推論水隨山行之說。

又曰：

閩中之山多自北來，水皆東南流。江浙之山多自南來，水多北流。故江浙冬寒夏熱。（三）

此則據山川地形，而推論其氣候之異。

先生謂張倅云：「向於某人家看華夷圖，因指某水，云：『此水將有入淮之勢。』其人曰：『今其勢已自如此。』」先生因言：「河本東流入海，後來北流，當時亦有填河之議，今乃向南流矣。」（二）

朱子生平未履北土，然披閱地圖，乃知某水當入淮。又言河之由東流而北流，而轉南向。及元明以下大河入淮，則更南向矣。其格物之學之精至，與其卓識之不可及，有如此。

朱子又好以地理形勢與人文推遷配合研尋。語類：

問：「平陽、蒲阪，自堯舜後，何故無人建都？」曰：「其地磽瘠不生物，人民樸陋儉嗇，故惟堯舜能都之。後世侈泰，如何都得。」（二）

荆襄山川平曠，得天地之中，有中原氣象。其東南交會處，耆舊人物多，最好卜居。但有變則正是兵交之衝，又恐無噍類。（二）

江西山水秀拔，生出人來，便要硬做。（二）

此上所言，實為論史一大節目，惜乎朱子只略發其梗概而已。朱子推究自然，又旁及於物怪。如上引蜥蜴造雹一節，朱子引各家筆記及口述經驗不厭詳備，固不以其為小節而忽之。語類又一條云：

俗言佛燈，此是氣盛而有光，又恐是寶氣，又恐是腐葉飛蟲之光。蔡季通去廬山，問得云是腐葉之光。云昔人有以合子合得一團光，來日看之，乃一腐葉。妙喜在某處見光，令人撲之，得一小蟲，如蛇樣，而甚細，僅如布線大。此中有人隨汪聖錫到峨眉山，云：五更初去看，初布白氣，已而有圓光，如鏡，其中有佛。然其人以手裹頭巾，則光中之佛亦裹頭巾，則知乃人影耳。今所在有石號菩薩石者，如水精狀，於日中照之，便有圓光。想是彼處山中有一物，日初出，照見其影圓，而映人影如佛影耳。（一二六）

此因佛燈佛光之傳說，而詳引蔡季通、釋妙喜、汪聖錫諸人語以加推究。既好奇，又務實，即是一種格物精神也。

朱子又論感應事。

問：「王祥孝感事，伊川說如何？」曰：「程先生多有此處，是要說物我一同。然孝是王祥，魚是水中物，不可不別。如說感應，亦只言己感，不須言物。」（九七）

朱子言及自然，於二程說常多辨難。如此處謂「孝是王祥，魚是水中物，只可言己感，不須言物」，可謂明析。

又曰：

王祥孝感，王祥自是王祥，魚自是魚。今人論理，只要包合一箇渾淪底意思。雖是直截兩物，亦須滾合說。正不必如此。世間事雖千頭萬緒，其實只一箇道理，「理一分殊」之謂也。到感通處，自然首尾相應。或自此發出而感於外，或自外來而感於我，皆一理也。（一三六）

朱子認自然萬物千頭萬緒，只是一理。然理雖一而分則殊。如言感應，或自此感於外，或自外感於我，亦當分別。卻不肯即此認以為萬物一體。萬物只是萬物，只其間有理相通。可謂魚躍應於王祥之臥冰，非應於祥之孝，不得并歸一事。

朱子又言神奇法術。語類有云：

楞嚴經本只是呪語，後來房融添入許多道理說話。呪語想亦淺近，但其徒恐譯出則人易之，故不譯。所以有呪者，蓋浮屠居深山中，有鬼神蛇獸為害，故作呪以禁之。緣他心靈，故能知其性情，制馭得他。西域人誦呪，如叱喝，又為雄毅之狀，故能禁伏鬼神。亦如巫者作法相似。沈存中記水中金剛經不濕，蓋人心歸向深固，所感如此。（一二六）

是朱子於世俗神奇法術，亦不一一加以否認，只求能以理釋之。從心理學上解釋呪語，謂其亦如巫者作法，可謂妙契玄會。

朱子又論鬼神，語類曰：

世之所謂鬼神，亦多是喫酒喫肉漢，見他戒行精潔，方寸無累底人，如何不生欽敬。（一二六）

因於欽敬，故附會之以神話，亦從心理學上說來。

又曰：

人言仙人不死，不是不死，蓋他能煉其形氣，使渣滓都銷融了，惟有那些清虛之氣，故能升騰變化。漢書有云：「學神仙尸解銷化之術」，看得來也是好則劇，然久後亦須散了。且如秦漢間所說仙人，後來都不見了。國初說鍾離權、呂洞賓之屬，後來亦不見了。近來人又說劉高尚，過幾時也則休也。（一二五）

又曰：

物皆墮於一偏，惟人獨得其全，便無這般磊塊。古時所傳安期生之徒，皆是有之。也是被他煉得氣清，皮膚之內骨肉皆已融化為氣，其氣又極輕清，所以有飛升脫化之說。然久之漸漸消磨，亦漸盡了。渡江以前，說甚呂洞賓、鍾離權，如今亦不見了。（六三）

是則朱子於神仙傳說，亦不直斥其為無，只以理釋之。此處則只從生理上說。

語類又曰：

道家說仙人尸解，極怪異。將死時，用一劍一圓藥安於睡處。少間，劍化作自己，藥又化作甚麼物，自家卻自去別處去。其劍亦有名，謂之「良非子」。良非之義，猶言本非我也。「良非子」好對「亡是公」。（一二五）

此處只說是極怪異，亦不徑斥為誕妄，其好奇有如此。然亦不輕信。至以亡是公對良非子，卻是游藝心情，非格物精神也。

語類又曰：

釋氏都不管天地四方，只是理會一箇心。如老氏亦只是要存得一箇神氣，不知它如此要何用。（一二六）

釋氏只要存得一箇心，故朱子每從心理方面說之。道家只要存得一箇神氣，故朱子亦改從生理方面說。漢書所云神仙尸解銷化之術，即是只存得一箇神氣，使形體都銷了。既不就事而斥其必不然，但亦就事而斷其亦必消磨澌盡而迄於無，又曰要它何用，此則格物窮理精神所寄也。

語類又曰：

老氏初只是清淨無為，卻帶得長生不死。後來卻只說得長生不死一項。如今恰成箇巫祝，專只理會厭禳祈禱。這自經兩節變了。（一二五）

語類又曰：

世俗神仙傳說，朱子固非信其有，然亦未力斥其必無，因無可得眞憑實據為證也。但朱子謂人之生，則必然有死滅，即所謂神仙，亦必歷時則休，此則事之斷可說者。朱子又指點出道家演變之三層次，由清淨無為而至長生不死，又由長生不死而至厭禳祈禱。既已把捉到其首尾兩節，則中間長生不死一項，亦自可不煩詳論。此皆見朱子格物精神之遠大處，及其愼細處。

語類又曰：

老子中有仙意。（一二五）

此條論後世神仙之說乃由老子書中展演而來。此中有甚深義，惟朱子未加詳闡。

語類又曰：

因說：「『鬼神者，造化之迹。』且如起風做雨，震雷閃電，花生花結，非有神而何，自不察耳。才見說鬼事，便以為怪。世間自有箇道理如此，不可謂無，特非造化之正耳。此得陰陽不正之氣，不須驚惑。所以夫子不語怪，以其明有此事，特不語耳。南軒說無，便不是了。」（八三）

此條分別鬼神作兩項說。其言神之一項，已詳鬼神篇。此條把鬼與神分開，而以之與怪相合，謂其非造化之正，卻不是無。近代科學昌明，但專究鬼神學者依然不絕。南軒直斥謂無，自不如朱子持論之謹慎。

語類又曰：

今世鬼神之附着生人而說話者甚多，亦有祖先降神於子孫者，又如今之師巫亦有降神者，蓋皆其氣類之相感，所以神附着之也。（九〇）

世俗所謂之鬼神，與朱子所言鬼神不同，義詳鬼神篇。鬼神附着生人說話之事，其間固多僞迹，然朱子亦不絕言其無，只謂是氣類相感，是即所謂神也。惟朱子不言眞有鬼附着人身，據此自見。

語類又曰：

神乃氣之精明者耳。（一四〇）

可見朱子亦不信世俗之所謂神。

文集卷九十九有勸農文兩篇，此乃淳熙六年差權發遣南康軍事，兼管內勸農事，初到任之年所頒。首曰：

當職久處田間，習知穡事，玆忝郡寄，職在勸農。

其合行勸諭者共七項，多係農事常識，然非平日厝心於斯，則非應職敷衍所能。其第二文幷印給星子知縣王文林種桑等法。

又文集卷一百有勸農文，末稱紹熙三年二月，恐係二年字訛。此乃在漳州任上，二月以嗣子喪請祠，四月去郡；三年退居築室考亭，未在外任也。文中歷述農事要務及農戶疾苦凡十項。此固見朱子臨官之務求盡職，亦見其格物之必於不苟。姑附於此，以見一斑。

附朱子年譜要略

朱子卒後，先有門人李果齋方子，輯其言行，為年譜三卷。今已失傳。及明代嘉靖間，有李默古沖重修，於果齋本頗多删竄。清康熙時，又有洪璟去蕪本，收載較繁。乾隆時王白田懋竑，據李、洪兩本重定年譜四卷，考異兩卷，最稱審密。茲撮王本為要略，以便讀本書者隨時檢閱。其詳當讀王本。本書與王異者，論證皆詳本書各篇，此不具。

高宗建炎四年庚戌秋九月，朱子生。

紹興元年辛亥，二歲。

四年甲寅，五歲。

始入小學。

十三年癸亥，十四歲。

丁父韋齋先生憂。韋齋年四十七。

稟遺命，受學於劉屏山彥沖，劉白水致中，胡籍溪原仲三人，皆韋齋故友。屏山字以元晦。白水以女妻之。而事籍溪最久。

十四年甲子，十五歲。

葬韋齋。

十七年丁卯，十八歲。

舉建州鄉貢。

十八年戊辰，十九歲。

登科中第五甲第九十人，為進士。

二十一年辛未，二十二歲。

銓試中等，授泉州同安縣主簿。

二十三年癸酉，二十四歲。

赴同安任，始見延平李侗愿中。愿中為羅仲素門人，韋齋同門友。

秋至同安。

子塾生。

二十四年甲戌，二十五歲。

子埜生。

二十六年丙子，二十七歲。

秋，秩滿。

二十七年丁丑，二十八歲。

俟代不至，罷歸。

二十八年戊寅，二十九歲。

春正月，再赴延平，見李愿中。

冬，以養親請祠，差監潭州南嶽廟。

二十九年己卯，三十歲。

校定謝上蔡語録。

三十年庚辰，三十一歲。

冬往延平，三見李愿中，正式受學。

三十二年壬午，三十三歲。

春，迎謁李愿中於建安，與同歸延平。

六月，高宗內禪，孝宗即位。祠秩滿，復請祠，仍差監南嶽廟。

秋八月，應詔上封事。

孝宗隆興元年癸未，三十四歲。

冬，至行在，奏事垂拱殿。除武學博士。待次。
論語要義、論語訓蒙口義成。
十月，李愿中卒於閩帥汪應辰治所。
十一月由行在歸。

二年甲申，三十五歲。

春正月至延平，哭李愿中之喪。比葬，又往會。
秋九月，如豫章哭張魏公之喪，自豫章送至豐城。
困學恐聞編成。

乾道元年乙酉，三十八歲。

執政方主和議，辭武學博士不就，復請祠，仍差監南嶽廟。

三年丁亥，三十八歲。

崇安大水，奉府檄行視水災。
八月，訪張栻敬夫於潭州。十一月，偕登南嶽衡山。是月歸，十二月至家。
除樞密院編修官，待次。

四年戊子，三十九歲。

崇安饑，請府粟以賑。

編程氏遺書成。
與張敬夫書論中和。
五年己丑，四十歲。
子在生。
九月，丁母祝孺人憂。
六年庚寅，四十一歲。
春正月，葬祝孺人。
秋七月，遷父韋齋墓。
七年辛卯，四十二歲。
始立社倉於五夫里。
八年壬辰，四十三歲。
論孟精義成。
資治通鑑綱目成。
八朝名臣言行錄成。
西銘解義成。
九年癸巳，四十四歲。

太極圖說通書解成。

程氏外書成。

伊洛淵源錄成。

淳熙元年甲午，四十五歲。

歷年屢辭樞密院編修不就，改差主管台州崇道觀，又屢辭，於六月拜命。

編次古今家祭禮。

二年乙未，四十六歲。

呂祖謙伯恭來訪於寒泉精舍，同編近思錄。

偕呂伯恭同會陸子壽、子靜兄弟於信州鵝湖寺。

秋七月，雲谷晦庵成。

三年丙申，四十七歲。

授秘書省秘書郎，辭，幷請祠，差管武夷山冲祐觀。

冬，令人劉氏卒。

四年丁酉，四十八歲。

論孟集注、或問成。

詩集傳成。

周易本義成。

五年戊戌，四十九歲。

秋八月，差知南康軍。

六年己亥，五十歲。

以屢辭不獲命，俟命於鉛山，陸子壽來訪。

三月到任。

十月，復建白鹿洞書院。

七年庚子，五十一歲。

張敬夫卒。

應詔上封事。

南康軍旱災，大修荒政。

八年辛丑，五十二歲。

陸子靜來訪，與俱至白鹿洞書院，請升講席。

三月，除提舉江南西路常平茶鹽公事，待次。

閏三月，去郡東歸。

七月，除直秘閣。八月，又改除提舉兩浙東路常平茶鹽公事。

呂伯恭卒。

十一月，奏事延和殿。

十二月視事。

九年壬寅，五十三歲。

陳亮同甫來訪。

奏劾前知台州唐仲友不法。

除直徽猷閣，改除江南西路提點刑獄公事。又詔與江東兩易其任。

九月，去任歸。辭新任，并請祠。

十年癸卯，五十四歲。

差主管台州崇道觀。

四月，武夷精舍成。四方士友來者甚衆。

十一年甲辰，五十五歲。

辨浙學。

十二年乙巳，五十六歲。

祠秩滿，復請祠，差主管華州雲臺觀。

辨陸學、陳學。

十三年丙午，五十七歲。
易學啟蒙成。
孝經刊誤成。
十四年丁未，五十八歲。
小學書成。
差主管南京鴻慶宮。
除江南西路提點刑獄公事，待次。
十五年戊申，五十九歲。
奏事延和殿。
除直寶文閣，主管西京嵩山崇福宮。
上封事。
除主管西太乙宮，兼崇政殿說書。
始出太極圖說、西銘解義以授學者。
十六年己酉，六十歲。
除秘閣修撰，依舊主管西京崇福宮。
二月，孝宗內禪，光宗即位。

序大學章句、中庸章句。

辭職名，許之，依舊直寶文閣。

除江南東路轉運副使，辭。

改知漳州。

光宗紹熙元年庚戌，六十一歲。

到郡，條畫經界事宜。

刊四經四子書於郡。

二年辛亥，六十二歲。

長子塾卒。丐祠，歸治喪葬。

復除秘閣修撰，主管南京鴻慶宮。

四月，去郡。

九月，除荆湖南路轉運副使。辭不赴。

三年壬子，六十三歲。

始築室於建陽之考亭。

除知靜江府廣南西路經略安撫使，辭。

孟子要略成。

四年癸丑，六十四歲。

差主管南京鴻慶宮。

除知潭州荆湖南路安撫使。

五年甲寅，六十五歲。

五月至鎮。

七月，光宗内禪，寧宗即位。

八月，赴行在。

除焕章閣待制，兼侍講。

十月，奏事行宫便殿。

受詔進講大學。以上疏忤韓侂胄，罷。

十一月至玉山，講學於縣庠。

還考亭，竹林精舍成。後更名滄洲。來學者益衆。

慶元元年乙卯，六十六歲。

提舉南京鴻慶宫。

二年丙辰，六十七歲。

落職罷祠。

始修禮書，名曰儀禮經傳通解。

三年丁巳，六十八歲。

韓文考異成。

四年戊午，六十九歲。

集書傳。

五年己未，七十歲。

引年乞休。

有旨致仕。

楚辭集註、後語、辯證成。

六年庚申，七十一歲。

三月辛酉改大學誠意章，甲子卒。

十一月，葬建陽縣大林谷。

陸之四

朱子格物游藝之學

（游藝之學）

（格物之學）

（自然科學之探究）

朱子之考據學

中國歷史精神
國史新論
中國歷代政治得失
中國歷史研究法
中國史學發微
讀史隨劄
中國史學名著
史記地名考（上、下）
古史地理論叢

丙編

文化學大義
民族與文化
中華文化十二講
中國文化精神
湖上閒思錄
人生十論
政學私言
從中國歷史來看中國民族性及中國文化
文化與教育
歷史與文化論叢
世界局勢與中國文化
中國文化叢談
中國文學論叢
理學六家詩鈔
靈魂與心
雙溪獨語
晚學盲言（上、下）
新亞遺鐸
八十憶雙親師友雜憶合刊
講堂遺錄（一、二）
素書樓餘瀋
總目

《錢穆先生全集》總書目

甲編

國學概論
四書釋義
論語文解
論語新解
孔子與論語
孔子傳
先秦諸子繫年
墨子　惠施公孫龍
莊子纂箋
莊老通辨
兩漢經學今古文平議
宋明理學概述
宋代理學三書隨劄
陽明學述要
朱子新學案（全五册）
中國近三百年學術史（一、二）
中國學術思想史論叢（全十册）
中國思想史
中國思想通俗講話
學籥
中國學術通義
現代中國學術論衡

乙編

周公
秦漢史
國史大綱（上、下）
中國文化史導論

小目要旨索引

第一冊

壹之一

朱子論理氣

朱子論無極太極

朱子論陰陽

朱子論鬼神

壹之二

朱子論仁上

朱子論天人

朱子論聖賢

朱子論善惡

朱子論天理人欲

朱子論道器

朱子論體用

第二冊

貳之一

朱子論性

朱子論命

朱子論數

貳之二

朱子論心與理

朱子論情

朱子論心與性情

貳之三

朱子論仁下

朱子論忠恕

朱子論人心與道心

貳之四

朱子論未發與已發

朱子論涵養與省察

朱子論識心

朱子論放心

朱子論靜

朱子論敬

朱子論克己

朱子論立志

朱子論知與行

朱子論誠

朱子論思

朱子論幾

朱子泛論心地工夫

朱子論心雜掇

貳之五

朱子論格物

第三冊

叁之一

朱子從遊延平始末

附朱子自述早年語

朱子對濂溪橫渠明道伊川四人之稱述

一　濂溪

附朱子評述康節之先天圖

二　橫渠

三　明道伊川

附述近思錄

朱子評程氏門人

朱子評胡五峯

朱子論當時學弊上

朱子論當時學弊中

朱子論當時學弊下

叁之二

朱子與二陸交遊始末

朱子象山學術異同

朱陸異同散記

叄之三

朱子論禪學上

朱子論禪學下

朱子論禪學拾零

叁之四

朱子評述孔門以下歷代諸儒並附其論老莊

肆

朱子論讀書法上

朱子論讀書法中

朱子論讀書法下

朱子論學雜掇

第四冊

伍之一

朱子之易學

朱子之詩學

朱子之書學

朱子之春秋學

朱子之禮學

朱子之四書學

伍之二

朱子論解經上

朱子論解經下

朱子與二程解經相異上

朱子與二程解經相異中

朱子與二程解經相異下

附記朱子與張南軒辨論語

第五冊

陸之一

朱子之史學

附通鑑綱目及八朝名臣言行錄

陸之二

朱子之文學

陸之三

朱子之校勘學

附朱子韓文考異

朱子之辨僞學